体育产业价值工程

——商业模式的持续改进

肖淑红　编著

北京体育大学出版社

策划编辑 钱春华
责任编辑 钱春华
审稿编辑 熊西北
责任校对 张　洋
版式设计 博文宏图

图书在版编目（CIP）数据

体育产业价值工程/肖淑红编著．－北京：北京体育大学出版社，2009.9
ISBN 978－7－5644－0223－5

Ⅰ．体…　Ⅱ．肖…　Ⅲ．体育经济学：产业经济学－价值工程　Ⅳ．G80－05

中国版本图书馆 CIP 数据核字（2009）第 143698 号

体育产业价值工程　　　肖淑红　编著

出　　版	北京体育大学出版社
地　　址	北京海淀区信息路 48 号
邮　　编	100084
邮 购 部	北京体育大学出版社读者服务部 010－62989432
发 行 部	010－62989320
网　　址	http://cbs.bsu.edu.cn
印　　刷	北京虎彩文化传播有限公司
开　　本	787mm×1092mm　1/16
成品尺寸	260mm×185mm
印　　张	17.75

2018 年 9 月第 1 版第 2 次印刷
定　价　60.00 元

作者简介

肖淑红 北京体育大学管理学院体育经济与产业教研室教授、博士生导师，国际价值工程学会中国首席认证价值管理专家（CVS），北京价值工程学会副会长，中国体育科学学会体育产业分会委员。

国家哲学社会科学基金项目“资产证券化在我国奥运场馆后运营中的应用研究”主持人；国家哲学社会科学基金项目“中国体育产业价值链管理理论与实证研究”主持人；国家哲学社会科学基金重点课题子课题“我国健身娱乐产业组织运营管理模式及价值链研究”主持人；国家体育总局软科学课题“中国体育赞助市场研究”主持人；国家哲学社会科学基金项目“社会经济变革条件下的中国体育改革”课题组主要成员；国家哲学社会科学基金项目“中国群众体育现状调查（二期）”课题组主要成员；国家自然基金项目“2008 年奥运会场馆赛后利用与开发研究”课题组主要成员。

长期致力于体育产业管理及价值工程的研究与教学工作，自 2007 年起，被国际价值工程学会认证为中国首席注册价值管理专家（我国体育界唯一的 CVS），并担任了北京价值工程学会副会长以及国际价值工程学会中国认证委员会培训认证部主任，主持和参加了大量的国际以及中国的价值工程推广、应用、培训、认证等工作。

前　言

一、核心思想

本书核心思想有两点：一是管理理念的整合；二是价值创新管理。

管理理论发展到今天，进入了整合的时代。为了适应当今世界知识经济社会管理的需要，就必须对以往的人类管理智慧进行全面的整合，从而形成新的管理知识系统。不同文化，有“人文精神”或“科学精神”的侧重；同一文化内部，也有“科学精神”与“人文精神”的分野。在管理中，“人文管理”主张以人为本，把一切对象加以“人化”，注意满足人的情感需求，突出情感的逻辑；“科学管理”则主张以物为本，把一切对象加以“物化”，强调人的理性特征，突出效率的逻辑。对于管理历史中的“古代”与“现代”，管理文化中的“东方”与“西方”，管理精神中的“科学”与“人文”，这些一度对立的理念，都可以通过整合，把它们结为一个和谐的整体。实现“人文管理”和“科学管理”的互补，把人与物、感性与理性、情感逻辑与效率逻辑紧密地结合起来，人类管理就会得到全面健康的发展。

本书正是本着这样的管理理念来写作的。倡导的管理理念，应该是古代管理智慧与现代管理智慧、东方管理文化与西方管理文化、人文管理精神与科学管理精神的完美结合。更重要的是，这种新的管理理念，应该体现人作为文化动物的本质，适应现代科学技术的发展，适用于“知识社会”管理的实际需要。每一章每一节都体现这个理念，希望读者能悟到其中的内涵。

当代世界，人类社会面临着激烈的变化。在经济领域，随着“世界经济一体化”的形成，经济形态、经济导向、经济政策都在发生着巨大的变化；在社会领域，社会结构、价值观念、社会组织形态也在发生着深刻的变动。与此同时，在管理领域，无论是经济管理、政治管理，还是社会日常生活的管理，其内容与形式都必须不断创新，才能适应巨变时代的需要。价值创新已成为管理领域的永恒主题。

创新管理的理念。整体管理、和谐管理的理念。知识社会的管理即"文化的管理"。其中，"变化"是文化管理的前提，"创新"是文化管理的动力，"整体"是文化管理的模式，"和谐"是文化管理的形态。人类管理的主体面对"变化"的世界进行"创新"的努力、把握"整体"的对象、追求"和谐"的效果，从而不断推动人类管理的进步，促进人类文明的可持续发展。价值工程是一种强大的管理工具，将把企业管理推进到整体管理时代。这与当前建立和谐社会的主题是相一致的。总结国内外的管理理论和实践不难发现，在经济全球化和信息化的今天，客观上需要管理者成为价值创新者，成为卓有成效的管理者，应该明确公司存在的意义是什么？管理者存在的意义又是什么？那就是满足顾客的各种功能需求，提升公司的资源价值。

二、逻辑主线

管理的实质就是将组织的资源价值最大化的过程。本书有两条主线，一条是价值工程理论的主线；一条是体育产业价值系统这条主线。试图通过对这两条主线的阐述，能够让读者体会到体育产业管理的本质所在，能够将价值工程理论很好地应用到体育产业管理实践中去，而且充分认识到体育产业的各个领域的管理过程、管理活动、优化业务流程，以及管理战略和措施，这些都是在进行价值创新活动，既能够对一个实体进行专门的价值工程活动，同时也能将价值工程理念在管理的各个方面充分体现出来，变成每个管理者最核心的管理思想，自觉地运用到管理实践中。全书始终围绕着价值的公式展开分析，即价值＝功能与成本之比。

"工程"一词，在管理中的广义概念是"完成一项任务"。体育产业价值工程就是提升体育产业价值的任务。

产品价值工程是对产品设计、性能等研究。体育产业价值工程是对融资模式、服务策划、赢利模式、运营管理、品牌管理、营销管理的价值创造过程，也就是本书的副标题指出的——商业模式的持续改进过程。

本书分为理论篇和实践篇。理论篇重点阐明了价值工程的产生、发展、基本理论、方法和技术；实践篇重点对价值创新的工具和思维框架及体育产业进行了探讨，分析了其价值系统构成，以及分析体育产业的一些视角，如价值链理论、利益相关者理论等，用价值创新的视角看待以往的各种管理活动及战略，展示了娱乐健身业的各种价值创新策略，探讨了竞赛表演业的业务流程，以及价值管理问题，并提供了相应的案例。

三、特点

本书的最大特点是，在理论与实践的基础上，专门对体育产业价值管理进行了较为全面的分析，是在作者教学讲义的基础上完成的，其初稿已经在研究生、本科生及体育*MBA*班多次使用，反应良好。

本书不仅吸收了国内外价值管理研究和教学的最新成果，也就是“编”，而且结合了作者的教学实践和教学成果，也就是“著”。没有广泛取材的“编”，就难以拓宽读者的视野，把握本领域的脉络和最新发展。没有在教研基础上的“著”，教材就没有灵魂，就会无法有针对性地对专门领域深入研究，从而脱离实际。

总之，本书对价值工程一般理论做了介绍，同时对运用价值工程理念和原理、工作程序如何在体育产业中审视价值、提升价值、创造价值做了深入分析，不仅对理论研究者有帮助，对实业界更是一本难得的提升资源价值、创造竞争优势的实用手册。结合大量案例诠释价值工程理念和方法，基本上涉及到体育产业应用的各个领域，如体育场馆建设与运营、俱乐部管理、赛事管理、体育组织内部管理、体育经纪公司等。

全书由北京体育大学博士生导师肖淑红教授编著。其中，第十章案例的案例一和案例二，北京体育大学体育经济与产业方向的研究生王璐、傅宇、徐祖冀、田军杰、李玥、卢冲参与了讨论和撰写。另外，张亚宁、董晓辰、张建双、武胜军、唐健、王萍萍、李永丹等进行了有关资料的整理工作。

本书在写作过程中，参阅了国内、外有关学者的论著，在此一并致谢。

本书是第一本价值工程理论与体育产业领域结合的教材，如有不妥，恳请专家和读者指正。

肖淑红

*2009*年*5*月于北京体育大学

目录

第一篇　理论篇

第二篇　实践篇

第一篇 理论篇

第一章 总 论

【本章提要】主要介绍价值工程的起源，并详细介绍了价值工程在国内、外的发展过程、推广应用情况，以及价值工程在国内、外的教学情况、学术组织状况，分析了价值工程在体育产业领域应用的前景，论证了在当前推广价值工程的重要现实意义。

第一节 价值工程形成与发展

一、价值工程起源

价值工程（VE）又名价值分析（VA），产生于20世纪40年代后期的美国。创始人是美国通用电气公司（GE）负责物资采购工作的电气工程师麦尔斯（L. D. Miles）。

在第二次世界大战期间，美国军事工业迅速发展，成为美军和同盟军武器装备的主要供应地。美国每年要向美军和同盟军提供几万架飞机、几万辆坦克、上千艘军舰，还要制造大量的新式武器、雷达、通讯设备和车辆等。美国国防部为了适应战时的需要，对军事订货主要强调武器装备的质量、技术性能和交货期。对企业（承包商）的收益则采用成本加定价的方式。这种强调武器装备性能第一，交货期第二，成本第三的做法，造成了生产过程的严重浪费，成本上升，物资供应十分紧张。如在100余种重要的矿物资源中就有88种需要进口。这种情况给采购工作带来极大的困难，影响了产品的设计和正常生产。如何摆脱困境成了亟待解决的问题。

在采购工作中麦尔斯不像其他人员那样为采购短缺物资而四处奔波，而是对短缺物资的功能进行认真的分析研究，努力寻找与短缺物资具有相同或相近的功能，且货源充足、价格较低的材料作为“代用品”，以取代短缺物资。这样在保证产品质量的前提下，既满足了生产的需要，又使生产成本降低，使企业获得了很好的经济效益。当时有一个很典型的例子：公司需要大量的石棉板。因为美国《消防法》规定该类企业的车间地面上需要铺一层石棉板，而石棉板供应十分紧张，经常脱销，且价格昂贵。麦尔斯想：“为什么需要石棉板？它的功能是什么?”他了解到购买石棉板是为了铺在车间地面上，防止喷刷油漆时沾污地面而引起火灾。所以石棉板的功能就是“防污”和“防火”。麦尔斯针对这两项功能进行思考：“还有没有与石棉板同样功能的其他材料呢?”经过调查，终于找到了具有同样功能的一种不燃烧的纸，不仅货源充足，而且价格只有石棉板价格的1/4。经过消防部门的认可，成功地用这种不燃烧的纸替代了石棉板，顺利地解决了石棉板供不应求的问题。美国通用电气公司对麦尔斯的工作给予了充分肯定。在实践的基础上，麦尔斯经过综合、整理和归纳，使其方法更加系统化、科学化，提出了“价值分析”（VA）的基本理论和科学方法，并于1947年以《价值分析》为题在《美国机械师》杂志上公开发表。但是，在世界的其他地方，通用电气公司为了保持他们的竞争优势，将这种新的理念严格封锁长达十余年之久。

最初，这项技术几乎全部应用在生产和加工工业，它的下一个主要的发展领域是建筑业。据称：“自从关键路径方法（CPM）后，价值工程是冲击建筑业的最大的理念。”这时也正值计划评审技术（PERT）提出来。

在价值工程的发展和国际认可的早期阶段，正是美国政府真正地资助了这项技术，并且将它作为一个正式的管理哲学体系接受。的确，他们提倡这项技术，使得在美国企业和美国海军设备司令部的应用更上了一个台阶。1954年船运部建立了一个价值工程程序，就在这个时候，价值工程成为设计评审阶段的一部分。因为有美国政府宣传推广，价值工程技术一直在发展。

20世纪50年代，价值工程迅速发展，并且在美国、日本、德国、瑞典、加拿大和英联邦被广泛接受。1958年，美国价值工程协会成立。将近300人参加了它的第1次会议。1961年，美国国防部开始使用价值工程程序，并于1963年颁布了第1个价值工程激励条款的合同。20世纪60年代后期，制订了价值工程需求程序和美国价值工程变更协议，并于1966年传入澳大利亚。

20世纪70年代，美国国会签署了价值工程激励条款，政府官方被要求参加价值工程学会（SAVE）的证书培训课程。1975年~1980年，许多的政府机构，比如交通和环境保护部引入和建立了强制性的价值工程程序。

1970年~1990年，在私人企业，价值工程程序开始清晰地显示了麦尔斯方法论应用的收益。这些成果现在是一种公共的记录，例如：包括了通用电气公司、波音公司、克莱斯勒汽车公司、休斯公司和贝尔电话公司等获得的成果。20世纪90年代，克林顿政府引入并通过了强制性价值工程立法。

二、价值工程在国外的发展

价值工程既是一种思想方法，又是一种优化技术。它以新的价值观及其独特的分析问题和解决问题的思想与方法，使得以较低的资源消耗提供优质产品和服务的方法更加系统化，可操作性很强，因而在实践中获得了巨大成果。50多年来，特别是20世纪70年代以来，价值工程在世界各国尤其在各个发达国家得到了迅速和普遍的应用。

（一）价值工程在美国的应用

价值工程自问世以来，在美国得到越来越广泛的应用，长盛不衰。最根本的原因在于：（1）价值工程的实用性和有效性；（2）美国政府各部门特别是国防部和国家领导人对价值工程的重视、支持和积极倡导。

美国推广应用价值工程大致可以分为两个阶段：从价值工程诞生～20 世纪 70 年代初。这一阶段应用价值工程主要是降低产品的生产成本，即从产品设计、物资采购、制造和销售等方面降低成本。从 20 世纪 70 年代初以来，推行以成本为设计参数的定费用设计（即 DTC 法），并把成本从生产成本发展为寿命周期成本（LCC）。寿命周期成本是从对象的研究、形成到退出使用所需的全部费用。包括：研究、生产、使用等费用。在一般情况下，产品的使用成本往往高于产品的生产成本。定费用设计（Design to cost）就是为了使某系统设计达到规定的费用要求而采用的管理技术。它把费用作为系统研制和生产过程的一部分，即把费用视为与各种技术要求和进度同样重要的参数，不断地加以控制。

美国海军舰船局是美国政府机构中最先引进价值分析技术的部门。1952 年舰船局派人到美国通用电气公司调查了解价值分析技术的可行性和效果。1955 年正式成立了专门机构，组织一批高级工程师将价值分析技术运用到新产品开发和设计中去，并将“价值分析”（VA）改称为“价值工程”（VE），价值工程与价值分析一般是可以通用的。继美国海军之后，美国空军和陆军分别于 1955 年和 1956 年相继引进了价值工程。1959 年美国国防部修订的军需采购条例专门做出了应用价值工程的规定，即武器承包商应用价值工程所节约的费用，可以按一定比例提成。

1964 年美国国防部制订了美国军用标准《价值工程规划要求》（MIL－V－38352），并命令美国陆军、海军、空军和后勤部门使用。1981 年又重新制订了美国军用标准《价值工程规划要求》（MIL－STD－1771）以取代军用标准 MIL－V－38352。并要求国防部所有各部和局使用。该“标准”为武器和装备的承包人规定了实施价值工程的最起码要求。如对价值工程的定义、程序、组织及培训等都做了规定。

为了指导价值工程的应用，美国国防部于 1963 年出版了《价值工程手册》（H—111），对价值工程合同、价值工程方法以及组织管理等都做了规定。该手册出版后，价值工程在国防部门的应用得到了迅速发展，应用价值工程所取得的经济效益无论在国防部门还是民间企业都有了显著增长。由于价值工程内容上的扩展、价值工程在产品寿命周期中应用重点的转移，手册的一些内容已经显得过时，因此国防部决定对手册进行修订，并于 1968 年出版了第 2 版《价值工程手册》（DOD5010—8H）。

进入 20 世纪 70 年代以来，美国国防部制订或修订了一系列的军用标准、指令和指导性文件。其中最典型也是最重要的是有关定费用设计的有关指令。

1971 年 7 月，美国国防部发出指令，要求各军兵种和军火承包商在研制中推行以成本为参数的设计方法。要求对武器系统进行研制时，应该明确提出成本参数和成本要求。而且处理成本参数应该像性能、可靠性参数一样有定量的指标，并要求将系统指标逐级分解下达（成本指标分解和下达），在系统研制的各个阶段（如论证、设计、制造、试验等）要预测成本的可能实现值，并且在系统研制各阶段结束时对成本参数做出评定（要求有置信度)。要求武器系统研制中，成本参数不仅有指标，而且在研制过程中是可以跟踪的。研究成本首先应该考虑在设计阶段能够有比较准确预测的单位生产成本，它决定了产品的售价。其次是使用保障成本（包括使用、维修等成本)，对于简单产品，它可以预测；对于复杂的武器系统，在论证和设计阶段难以准确地预测使用保障成本。所以要求考虑的使用保障成本必须是：与系统主要设计参数有关的、可以合理预测的，而且在系统使用中可以检验的那一部分成本。

此指令提出的将成本作为设计参数是设计方法的重大改革。

1971 年 12 月，美国国防部副部长签署了以成本为参数的设计方法备忘录。要求各军兵种在不受承包商影响的条件下，独立地进行成本参数估算，从而为军方提供成本指标、实施成本控制打下基础。

1972 年 7 月，美国陆军颁布“新器材采购指导”（陆军 1000. 1 细则)。叙述了计划成本控制的重要性，强调在武器系统研制过程各个阶段都应该有成本参数的要求。

1973 年 4 月，美国国防部部长办公室发出关于较大武器系统成本下降的指示性意见，成立国防部“成本分析改进小组”。进一步强调武器系统寿命周期成本的重要性和武器系统的经济合理性。要求各军兵种和承包商，为全面推行以寿命周期成本为参数的成本设计方法做准备。

1973 年 10 月，美国联合后勤司令部颁布了“以成本为参数的设计方法（DTC）联合指导”，该指导强调以寿命周期成本（LCC）为设计参数。这是军方后勤司令部正式要求各军兵种和承包商推行以成本为参数设计方法。

1974 年 7 月，美国陆军部部长发布了以成本为设计参数的设计方法备忘录。陆军开始推行以成本为参数设计方法。

1975 年 5 月 23 日，美国国防部发布了国防部指令《定费用设计（DTC)》(5000. 28)。要求在重要武器系统的研制中推行以成本为设计参数的设计方法。

至此，以成本为参数的设计方法即 DTC 法和 LCC 法在美国得到了普遍应用。

1983 年 4 月 6 日，美国国防部发布国防部指令，将重新修订的《定费用设计(DTC)》(DODD4245. 3）予以公布。这一指令对定费用设计的有关内容作了详细的规定。诸如：定费用设计（DTC）的适用性和范围、定义、政策、程序及方法（目标、参数的确定、合同实施及奖励等)。

1986 年 3 月，在总结 20 年来价值工程理论和方法的新发展及应用实践经验的基础上，对第 2 版《价值工程手册》（DOD5010 - 8H）进行了修订。于 1986 年 3 月出版了第 3 版美国国防部《价值工程手册》（DOD4245—8H)。这本手册的内容非常丰富，诸如价值工程原理、价值工程的应用、价值工程合同、价值工程的组织与管理、价值工程方法、培训工作、价值工程与其他规划和管理技术的关系等都作了较为详细的论述。特别提出了定费用设计（DTC）及寿命周期费用（LCC）等内容。

在美国国防部制订或修订军用标准、国防部指令及指导性文件的同时，国防部建立了专门机构——国防部价值工程委员会。由于美国国防部最高管理部门强有力的干预和积极介入及制订一些强制性的政策，自 1983 年推行价值工程以来，国防部每年大约节约 10 亿美元，承包商每年约获得 2. 5 亿美元的分成。

在美国国防部大力推行价值工程的同时，民用工业、卫生、教育、福利、退伍军人管理等部门也相继引进、应用了价值工程，取得了良好的经济效益。1967 年美国参议院在市政工程会议上，听取并大力支持联邦政府关于应用价值工程的意见。1969 年美国建筑研究咨询委员会要求在建筑工程项目上应用价值工程。1970 年美国国会批准把价值工程用于联邦公路、公共建筑及公共设施，并要求在合同中订入价值工程奖励条款。1977 年美国参议院第 172 号文件呼吁政府各部门广泛应用价值工程。

1979 年 3 月，原美国总统卡特在给美国价值工程协会的贺信中提到："值此第 20 届价值工程年会召开之际，我谨向美国价值工程协会的全体会员表示祝贺！实践证明，价值工程是工业和政府各部门降低成本、节约能源、改善服务和提高生产率的一种行之有效的分析方法。价值工程在国防部门的应用是卓有成效的。价值工程以其精确的预算对于其他各部门经济效益的提高也是很有帮助的。在我们正与通货膨胀作斗争，并广泛地寻求提高政府工作效率之途径的今天，价值工程无疑是深受欢迎的。若干年以来，价值工程师们一直是这一值得重视的管理技术的最坚定的宣传普及者，我感谢你们在这方面的率先贡献，并祝愿本届年会开得振奋人心、富有成效。"

1993 年 6 月，美国政府管理与预算局发文，要求政府和联邦机构在工程项目、房屋建造等承包合同中广泛应用价值工程。指出应用价值工程能帮助政府提高服务的价值和减少赤字。

1996 年 2 月 10 日，美国总统克林顿签署了美国国会通过的 104 ~ 106 号公共法令。该法令强调，不仅是国防机构，而且在联邦政府的其他部门都要应用价值工程。建立、健全并坚决执行与成本和效益相关的价值工程程序，加强成本控制。这是美国以法律形式确立了价值工程及其在经济发展中的作用和地位。

由于美国国家领导人、参议院、国会对推行价值工程的积极倡导，政府各部门特别是国防部认真组织、制订标准、指令和奖励政策，同时民间学术组织也十分活跃，价值工程在美国的应用相当普及。到 1978 年为止，价值工程在美国企业中的应用面已达 40% 以上，取得了良好的经济效益。据美国《采购》杂志统计，在 1975 年 ~ 1984 年的 10 年间，每 1 美元的价值工程投入，平均可取得 25 ~ 30 美元的收入。美国军械学会（现为美国防御战略学会）受美国国防部委托于 1964 年和 1967 年进行了两次调查。调查的目的是除了成本因素以外，价值工程对其他因素的影响。1967 年的调查结果见表 1 - 1。

表 1 - 1 调查统计表（%）

结果 \ 项目	可靠性	维修性	制造性	操作性	工艺性	时间	质量	重量	后勤	性能	包装	平均
改善	63	64	82	58	58	78	71	37	55	33	24	56.6
不变	37	36	16	41	41	21	29	58	45	67	76	42.5
降低	—	—	2	1	1	1	—	5	—	—	—	0.9

从表 1 - 1 的调查结果可以看出，成功的价值工程项目，确实可以在保持功能不变或提高的情况下，降低成本。

据美国全国纳税人联盟测算：从 1995 年开始，由于价值工程的系统应用，每年节约额为 20.19 亿美元。据美国核算总局分析，价值工程一般可以节约计划费用开支的 3% ~ 5% 。美国联邦政府机构 1995 年开展价值工程的节约额见表 1 - 2。

表 1 -2　美国联邦政府各机构统计的 1995 年价值工程节约额（美元）

部门	金额
国防部	734 385 000
运输部	686 373 874
服务管理部	109 608 453
陆军工程兵	59 554 000
内政部	22 427 840
农业部	8 764 155
司法部	5 990 387
退伍军人管理局	2 270 800
健康与人类服务部	1 884 464
国际发展部	800 000
其他	91 721

除了美国政府对价值工程活动的重视和支持外，美国价值工程协会对美国价值工程活动的开展起至关重要的作用。

（二）价值工程在日本的应用

日本是应用价值工程较早且很有成效的国家。其特点是理论与实践结合，并着重于应用。1955 年，由西野嘉一郎为团长的日本成本管理考察团赴美考察，认为价值工程是降低成本的有效方法。并于 1957 年将价值工程介绍给产业界，但未受到重视。因为当时日本的经济正处于一种“景气”时期，企业只要通过扩大产品产量就能够多赚钱。因而对有效利用资源和降低成本不大关心。进入 20 世纪 60 年代以后，日本经济形势开始严峻，市场竞争开始激烈，改善企业素质和降低成本的必要性才受到重视。因此日本又派出物质采购管理考察团赴美考察，重点考察了价值工程及其在美国的应用情况。回国后再次向日本产业界介绍了价值工程，此次引起了重视。1965 年成立了“日本价值工程协会”，致力于价值工程的普及工作。

1966 年，日本通商产业大臣在产业结构审议会管理部会议上作有关成本管理的答辩，提出了把价值工程作为成本管理的手段。同年又进一步作了价值工程的答辩，指出：价值工程是从功能方面进行研究的，是降低成本的新方法，从最近重视功能的动向中可以看出价值分析是划时代的事物。

日本企业界在谈到价值工程时，曾有这样一种说法：即企业关心价值工程的程度与经济形势的波动成逆循环的周期性变化。也就是说当经济形势不佳，确保企业效益有困难时，企业就强调实施价值工程。而经济形势一旦好转，对价值工程的热情也就不知不觉消失了。这种看法和做法虽然不可取，但也说明价值工程确实是可以使面临困难的企业走出困境。正如人们所说的价值工程是防止企业破产的一种起死回生之术。

日本推广应用价值工程常与工业工程（IE）和质量管理（QC）结合起来。许多企业建立有“VIQ”推进室。到了20世纪70年代，价值工程在日本的应用已经相当普及，取得了巨大的经济效益，应用范围也越来越广。据1975年在机械、电机、运输和精密仪器4个行业的调查，有100家公司对调查表作了答复，其中90家应用了价值工程，普及率达90%，其中效果显著者76家，占84.4%。应用情况见表1－3。

表1－3 应用价值工程情况统计表

行　业	公司数（个）	应用价值工程（个）	未用（个）	普及率（%）
机　械	34	28	6	82.4
电　机	43	41	2	95.3
运　输	17	16	1	94.1
精密仪器	6	5	1	83.3
合　计	100	90	10	90.0

据1983年和1984年两次价值工程全国大会调查，日本企业界应用价值工程在多数情况下都有降低成本的目标。1983年调查的结果为56%，1984年为60%。每个价值工程工作者一年中降低成本的目标：1983年最低为10万日元，最高为5亿日元；1984年最低为15万日元，最高为10亿日元。平均每人取得的实际成绩是：1983年为0.38亿日元，1984年为1亿日元。

在普及价值工程的同时，对价值工程的理论和方法也做出了积极的贡献。日本产业能率短期大学玉井正寿教授翻译编写了大量价值工程书籍。如1971年出版的《价值工程活动指南》、1978年出版的《价值分析》等。特别是在创造工程学方面他提出了大量的创造技法，为价值工程的发展做出了贡献。

（三）价值工程在其他国家和地区的应用

西欧各国，主要是欧洲共同体国家，推行价值工程的特点是把价值工程的原理和方法制订成整套的标准，推行很有成效，如原联邦德国工程师协会1970年制订了《价值分析——概念与方法描述》（VDI2801）及《价值分析——对比计算》（VDI2802）。1973年原联邦德国颁布了价值工程国家标准《价值分析——概念、方法》（DIN69910），1983年又补充制订了国家标准第三部分《价值分析——工作计划》（DIN69910）。许多企业都设有推行价值工程的专门机构。德国有关人士认为，产品更新中应用价值工程，在产品功能保持不变的情况下，一般可以降低成本20%～25%。奥地利1975年～1980年制订了一系列国家标准，如《价值分析——概念、方法》、《商业伙伴之间的价值分析》、《价值分析——机构的体制编排说明》及《价值分析——协调人、任务、要求》等。法国从1984年开始也制订了一系列国家标准：《价值工程——术语》（XO－150）、《价值工程——基本特点》（XO－152）、《价值工程——实施建议》（XO－153）等。

在东欧各国推行价值工程不仅相当普遍，而且有一个共同的特点，即采取行政干预的办法，发指令、提号召、做决定等。如原民主德国部长会议颁布了在国家企业中必须推行价值工程的决定，仅 1975 年在工业上推行价值工程就取得经济效益 9 亿马克。匈牙利 1975 年曾发起应用价值工程对产品结构和生产方式进行改革的竞赛。罗马尼亚 1979 年制订了价值工程国家标准《价值分析——一般概念》（STAS11272/2－79）和《价值分析——产品中采用的方法》（STAS11272/2－79）。在波兰，国家规定把价值工程列入各级领导直至部长、省委书记的业务学习内容。原苏联 20 世纪 70 年代初开始应用价值工程，称为“价值——功能成本分析方法”，1982 年部长会议下属的国家科学技术委员会正式颁布了《价值工程——功能成本分析条例》。该条例规定，要尽可能充分满足使用单位的要求，选择能实现这些要求的最有效途径，达到使用性能同其研制、生产和使用费用之间比例的最佳化，以全面提高劳动生产率。

其他国家如英国、意大利、西班牙、比利时、葡萄牙、荷兰、瑞士、北爱尔兰、希腊、芬兰、挪威、苏格兰、加拿大、澳大利亚、南非、阿联酋、以色列、沙特、塞内加尔、科威特、埃及、印度、印尼、新加坡、马来西亚、巴基斯坦、韩国、巴西、阿根廷、墨西哥、委内瑞拉、波多黎各、哥斯达黎加等先后推广应用了价值工程。

纵观价值工程在世界各国特别是在工业发达国家的应用，凡是推广应用面广、成效显著者，都是得到政府各部门的积极倡导和大力支持，甚至制订一些带有强制性的措施。对于一种现代管理方法，竟引起不少国家的政府如此重视，这确实是罕见的。他们为什么下这么大的力气推广价值工程呢？答案只有一个，那就是由于价值工程适应现代经济发展的要求，能够提高企业产品的竞争能力，应用它必然给企业带来巨大的经济效益。

三、价值工程在国内的发展和推广应用情况

价值工程于 1978 年引入我国。当年 6 月，上海复旦大学沈胜白教授在上海市哲学社会科学学会联合会上作“价值工程概论”的报告。同年，长春汽车研究所戴俊波在长春一次研讨会上发言，并于 1978 年 12 月在《国外机械工业消息》总 267 期发表了《价值分析——在日本企业的应用情况》一文。从此揭开了我国研究、推广应用价值工程的序幕。20 多年来，由于党和政府的积极倡导，教育、学术、科技以及各行各业的积极努力，使我国的价值工程活动得以蓬勃发展，取得了辉煌成就。无论在价值工程的理论和技术方法上，还是在实践应用方面都得到了很大的发展，取得了良好的经济效益，为社会主义建设事业做出了重大贡献。

（一）政府部门及有关方面负责人积极倡导推广应用价值工程

1981 年，原第一机械工业部发出了（81）一机企字 1047 号文《关于积极推行价值工程的通知》。《通知》指出：“价值工程是一种技术与经济相结合的科学方法。它通过对产品进行功能成本分析，力求用最低的寿命周期成本，实现必要的功能（包括消除过剩的功能和补充不足的功能）。近年来，部分机械企业在新产品开发设计和老产品改造中应用价值工程，取得了初步效果。”《通知》要求“机械工业企业和科研单位，应努力学习和掌握价值工程的原理和方法，从实际出发，用实事求是的科学态度，积极推行价值工程。要把价值工程贯穿到科研设计、制造工艺和销售服务的全过程”。《通知》还要求“各单

位要把学习和普及价值工程的原理和方法，作为职工培训的重要内容。企业和研究院、所有搞产品设计和制造工艺的工程技术人员以及同推行价值工程有关的计划、财会、供销等人员，都要努力学习价值工程，没有学习过的都要补上这一课”。这个通知是我国由政府部门第一次下发的有关价值工程的正式文件，有力地促进了价值工程在机械行业和我国的应用与研究。虽然已经过去20多年，但《通知》对价值工程原理和方法的阐述及对各单位开展价值工程的要求至今还有其重要的现实意义和指导作用。

1983年11月，由经济管理干部国家考试指导委员会审定公布的《国营企业经理、厂（矿）长国家考试复习大纲》规定价值工程为统考内容之一。

1984年1月，国家经济委员会下发的我国第一次《企业管理现代化座谈会纪要》，把价值工程列为在全国推广的现代管理方法之一。

1985年12月，国家经济委员会组织制订的《企业管理现代化纲要》（草案），将价值工程列为行之有效的且适宜推广的现代化管理方式。

1987年7月，中华人民共和国国家标准局公布了我国价值工程国家标准GB8223－87《价值工程基本术语和一般工作程序》。这个标准对规范价值工程活动、指导价值工程理论研究和推广应用发挥了重要作用。

1990年，中国科学技术协会、中国企业管理协会、中国企业家协会为贯彻我国“八五”期间国民经济发展规划，进一步落实“质量、品种、效益年”活动，提高企业和职工素质，提高生产工艺水平，将价值工程作为“八五”培训计划中重点培训的现代管理方法。

部分领导和学者对价值工程也给予了很高的关注。1984年，中国科学院学部委员、上海工业大学校长钱伟长教授等9位学者倡议：深入开展价值工程的理论研究和咨询服务，加快价值工程的推广应用步伐，以提高经济效益，为本世纪内实现“翻两番”做出贡献。

原国家经济委员会副主任、著名经济学家、中国企业管理协会会长袁宝华同志多次为价值工程题词。1984年12月题词为：“大力推广应用价值工程，提高企业素质和经济效益。”1989年4月再次题词：“要像推广全面质量管理一样推广应用价值工程！”1992年第3次题词：“进一步加强价值工程的研究开发和推广应用，为加快我国经济建设的步伐做出新贡献。”1998年9月第4次题词：“继续推广应用和普及价值工程，进一步研究和拓展价值工程，开发新成果，做出新贡献。”

1988年3月10日，江泽民同志在上海工作期间，为上海市价值工程协会题词：“价值工程常用常新。”江泽民同志的题词不仅对当时，而且对后来价值工程活动的开展起到了重要的推动作用。特别是题词中“常用常新”的用意精辟，对价值工程的发展具有深远意义。

（二）开展学术及经验交流活动

从1980年10月至今，由政府有关部门和价值工程研究会等召开的省级及其以上的价值工程学术交流会议、经验交流会、成果评审及表彰大会等，据不完全统计共有50余次。

1984年3月，由中国技术经济研究会、中国机械工程学会联合组织召开的“全国第一次价值工程学术交流会”在重庆市举行。与会的由国务院技术经济研究中心、国家经委标准局综合研究处、机械工业部以及19个省、市、自治区的工矿企业、大专院校、科研、科技情报、报刊、出版等85个单位的92名代表。大会向国家有关部门提出了3点建议：（1）统一价值工程的术语；（2）工科高等院校设立价值工程课程；（3）国家经济部门以行政手段和政策导向加强价值工程的推广和应用。

1984年8月，原兵器工业部在昆明市召开价值工程应用研究会；1989年2月，全国国防系统在石家庄召开价值工程座谈会；1992年1月，全国军械系统价值工程学术研讨会在石家庄军械工程学院召开。

1986年10月，由中国机械工程学会管理学会、中国机械工业企业管理协会和机械工业部管理科学研究所联合组织召开的“全国第二次价值工程学术（经验）交流会”在河南许昌举行。大会指出，价值工程潜力之大，难以估量。各级经济管理部门和企业领导真正把价值工程作为有效的工具加以利用，在观念上和认识上还有差距，需要加强价值工程的培训和宣传。

1989年10月31日～11月2日，经原国家计划委员会和中国企业管理协会批准，由国家计委生产调度局和中国企协价值工程研究会组织，在上海召开了“全国推广应用价值工程座谈会”。参加座谈会的有各省、市、自治区计经委和企协、部分中央部委及企业、高等院校的领导和代表。大会总结交流了我国各地各行业和许多企业推广应用价值工程获得良好技术经济效益的情况和经验。会议认为：价值工程是取之不尽、用之不竭的“金矿资源”，要像江泽民同志指出的那样，努力做到“常用常新”，不断为用户提供物美价廉的产品，增强企业的市场竞争力。会议指出：推广应用价值工程，关键在领导，各级领导要把推广应用价值工程列入议事日程。

中国高等教育学会高等学校价值工程委员会作为第一批全国价值工程学术团体，担负起了团结、组织全国各类高等院校的专家、学者和价值工程工作者研究和推广应用价值工程的任务。多年来，坚持不懈地开展学术活动，一直活跃在价值工程的传播培训、组织推广应用、理论探讨的第一线。国内出版的大量价值工程论著、科研成果、应用成果以及各类价值工程活动都有该会员的积极参与，成为价值工程活动的一支骨干力量。

1991年11月15日～17日，经国务院生产办公室和国务院企业管理指导委员会批准，由中国企业管理协会主持，“全国推广应用价值工程经验交流会”在天津召开。与会代表指出，价值工程是摆脱企业困境、扭亏为盈、增加效益的有效方法。目前我国不少企业亏损，推广应用价值工程十分必要。价值工程不仅技术人员可以应用，每一个人、每一个工作岗位都可以应用。会议提出了如下建议。

（1）要充分肯定开展价值工程活动的巨大成果，积极宣传、大力推广应用价值工程对促进企业提高产品质量、开发新产品和改造老产品、降低成本、增加效益的重要作用和现实意义。

（2）进一步明确价值工程推广应用工作的指导思想，领会和贯彻江泽民同志提倡“价值工程常用常新”的指示。并以袁宝华同志提出“要像推广全面质量管理一样推广应用价值工程”的精神，把推广应用价值工程列入议事日程，作为经济工作中的一件大事来抓，要以调整产业和产品结构，提高经济效益为宗旨，重点围绕落实企业，特别是国营大中型企业的技术开发、技术改造、技术引进和消化吸收等工作大力推广和应用价值工程。

（3）要加强价值工程推广应用工作的组织领导，把推广应用价值工程作为各级经济主管部门、企业管理领导小组的工作内容，充分发挥各级企协和各地价值工程研究会的作用。

（4）大力开展推广应用价值工程的培训工作，在企业中普及应用价值工程。

（5）认真贯彻国家标准《价值工程基本术语和一般工作程序》。积极研究、制订促进价值工程推广工作的管理条例和工作规范。

（6）贯彻和兑现国务院有关鼓励科技成果和管理现代化成果的政策规定，以科学求实的态度和方法，做好价值工程的立项、评审与奖励工作。

经教育部教外司批准，中国价值工程协会（筹）于1999年5月9日~12日在杭州召开了第一次“价值工程与企业技术创新”国际会议。浙江省和杭州市的领导到会祝贺。参加会议的代表共有118名，其中中国大陆代表100名，中国香港特别行政区代表5名，美国、英国、澳大利亚、加拿大、意大利、日本等国代表13名。会议收到论文共60篇，出版《价值工程与技术创新国际会议论文集》中文版和英文版各一集，会议就价值工程与企业技术创新的理论、方法及应用经验进行了广泛的交流，会议开得非常成功。通过这次会议，使中国代表了解了国外开展价值工程的情况，国外特别强调价值工程的应用给与会代表留下了深刻的印象。国外代表对中国价值工程工作者在价值工程理论及方法研究方面取得的成绩与突破表示赞赏。

2003年11月10日~12日，由北京价值工程学会和北京航空航天大学创业管理培训学院主办的国际价值工程与价值管理学术会议暨北京价值工程学会2003年年会在北京航空航天大学如心会议中心召开。本次会议以“价值工程与价值管理的发展：中国与世界”为主题，来自美国、法国、英国、澳大利亚、中国香港地区、中国台湾地区等国家和地区的价值工程和价值管理专家和学者共同对价值工程的应用和发展进行了研讨。北京市人大常委会副主任、清华大学博士生导师林文漪教授，著名教育家、北京市社会科学联合会陶西平主席，北京市海淀区于军副区长和北京航空航天大学外事处燕瑛处长也应邀参加了本次大会。

随着价值工程在各行业中的运用，价值工程在体育行业的影响力日益凸显，价值管理专家的作用也将得到充分体现，在体育企业经营管理、项目策划、实施、赛事包装、运营以及体育产品推广等领域，将提供更科学的理论依据。2006年5月12日，在北京体育大学科学楼报告厅，北京价值工程学会邀请国际价值工程协会副主席、国际部主任唐纳德·汉纳先生来华参加价值工程国际高层论坛，与体育总局相关领导、实业界人士，以及国内价值工程专家、学者一起探讨价值工程在体育行业中的作用，以及如何实现价值评估和行业效益。

30多年来，价值工程的应用领域已经有了极大的拓展，从开始阶段的工业产品开发，拓展到工程项目，从企业的工艺、技术、设备等硬件的改进，拓展到企业的生产、经营、供销、成本等管理软件的开发；在工业领域应用取得显著成绩后，价值工程应用进一步拓展到建筑、交通、水利工程、公路工程、商业、金融、服务、教育、行政事业领域。近年来价值工程在农业领域的应用初露锋芒，在国防军工领域的应用获得明显效果。现在价值分析、价值管理在宏观领域的应用也在探讨之中。据不完全统计，30年来价值工程在我国应用所取得的直接经济效益，可达数十亿元，间接效益和社会效益必将超过这一成果。

四、中、美两国价值工程教学方面的情况

（一）美国价值工程教学方面的情况

美国价值工程学术活动十分活跃，推动了价值工程的应用和发展，在大学中也开设了价值工程课。据1979年美国参议院调查，在101所大学中，将价值工程作为一门独立的课程开设的有11所大学。在“工程经济”课程中列入价值工程内容的有56所大学。讲授价值工程的学校约占被调查学校的66.3%。

价值工程最突出的特点就是多学科化，目前研究生课程多学科化是发展新趋势。

美国30余所高等院校设有价值工程学科，美国匹兹堡州立大学已开设价值工程研究生课程，并列为工商管理硕士（MBA）首选课。

美国学位委员会制订一套切实可行的条例，审批高校价值工程教学大纲。

1. 美国价值工程教学主要致力于

（1）介绍价值观念和价值理论；

（2）价值工程的功能成本和价值；

（3）进行价值工程研究；

（4）FAST图表分析；

（5）价值工程教学要富有创造性；

（6）培养判断能力；

（7）价值工程与质量；价值工程与实际操作；价值工程与其他学科的关系；

（8）成本控制理论；

（9）生命周期成本理论；

（10）价值工程实施策略；

（11）价值工程组织实施。

2. 美国高等院校价值工程教学客观目标

（1）通过价值工程理论介绍价值工程应用方法和手段；

（2）加深公众对价值工程的认识；

（3）让价值工程走向世界。

3. 美国高等院校价值工程学科的全球目标

（1）在通过多学科解决问题的领域里做新的尝试；

（2）开发群体合作解决疑难问题的潜力；

（3）将价值工程程式化的方法论运用到实际生活中去。

4. 美国哈佛企业管理百科全书介绍价值工程

（1）价值工程是提高生产力与保证利润的有效方法；

（2）价值工程是获得高价值产品和降低成本的技术；

（3）价值工程可以使设计部门大幅度降低成本；

（4）价值工程可以消除过剩的质量；

（5）价值工程对企业和用户都是有益的，因为它追求产品的物美价廉。

(二) 中国价值工程教学方面的情况

中国也十分重视价值工程理论教育在高校当中的开展。在广州市政府以穗府(97)33号文批转的市人事局关于"九五"期间进一步加强全市专业技术人员继续教育工作中,已把价值工程列为6门公共必修课之一(其他5门必修课为:国家科协、人事部、国防科委联合发文组织学习的《跨越世纪、面向世界500讲》;广东省人事厅要求组织学习的《创造性思维与方法》;21世纪进程与发展;计算机应用技术;英语),列为计划内安排的指令性学习计划,作为考核的必验内容。

为了适应现代管理的需要,广州的高校暨南大学企管专业研究生和本科生、广州乡镇企业管理干部学院计算机应用(现代企业管理)专业大专班、华南农业大学企管专业大专班等已陆续开设了价值工程课。

推广应用价值工程比较好的省、市及企业,都认真进行了价值工程培训。不少地区和企业在价值工程培训中往往采取灵活方式,对不同对象培训要求也有所不同。对企业领导骨干的培训,以价值工程的原理、观念和思想为重点,具体操作方法不作重点。着重使企业的领导骨干了解价值工程是一种技术与经济相结合的现代管理技术,是市场经济的产物,适合市场经济发展的需求。应用价值工程可以创造出适合用户需求的物美价廉的产品,提高产品的竞争能力,使企业获得较好的经济效益,从而立于不败之地。对技术人员则特别强调技术创新。对广大员工和其他人员进行价值工程培训,重点讲价值工程的思想和观念,同时讲授一定的定量和定性的分析技术方法。

2003年11月10~12日,由北京价值工程学会主办的国际价值工程与价值管理学术会议暨北京价值工程学会2003年年会——价值工程与价值管理的发展:中国与世界(Development of Value Engineering and Management: China and World)在北京航空航天大学召开。国际价值工程协会副主席唐纳德·汉南(Donald Hannan)先生、中国价值工程协会筹委会主任马庆国教授、中国机械工业管理协会工会工程专业委员会理事会长刘建一教授、香港价值工程协会秘书长沈歧平教授、北京价值工程学会会长邱婉华教授等出席了会议。来自澳大利亚、英国、中国高等院校、科研院所、建筑设计与施工等单位的科研人员和技术人员共100多人参加了会议。

2004年12月17日~18日,北京中关村高新技术企业协会、北京市价值工程学会在海淀科技大厦联合举办了价值工程管理培训班。参加培训的人员由中关村科技园区及外地的高新技术企业、生产制造企业及北京市其他相关企业的决策者、经营者及相关管理者、产品设计者等组成,共计80余人。培训结束后由北京中关村高新技术企业协会和北京市价值工程学会为参培人员联合颁发了培训证书。

全国高校自1978年起开设讲习班及课程,有代表性的学校:清华大学、北京航空航天大学、北京科技大学、浙江大学、暨南大学等。

1988年起,北京体育大学为全校本科生开设价值工程选修课;

1998年起,北京体育大学为研究生开设体育产业价值工程课程;

2006年,北京体育大学管理学院本科新专业体育产业管理中设置了体育产业价值工程限制性选修课。

五、价值工程组织机构情况

“价值工程协会世界联盟”是在美国价值工程师协会1992年5月召开的第32届国际会议上成立的，简称WFVS。该联盟是非政治性、非宗教性、非盈利性的世界价值工程团体组织。它的主要任务是：在全球致力于推广价值工程现代技术；从事价值工程的培训、推广和应用研究工作；组织制订价值工程专家任职标准等。每个国家只能由一个全国性的价值工程协会参加，并占据一个席位。法国、英国、美国、德国、意大利、西班牙、澳大利亚、加拿大等20多个国家已加入该联盟。

SAVE（美国价值工程协会）在1996年6月9日芝加哥年会上，投票通过更名为SAVE International（美国价值工程师协会）。其口号为：the Value Society——价值的协会。新会名和新口号旨在面向世界，与所有以提高价值为目的的组织或个人团结协作。

世界各国的价值工程组织名称如下。

国际价值工程组织（VEI，Inc）

美国价值工程师协会（SAVE）

迈尔斯价值基金会（MVF）

加拿大价值技术协会（CSVT）

法国价值分析协会（AFAV）

英国价值管理协会（BIVM）

德国价值管理协会（SDVM）

意大利价值分析协会（AIAV）

西班牙价值分析协会（ANAVA）

比利时价值分析协会（AVD）

葡萄牙价值分析协会（APAV）

荷兰成本工程师协会（DACE）

巴西价值分析/工程协会（ABEAV）

日本价值工程协会（SIVE）

韩国价值工程协会（SKVE）

澳大利亚价值管理学会（IAVM）

南非价值管理协会（VMSSA）

南非价值管理基金会（VMF）

印度价值管理协会（SIVAM）

（一）日 本

日本价值工程协会成立于1965年，1980年由日本学术会议批准为社团法人。其宗旨为提供国内、外所有的价值工程情报，促进产业界价值工程活动，谋求价值工程成果而开展各项事业活动。

1. 举办价值工程培训，向企业界普及价值工程活动。
2. 开展国际价值工程交流，派出国外考察价值工程情况，扩大视野，积累经验。
3. 举办价值工程学习班（“设计与成本”、“价值能源与管理”、“市场价值工程”等）。
4. 开拓价值工程应用领域。
5. 一年一度全国价值工程大会及价值工程国际会议。
6. 协会设立麦尔斯奖，奖励在价值工程、价值分析、价值管理实践活动成果显著者、培训教育方面做出成就者。
7. 出版“会刊资料”。
8. 审定价值工程专业资格。
9. 开发价值工程教材。

日本1962年将价值工程引入学生教育课，1968年正式设置价值工程课作为大学的重点学科之一。

(二) 中 国

从1981年5月~1992年6月，据不完全统计，我国陆续建立省、市级以上行业性和地区性价值工程学术组织近30个，其中全国性组织有以下几个。

1981年5月，中国纺织企业管理学会价值工程专题组成立。从1982年~1986年每年都举行一次价值工程学术会议。

1982年3月，中国机械工程学会技术经济与现代化管理研究会成立了价值工程学组。

1982年10月，河北省技术经济管理现代化研究会价值工程学组与河北省机械工程学会联合创办《价值工程通讯》杂志，1984年2月更名为《价值工程》，1985年2月公开出版。此后，《价值工程》成为中国企业管理协会价值工程研究会和中国高教学会价值工程专业委员会的会刊，是我国唯一的价值工程专业刊物。

1984年6月，中国农机企业价值工程研究会成立。

1987年8月，中国机械工业企业管理协会价值工程研究会在北京成立。

1987年，全国高校价值工程研究会成立。开始隶属于中国机械企协，从1995年开始隶属于中国高教学会。

1988年5月，中国企业管理协会价值工程研究会正式成立。

1998年12月在北京召开了全国价值工程代表大会，会上总结了20年来中国推广应用价值工程取得的丰硕成果，交流了经验，发表了论文，同时成立了“中国价值工程协会筹备委员会”。

2001年4月22日，在北京市经委和北京航空航天大学等单位的支持和帮助下，北京价值工程学会成立。来自北京地区的50多位从事价值工程、价值管理、价值风险等方向研究和应用的企业界、大专院校和科研院所的代表参加了这次大会。

北京价值工程学会（VESB）成立于2001年4月。北京价值工程学会于2005年6月29日在美国圣地亚哥正式与国际价值工程协会（SAVE International）签署协议，作为在国内唯一授权推广其价值工程理论和技术、注册价值管理专家认证体系的学术组织。北京价值工程学会致力于为企业服务，促进企业发展，并结合实际应用来发展价值工程。学会将不定期吸收对价值工程、价值管理等方向的研究与应用有兴趣的机构和个人会员。

几年来，北京价值工程学会在我国推广、应用价值工程方面取得了可喜的成果，现已和国际接轨，从此进入一个跨越式发展的新阶段。

2006年起，北京价值工程学会在国内逐渐开展价值工程推广、价值工程师（CVS）认证和培训、企业价值分析服务等工作。北京价值工程学会努力为中国建设成为资源节约型社会做出最大的贡献。随着北京价值工程学会正式加入国际价值工程协会，结束了中国大陆没有国际价值工程专家的历史。

2007年5月北京价值工程学会10位会员顺利通过国际注册价值管理专家认证，成为中国首席注册价值管理专家。10位专家为北京航空航天大学教授邱菀华；北京信息科技大学教授沈明；国家安全生产监督管理总局国家煤炭安全监察局行业安全基础管理主导司司长雷长群；香港价值管理学会会长、香港理工大学教授沈岐平；北方工业大学教授张铁山；上海电器集团有限公司总裁助理、高级经济师沈国璋；山东经济学院副院长、教授王乃静；中国建筑材料工业规划研究院总工程师刘建一；北京航空航天大学教授程志超；北京体育大学教授肖淑红。

2007年10月29日北京价值工程学会在钓鱼台召开新闻发布会成立国际价值工程协会中国认证委员会，并定于2007年底启动“国际注册价值管理专家”认证试点考试。

六、价值工程在体育产业中应用的发展前景

任何管理理论之所以得到发展，都因为有它的客观实际环境的需要，是在需要和实践的基础上面上升为理论的，所以，今天如果把价值工程推广好，就要更多的人从实践领域中做工作，把它上升为理论，再拿理论指导实践，理论和实践都有意识地结合起来就推广得更快一些。

回顾过去，审视现在，展望未来，可以肯定价值工程这一资源节约型现代管理技术对我国体育事业“又快又好”地发展将具有难以估量的重要作用。

随着改革的深入、经济的发展，体育产业的发展也是有目共睹的，体育领域的方方面面，从体育场馆建设、体育俱乐部的运营管理、体育赛事的开发与营销、体育中介公司的管理及体育行政组织的管理，都需要提高经济效益，采用现代化的科学管理方法和技术。国内外价值工程学界已开始关注体育产业这个巨大的应用领域，价值工程在体育领域的推广应用也已开始。

20世纪90年代后，价值工程逐渐扩展到服务领域，特别是体育工作中。悉尼奥运会使用价值管理技术，在场馆建设（节能、节材料、环保）、赛事管理、游客（观众）服务管理、风险管理（安全管理）、志愿者管理方面，在保证或提升必要功能的基础上尽量节省成本，被萨马兰奇称赞为“有史以来最出色的一届奥运会”。

在体育事业和体育产业中大力推广和应用价值工程，将极大地提升体育产业的价值。主要体现在如下方面。

（1）提升体育赛事的价值，降低赛事的费用；

（2）提升体育场馆建设和维护的价值，降低场馆建设和维护成本；

（3）提升体育精英运动员开发的价值，降低运动员开发成本；

（4）提升健身服务运营的价值，降低运营成本，如各种健身俱乐部、专业运动协会；

（5）提升体育运动用品的价值，降低成本。

第二节　价值工程推广的现实意义

一、社会环境分析

全面质量管理基本思想成为20世纪70年代第一次西方企业管理变革的指导思想。

价值工程基本思想成为20世纪90年代第二次西方企业管理变革的指导思想。

价值工程理论发展成为一种相当成熟且行之有效的管理技术，与产业组织存在的问题是分不开的。（1）一个产业组织中的工作大都被各子系统分割并独立完成，造成部门主

义严重，这就造成了结果从局部看是合理的，但从整体角度看，没有达到最优状态，而价值工程正是通过功能分析来满足系统整体最优的。（2）新技术、新思想的不断涌现使得产业组织难以及时了解和把握，价值工程的工作程序可以帮助企业抓住这些新的资源。（3）顾客需求的多变性、企业内各个工作环节的脱节、顾客与企业之间的分歧，让价值工程充分发挥了作用，它通过需求与供给之间的磨合，在充分理解需求的基础上，消除不必要的供给，补充不足的需求，使整个系统良性运转，其运营更富有效率。显然，通过前面的分析，价值工程理论在体育产业服务提供中将起到非常重要的作用。

1949～1984年在特权市场条件下，企业采用的是官僚式行政管理办法，主要依靠政府的计划安排、行政命令等配置资源安排生产。1985～1996年（尤其是1992年以来），处于市场转型期，企业采用的营销策划的管理方式，从只管生产转变为注重销售。主要依靠广告宣传和媒体炒作来提高知名度以达到销售商品的目的。1997年以来，进入竞争性市场时代，有的成功企业（如海尔、联想等）开始实施价值链管理，企业以增强竞争优势为动力，更加注重练内功，不断优化业务流程和信息流，提高企业核心竞争力，以获得持续的发展。①

企业要积极采取对策，实现新的经济增长。

1. 薄利时期企业必备的能力、独立生存能力、应变及创新能力。
2. 用价值管理，开拓进取。
3. 功能开发——经济效益增长的利器。

企业新的经济增长还要靠管理创新理念导向：（1）以顾客为中心，超越CI而转向CS。（2）以员工为本，从依靠汗水转向依靠知识和智慧创造财富。（3）以价值为核心，从物质经营型转向功能经营型。

二、生命型企业

价值是企业经营之本，企业管理的深刻本质应该是价值管理。

生命型企业才具有持续发展的优势。（1）具有实用的理想主义；（2）以创造价值为立业之本；（3）善于构造企业生态；（4）注重学习能力的修炼。

从世界各国企业发展的实证分析可以看到，企业发展中有两个衰亡率很高的门坎：10年左右和40年左右。前者称为“死婴率”，后者称为“壮年夭折率”。据统计，1970年跻身于“全球500强”的公司，到1982年有1/3已销声匿迹了，其中很多是“壮年夭折”。我国许多取得辉煌成功的企业也未逃脱昙花一现的命运。

一个企业或已处于领先地位的企业如何才能保持持续发展呢？根据研究，“生命型企业”具有持续优势，而“经济型企业”容易夭折。

生命型企业：是超经济利益的生命组织，是一个生物有机体。在管理大师彼得·德鲁克看来：“企业存在于社区当中，企业不止是一种生计，还是一个生命。”生命型企业是为“生命意义”而发展，而不是为“赚取利润”而存在，其生存的能力和发展的潜力将伴随机体的健康成长而不断延续。

① 张继焦．价值链管理［M］．北京：中国煤炭工业出版社，2001.9

经济型企业：是指始终以追求经济指标为根本宗旨，把获得投入资本的最高报酬率、最高销售额和最大市场占有率作为企业成功的最高标准的企业，结果使之成为一部循环运转的赚钱机器，其寿命会很快衰竭。

生命型企业长寿的秘密是因为他们拥有 4 个方面的组织特质，并在此基础上形成以下特定的管理原则和经营战略。

（一）实用的理想主义

生命型企业的思想原则是实用理性的，既追求伟大的理想，又追求实际的利润。美国默克公司已有 100 多年的历史，其总裁乔治·默克说："我们总是记住，药是为患者生产的，药是为人生产的，不是为利润，但利润总会如期而来。我们对这一点记得越牢，利润就越大。"

"实用主义"体现了企业满足用户现实需求的具体行动。

"理想主义"体现了企业一种根深蒂固的核心思想和价值原则。

（二）以创造价值为立业之本

生命型企业从根本上来说要追求生命的价值，把创造价值看得比单纯地追求经济目标重要得多。企业为用户提供产品和创造价值。价值才是企业经营之本。企业管理的深刻本质应该是价值管理。

（三）善于构造企业生态

企业生态是指企业生存和发展的和谐环境。生命型企业只有在竞争与合作的和谐环境中，才有可能使优势和潜能充分发挥，使经营成本和风险都大大降低。

（四）注重学习能力的修炼

在当今世界更加息息相关的背景下，为了应对一个不断变化的世界，所有的人和生命组织都必须培养应变能力、发展新技能和采取新态度的能力，这就是学习的能力。今天的企业管理者应该认识到，除非他们的企业能加快他们的学习速度，否则他们的原始资产将会停滞，他们原有的资源将会贬值，他们的竞争对手会超过他们。正如阿里·得赫斯所说："唯一持久的竞争优势，或许是具备比你的竞争对手学习得更快的能力。"

只谈论投入产出是经济型企业的特点，研究价值工程才是生命型企业的根本。

【案例分析】体育价值工程　为体育产业导航

价值工程方法应用于体育产业，在我国就像在马拉松比赛中发令枪刚响——尚属于起步阶段。而价值工程在机械、地产、制造等行业已经有了相对广泛的应用，并以其显著的效果越来越多地为人们所重视。

价值工程方法是在美国通用电气公司的工作实践中发展起来的一门综合性应用科学，通过一支综合学科队伍的集体智慧，对某一产品或服务的功能和成本进行有效地分析，在保证最低总成本的前提下，充分挖掘和发挥产品或服务的功能，从而提高其价值。

体育价值工程方法的核心作用，就是立足于体育产业中某个项目的自身特点及弊端，针对内在运作规律及外部环境因素，得出切实可行的一套运营方法，来提高这一项目的核心竞争力。

举例说明：某一健身俱乐部，场地环境、器材质量、教练水平以及品牌宣传和价格定位，是影响其赢利水平的主要因素，也就是这项产品的核心竞争力。体育价值工程方法，就是应用人们公认的方法，针对这几项因素进行详尽、客观的评估和鉴别，在“一切成本都是为了功能”的前提下，扬长避短，增效降本。

体育价值工程方法最大的特点在于，一切以量化的方法来解决问题，换言之，就是接受这套方法的客户，从始至终可以得到明确的概念：“如果我这么做，投入是多少，产出是多少；如果我不这么做，利润将减少多少。”这种方式完全颠覆了传统意义上的“专家评估”、“行家预测”等感性的项目指导行为，而是从客观规律出发，依据科学数据来指导体育产业中某一项目的发展，将来的“未知”变成对未来的“已知”；将多数“误打误撞”的行为，转到有据可循、有理可依的理性道路上来。

体育价值工程方法是保证体育产业健康、高速发展的导航仪，在科学的指导下，绕过坎坷，穿越山川，准确、迅速地达到心中理想的圣地。

另外，体育价值工程方法的应用范围也是出人意料地广泛，几乎无所不包，大到奥运会赞助方法、竞技比赛策划，小到俱乐部运营、体育场馆营销，涵盖了体育产业的方方面面。就像一架出色的GPS一样，不但拥有强大的卫星搜索和定位，还有详尽精准的地图一样——只有两者默契配合，才能淋漓尽致地发挥强大的功能。

不仅如此，这套方法可以在一个项目运营过程中的任何一个阶段介入，只是在不同的阶段中，所起的效果会有所差别，越早介入，效果会越明显，最理想的效果是在项目启动之初的策划阶段就运用这套方法，能够把所有的成本全部集中于项目所必须的功能上，所谓“好钢用在刀刃上”。其中的道理，也像GPS一样，我们在出发之前，通过卫星和电脑规划出完美的路线，完全遵循GPS给出的指令，就可以避免我们误入歧途的尴尬。

追根溯源，价值工程方法早已存在于在经济活动中，人们只是通过不断地总结归纳将其发现，而非发明。也就是说，这套方法源于实践，前人早已不自觉地使用这个规律，只是未有明确的概念而已。而且，价值工程方法归根结底只能给出一种方法、一种方案，而不能赋予相关经济活动相应的执行力，因此，如欲顺利抵达成功的巅峰，在通过价值工程方法得出正确决策之后，坚定的信心和执行，同样是必不可少的条件。(刘毅供稿)

问题讨论：通过该文章，针对价值工程与体育产业发展的关系，谈谈你的认识。

本章小结

1. 价值工程（VE）又名价值分析（VA），产生于20世纪40年代后期的美国。创始人是美国通用电气公司（GE）负责物资采购工作的电气工程师麦尔斯（L. D. Miles）。

2. 在实践的基础上，麦尔斯经过综合、整理和归纳，使其方法更加系统化、科学化，提出了“价值分析”（VA）的基本理论和科学方法，并于1947年以《价值分析》为题在《美国机械师》杂志上公开发表。不幸的是，在世界的其他地方，通用电气公司为了保持他们的竞争优势，将这种新的理念严格封锁长达十余年之久。

3. 价值工程既是一种思想方法，又是一种优化技术。它以新的价值观及其独特的分析问题、解决问题的思想和方法，使得以较低的资源消耗提供优质产品和劳务的方法更加系统化，可操作性很强，因而在实践中获得了巨大成果。50 多年来，特别是 20 世纪 70 年代以来，价值工程在世界各国尤其在各工业发达国家得到了迅速和普遍的应用。

4. 1971 年 12 月，美国国防部副部长签署了以成本为参数的设计方法备忘录。要求各军兵种在不受承包商影响的条件下，独立地进行成本参数估算，从而为军方提供成本指标，为实施成本控制打下基础。

5. 由于美国国家领导人、参议院、国会对推行价值工程的积极倡导，政府各部门特别是国防部认真组织、制订标准、指令和奖励政策，同时民间学术组织也十分活跃，价值工程在美国的应用相当普及，到 1978 年为止，价值工程在美国企业中的应用面已达 40% 以上，取得了良好的经济效益。据美国《采购》杂志统计，在 1975 年 ~ 1984 年的 10 年间，每 1 美元的价值工程投入，平均可取得 25 ~ 30 美元的收入。

6. 价值是企业经营之本，企业管理的深刻本质应该是价值管理。生命型企业才具有持续发展的优势。(1) 实用的理想主义；(2) 以创造价值为立业之本；(3) 善于构造企业生态；(4) 注重学习能力的修炼。

7. 生命型企业：是超经济利益的生命组织，是一个生物有机体，在管理大师彼得·德鲁克看来："企业存在于社区当中，企业不止是一种生计，还是一个生命。"生命型企业是为"生命意义"而发展，而不是为"赚取利润"而存在，其生存的能力和发展的潜力将伴随机体的健康成长而不断延续。

8. 经济型企业：是指始终以追求经济指标为根本宗旨，把获得投入资本的最高报酬率、最高销售额和最大市场占有率作为企业成功的最高标准的企业，结果使之成为一部循环运转的赚钱机器，其寿命会很快衰竭。

思考与练习

1. 麦尔斯是如何提出价值工程理论的？对我们认识产品和服务的本质有什么启示？
2. 价值工程自问世以来，在美国得到越来越广泛地应用，长盛不衰，最根本的原因是什么？
3. 为什么最初价值工程引入日本没有取得成功？
4. 生命型企业的本质特征是什么？
5. 阐述当前推广价值工程的现实意义？

主要参考文献

1. 谭浩邦．产业价值工程［M］．广州：暨南大学出版社，1999
2. 《价值工程》编辑部编．中国价值工程辉煌成就 20 年．1998
3. 孙怀玉．实用价值工程［M］．北京：机械工业出版社，2000

第二章　价值工程的基本概念与基本方法

【本章提要】对价值工程的基本术语进行界定，对价值工程的思想方法、价值观念、价值导向进行阐述，并介绍价值工程的特点及其运行机制，较为详细地阐述了价值方法学的相关问题，为以后各章的学习打下基础。

第一节　价值工程的基本概念

本部分术语根据中华人民共和国国家标准《价值工程基本术语》GB/T 8223.1—2008（讨论稿）、国际价值工程学会《价值方法学标准》以及欧洲标准化委员会（CEN）《价值管理、价值分析、功能分析词汇表》的相关内容编写。

一、一般术语

（一）需　求

用户必须或者想要的东西。

注：需求可以公开或不公开；它可以是现有的需求或者潜在的需求。

（二）用　户

产品设计所面向的个人或企业，在产品寿命期限内至少使用产品的一种功能。

注：用户可以是外部用户或内部用户。

（三）产　品

活动或过程的结果。

注1：产品可以包括服务、硬件、加工的材料、软件或者它们的组合。

注2：产品可以是有形的（例如组件或者加工材料）或者无形的（例如知识或理念），或者它们的组合。

注3：产品可以是计划的（例如提供给客户）或者非计划的（例如污染物或者不希望有的作用）。

（四）约　束

因故成为必要或者被禁止的特性、结果或设计特点。不存在任何变通可能性。

注1：约束通常指的是在价值分析项目中在选择解决方案方面的限制。

注2：考虑两种约束：涉及解决方案的约束和涉及终端用途（即价值分析对象的功能）的约束。

注3：例如，环境条件可能某种程度上需要开发价值分析对象，以便能够执行一种或多种功能（例如耐腐蚀）。在该情况下，实际上没有任何事情是强制性的，由企业决定开发哪些价值分析对象。

注4：例如，约束可以来自于法律、标准、市场要求、投资和资金可用性、企业政策。

（五）创新（creativity）

为满足已明确的或潜在的需求而开发出的新构想。

（六）替代方案（alternatives）

用其他的选择或方法达到所需功能的方案。

在价值研究过程中开发的替代方案又被称为价值替代方案。

（七）项目（project）

由一组有起止日期的、相互协调的受控活动组成的独特过程，该过程要达到符合包括时间、成本和资源的约束条件在内的规定要求的目标。

（八）项目寿命周期（project life cycle）

项目各连续阶段的集合。

（九）询问者（调研者）

为了自身或他人购买或征用和使用，搜寻产品和负责颁发功能性能规范的人员或组织。

二、与价值相关的术语

（一）价　值

1. 中华人民共和国国家标准《价值工程基本术语》GB/T 8223.1—2008 中的价值功能与实现功能所发生成本之间关系的定性或定量表示。

2. 欧洲标准中的价值

功能（或者价值分析对象）对于满足需求所起的作用和功能（或者价值分析对象）成本之间的关系。

注1：当考虑非成本因素（例如可靠性、重要性、资源可用性和时间）时，也使用“价值”术语。

注2：在原始的价值分析含义中，价值只是功能和成本的比值。

注3：该定义主要涉及对于特殊用户的价值（对于不同的用户价值可能不同）。功能（或者价值分析对象）的成本是用户承担的成本（或价格）。当为生产厂商计算价值时，所考虑的成本是生产成本。

3. 国际价值工程学会标准中的价值

（1）产品、工序或服务的相对价值、效用或重要性，用户据此形成偏好。

（2）可靠的实现满足顾客期望（或需要）的功能的最低寿命周期成本。

（二）价值分析

运用功能和经济设计流程，旨在提升价值分析对象的价值的一种有组织的创造性方法。

注1：价值分析对象可以是现有的产品或者正在开发的新产品。

注2：价值分析过程由价值分析团队实施，通过价值分析工作计划拟出提纲。

（三）价值工程的涵义

该术语有时用于将价值分析应用于正在开发的产品。

（四）价值工程的对象

为获取功能而发生费用的事物，即应用价值工程的现有或潜在产品。价值工程对象可以是产品、工艺、工程、服务或它们的组成部分等。

（五）价值方法论

多学科的团队有计划地应用一些公认的工具，以更有效的成本实现项目、产品或工序的功能和（或）改善功效，对其进行定义和分类，并创造、挑选和开发各种可供选择的方案。

（六）价值方法提案

价值研究团队提交给管理者的方案，为了改善财务和（或）功效，提案在可接受的术语和条件范围内提供一个或多个功能。

（七）价值研究

美国价值工程师协会国际认证专业人员按照工作计划应用价值方法论。

三、与功能相关的术语

（一）功　能

产品、工序或设备所能履行的固有的或特有的作用。在价值方法体系中，功能用1个动词加1个名词的形式来定义，例如，铅笔的功能是做标记，灯的功能是照明区域。

产品上那些不是使用者需求的属性则不应算入功能的范畴。例如：衣服的重量是其属性，但不是使用者所需求的，故不能算是功能，在计算功能总量时不应加入。

产品满足使用者的需求通常取决于两方面的因素：

（1）功能载体具有的客观物质性；

（2）使用者对此物质性感到满足程度的主观精神性。

因此，功能作为满足需求的属性便带有客观物质性和主观精神性两方面，称为功能的二重性。在计算功能数量时，必须带有客观和主观二重性。例如：对女士外裙进行“漂亮”功能的计量，裙子长度具有客观物质性，其多长为漂亮则明显带有主观精神性。有人视拖地长裙为漂亮，也有人视超短裙为漂亮。于是计算出的功能量便具有二重性。

功能与功能载体在概念上有分有合。麦尔斯在创立价值分析时就提出：顾客购买物品时需要的是它的功能，而不是物品本身，物品只是功能的载体。只要功能相同，载体可以替代。这就是功能与其载体在概念上应有区分。但是，一种功能的实现离不开载体，所以二者又必须结合。在价值工程运作中，往往是某功能与原载体分离了，经创新方案又与另一载体结合，这称为功能的替代。

（二）功能分析系统技术（FAST）

项目的功能间相互依赖关系的图表示法。FAST 图的关键因素包括：

1. 主逻辑路线上的一系列功能，从左到右的排列回答问题：“怎样做可以实现其左面紧挨着的功能?”

2. 关键路线上的一系列功能，从右到左的排列回答问题：“实现其右面紧挨着的功能的目的是什么?”

3. 与关键路线上的功能同时发生或由其引发的功能，位于关键路线上的功能的正下方。

4. 项目的基本功能是 FAST 图和主要逻辑路线的支撑点。其位于研究范围内主要逻辑路线的最左端。

（三）基本功能

产品、设备或服务存在并传达需要感的主要原因。对于持续革新的项目，尽管达到基本功能的方法或设计可能变化，但基本功能必须一直存在。对于那些寻求创造性的行业的间断革新项目，存在并维持基本功能是其面临的挑战的核心。

（四）上位的功能

基本功能满足的特定目的（需要）。它回答了基本功能存在的原因，在 FAST 图中把它直接放置在研究范围外的左端。

（五）下位或假定功能

挑选出的用于启动项目的功能，描述在研究范围外的最右端。例如，如果是关于电器设备的价值研究，在电路中提供动力的功能就是下位功能。下位功能也称为假定功能。

（六）辅助功能

支持基本功能的功能和实现基本功能的特定方法产生的功能。一旦实现基本功能的方式或设计方法发生变化，辅助功能也可能跟着变化。辅助功能分为 4 类。

美学功能：用以描述尊重价值的次要功能。

必须功能：由消费者指定的作为接受或偏爱条件的次要功能。

销售功能：体现某种主观意识的功能。销售功能有时也指审美功能。主要提供尊重价值的功能。对于销售研究来说，销售功能可能是基本功能。

不必要功能：由实现基本功能的方式或途径导致的负面功能，例如照明产生的必须冷却的热度，也被称为“不良功能”。

（七）不足功能（insufficient function）

尚未满足使用者的需求而必须具备的功能。

（八）过剩功能（plethoric function）

超过使用者需求的无关功能。

（九）使用功能（use function）

与技术经济用途直接有关的功能。

（十）性能（performance）

产品实现其预定功能的能力。

性能包括可靠性、可维护性、质量和外观等方面。理想的情况下，性能由用户和使用者来定义。

（十一）功能分析（function analysis）

对各功能进行定义、分类、整理、计量和评价，以完整地描述各功能及其相互关系的过程。

（十二）功能定义（function definition）

对对象功能的内容、概念、本质属性的明确表述。

（十三）功能分类（functions categorizing）

按照功能在满足使用者需求方面的不同属性、重要程度、以及功能之间的相互关系等原则，对全部功能所进行的类别划分。

（十四）功能整理（function reorganization）

从功能系统的角度，按照一定的逻辑关系，把对象各项功能之间的相互关系进行整理、排列，以功能系统图的形式描述出来，作为方案创新的依据。

（十五）功能计量（function measurement）

在功能定性分析基础上对功能进行定量分析，计算功能的数量指标。

（十六）功能评价（function evaluation）

寻找实现对象功能的最低费用，即确定功能的目标成本或功能评价值。

四、与成本相关的术语

在价值工程中，成本是指为获得对象的功能而须支付的费用，又称为取得（功能的）成本。这种定义的成本可以不受会计制度的成本或费用的约束，具有较大灵活性。在价值工程中，成本形成的跨度可长可短。最长跨度为“寿命周期成本”，包括“从对象的研究、形成到退出使用所需的全部费用”。例如，电冰箱的寿命周期成本包括：冰箱的研究开发费，制造成本和利润，商店出售的费用，顾客购买后运输、安装、耗电、维修的费用，计算到冰箱报废为止。同时，价值工程工作者也可以根据需要只计算某一段跨度的成本。例如，制造成本只计算工厂出成品为止的费用。

理解价值工程中成本的定义和把握计算成本的跨度，关键在于掌握价值工程的涵义。价值工程的核心内容是要进行功能与成本的系统分析，然后创新方案，旨在提高价值、获取效益，所以成本是针对功能而界定的。

（一）成本（cost）

生产产品、提供服务或工艺过程所产生的支出。

（二）寿命周期成本（life cycle cost）

在特定时期内，完成一个项目或生产使用一个产品所发生的包括采购、生产、经营、维护、使用和处置等成本的总和。产品的寿命周期指产品的出现至停止使用或被处置的时间段。

（三）成本与效益分析（cost/benefit analysis）

用于衡量解决方案所产生经济效益与所需成本之间关系的技术。

（四）目标成本（target cost）

在项目寿命周期内一个或多个阶段，项目的预计成本、预算或最小估算成本。

（五）设计成本

美国国防部在20世纪70年代推行价值工程中提出了设计成本的观念和“定费用设计方法”，指令在军事工业中执行，已收到显著效果。

传统的观念认为：成本是生产过程的结果之一，是产品完成后核算出来的。这是核算成本的观念。

设计成本的观念则认为：生产过程的方案是人设计的，因此，成本是可以预先设计出来的。现代市场经济的激烈竞争，迫使企业要不断节约成本，由此有必要把适应市场竞争的成本指标下达给产品设计师。把成本作为一个设计参数，看作与性能指标有着同等意义的参数去进行产品结构、制造工艺、生产组织等各方面的设计。

设计成本观念的优点是调动产品、工艺、设备、生产各方面的工程师、管理者、技师主动考虑节约成本的积极性。

成本设计（DTC）：为在预定的成本和时间目标范围内达到规定的性能，允许从一开始控制项目的项目管理方法。

在项目早期阶段，要求根据过去的经验、预算、市场价格等给产品及其部件和组装件赋予成本，然后要求对技术规范和成本进行权衡，直到达成共识为止。

在开发阶段应保证连续的成本可见性。

（六）功能成本的涵义

GB8223－87 中对“功能成本”定义为“按功能计算的全部费用”。由此又派生出两个术语：“功能目前成本”和“功能目标成本”，前者是指“对象现有的功能成本”，后者是指“为功能设立的成本的目标值”。

功能目前成本是对对象现有价值状况的一种描述，把功能对应的成本计算出来。而功能目标成本则是按市场接受价格的要求逆算出来的与功能相适应的设计成本。要通过方案创新和技术进步，才能实现功能目标成本。由功能目前成本改为功能目标成本，需要有具体的创新措施作依据，不能凭空想象或按某一百分比去摊派。

（七）成对比较

确定几个非货币因素间相对重要性的常用的一种方法。每个属性都与其他的属性——进行比较以确定相比较的两个属性哪个最重要。一个属性胜过其他属性的次数就确定下来了。接着，通过将这个数与总的比较数相比就得出了每个属性的百分比权重。

（八）帕累托分析

将关键的几个因素、产品或工序分离出来的一种调查研究。这种分析是基于意大利经济学家帕累托的经济理论和原则。在价值管理中应用帕累托分析确定产品或工序的主要成本驱动因素。

（九）实现基本功能的最低成本（worth）①

在价值管理中，实现基本功能的最低成本（worth），是指实现顾客所需要的基本功能而花费的最小可能成本。

五、价值工程组织管理的术语

（一）SAVE 国际认证专业人员

为了价值方法论研究的目的，工作计划由认证的价值专家（CVS）或在价值专家的监督下由价值方法论从业人员易化。SAVE 国际认证必须由 SAVE 国际认证理事会确定，其

① 沈岐平．建设项目价值管理：理论与实践［M］．北京：知识产权出版社，2008

维护着当前已认证人员的名单。

（二）范　围

总产品中挑选出来做价值研究的那部分。只对规定范围内的进行分析，以便于将精力集中于这些范围内。

（三）战略问题框架

通过定义与项目相关的战略问题和时机来改善项目的一种方法。

（四）价值工程变更建议（VECP）

承包者提供给政府代理机构或业主的一份正式的建议，其描述了原合同中工序或设计的变更以及相关的节省。VECP 要在代理或业主批准后才能实施变更。如果批准，将修改承交者的合同。典型地，产生的节约政府和承包人按五五分成，但是每个所有者建立他自己的分配安排。

（五）价值专业人员

应用价值方法论研究和探求价值改善的人，与价值分析家、价值工程师、价值从业人员或价值专家同义。

（六）价值方法论培训

有两个级别的 SAVE 国际批准的培训，专门提供价值管理实践的专业知识。其目的是希望价值管理从业人员利用研讨会、会议和相关的教育机会一直使自己的知识是当前的。

价值方法论研讨班：目的是进行价值管理教育，在资质认证价值专家领导下，使参加人员经过最少的额外培训就能够成功地参与到将来的价值研究中。又被叫做模块 I 程序。

价值方法论高级研讨会：这个研讨会的目的是扩展那些希望成为价值管理专业人员的人的知识基础。包括高级方法论和管理领域两个方面的主题。又被叫做模块Ⅱ程序。

适当的培训是 SAVE 认证考试必不可少的。

（七）价值分析家

同价值从业人员、价值专业人员或价值专家同义。

（八）价值工程师

同价值从业人员、价值专业人员或价值专家同义。

（九）价值工程工作计划（value engineering job plan）

实施价值工程的一系列有体系的步骤。

（十）价值工程实施计划（value engineering implementation plan）

将接受的价值替代方案融入当前正在实施的项目中而做的正式计划，是项目综合变更控制计划的一部分。

（十一）价值团队（value team）

价值工程参与者组成的团组，参与者是根据其能力、专业及在价值工程中所负责的不同方面而产生的。

（十二）价值管理（value managemeut）

旨在最大化企业总体业绩的管理风格，特别是致力于鼓动人员，培养技能和提升协合作用和创新能力的管理风格。在企业层面应用，价值管理依赖于基于价值的组织文化，并考虑到对于相关利益人和客户的价值。在操作层面（以项目为导向的活动），它还意味着运用相应的方法和工具。

（十三）价值文化

关于价值观念对于企业及其相关利益人意味着什么以及影响该价值的因素的看法、意识和足够知识。为使价值管理大行其道，它包括关于可用方法和工具的相应知识以及关于管理和环境条件的认识。

（十四）价值管理计划

可持续地开发、实施和维护价值管理政策的一系列有组织、有计划的活动。

（十五）价值管理研究

将价值管理应用于价值管理计划范围内的确定特殊对象，这可能包括使用一种或多种方法。

注：价值管理研究是适用于已被清楚界定的对象的专门方法。价值管理提供一套方法，补充项目管理方法论。在较广泛的项目范围内可以执行一个或多个专门的价值管理研究。

第二节　价值工程的思想方法

一、价值工程的基本思路

（一）价值工程的目的

价值工程的目的是以对象的最低寿命周期成本可靠地实现使用者所需功能，以获取最佳的综合效益。这句话阐述价值工程预期的目标，是通过尽可能低的成本，同时又可靠地实现使用者所要求的功能，沿着这种途径运作，最终可以获得最佳的综合效益。

价值工程是由一个多学科团队对现有技术的系统应用。他们通过识别产品或者服务的功能，并为其附一个值。通过创新思维激发可供选择的点子。最后以最低总成本实现必要功能。

也可以从另一角度认识价值工程，因为定义中还包含了以下3个基本规则。

1. 由各领域专家组成的多学科团队以系统的审视来提升价值。

2. 以功能为导向的方法来识别系统、产品或服务的功能以及实现功能的成本。

3. 对现存技术的创新使用来挖掘新的选择方式，以更低的成本实现必要功能来改善设计。

（二）价值工程的思路

将价值工程的涵义和其目的结合起来，便可以构成价值工程的思路，即为：通过对某对象的功能与成本系统分析，不断创订出提高价值的方案，以最低成本实现使用者所需功能，去获取最佳经济效益。简言之，提高价值，获取效益。

价值工程就是激发的工具之一，它以工程师的特有方式来刺激产生和使用“好点子”。

价值工程以此为假设：人们花钱获得的是产品的功能而不仅仅是所有权。现今我们对环境、能源和提升的成本有了很好的认识，例如，对汽车行驶和人行交通安全和高效性能的功能性需求进行细致和独立的分析后，可以让我们挖掘出最经济而同时对环境的影响又最小的功能。

实践价值工程并不意味着就是故意的“镀金”，有意识忽略了责任。价值工程理论认为现存的社会、心理和经济状况可能会阻碍提升价值。以下是产生低价值较为普遍的原因。

1. 由于时间短缺而产生的信息缺失，以感受而不是事实来做许多决策。

2. 错误的信仰、对公众需求的漠视，或是过去不相关产品/流程使用的不愉快经历。

3. 惯性思维，顽固地坚持标准、习俗和传统，而不考虑更新的功能、技术和价值。

4. 个人过失的风险，现存程序和政策带来的安逸和保险的经历。

5. 寻求建议的迟疑，不敢承认在项目开发中对某些专门领域的忽视。

6. 消极的态度，在识别创新和革新中的失策。

7. 过于详细、过于容忍导致的成本提升以及将更好的结果列为条件，而这些中的大部分都是不必要的。

8. 糟糕的人际关系、缺乏有效沟通、误解、妒嫉以及一般的人际交往的摩擦都是不必要成本产生之源。在需要展现大家才华的复杂的项目中，成本都会翻倍，甚者会产生多余的功能。

价值工程的成效。价值工程不像其他的成本节约工具一样，在“让产品变得更便宜”上吹毛求疵。相反，价值工程方法首先在不考虑具体应用前提下确认基本功能的价值，然后制订预期的成本目标，接着寻找设计的代替品以更低的成本来迎合所有需要。

价值工程研究提出的建议一般都能削减项目建设成本的10%～30%。设计者倘若能接受这些建议中的一半，一般能节约至少5%的成本。价值工程的成本一般少于项目节约成本回报的10%。

二、价值观念与价值导向

（一）麦尔斯的价值观念

麦尔斯："近年来，人们越来越清楚地看到，生产成本一定要既能使顾客按其满意的价格购买产品，又要在取得成本（即销售价）与产品成本之间保留足够的差额，以确保企业持续而健康地发展。保持适当的功能，而又保证适当的成本，便引出了'价值'的概念。"

麦尔斯还反复强调价值分析和价值工程是一种"价值工作"、"价值定向工作"、"价值导向手段"，是他奠定了价值工程思想方法的核心部分。关于价值观念，麦尔斯当年是这样表述的："如果一项产品或服务有恰当的功能和成本，则一般就认为有良好的价值。反之，如果一项产品或服务缺少恰当的功能和成本，则就认为没有良好的价值。按此定义，几乎可以确切地说：价值或由于增加功能，或由于降低成本而增加。更确切地说：

1. 价值总是由于降低成本而增加（自然是当其保持功能之时）。

2. 价值由于增加功能而增加，如果顾客需要并愿意支付此增加功能的费用的话。"

麦尔斯是在观察分析市场经济中一家自由企业如何能够持久竞争成功，进一步探索顾客需要满意度的功能特性与产品成本之间的关系，然后得出上述价值观念的。

（二）价值导向

价值的定义是功能与成本之比，再次使用 $V = F/C$ 的公式就能进一步明确为功能对成本的比较价值。这样定义价值最初见于美国国防部的价值工程手册，与麦尔斯的观念一致，而且更趋完善。麦尔斯只提出了价值随功能或成本改变而增加的趋势，尚未阐述价值是功能与成本之比。

价值工程的价值导向是在定义比较价值的基础上，强调提高价值。也就是说，价值工程的价值导向是努力提高功能对成本的比较价值。

价值工程的价值导向是努力提高功能对成本的比较价值，而功能对成本比值上升正是现代社会商品水平提高的总趋势。如家用电器商品的不断升级，在功能不断丰富的同时，由于采用高新技术，成本大幅下降，其价值得到了大大提升。

在现代社会里，商品价值不断提升有其必然性和客观规律性。

1. 人们对商品功能不断改进的需求，包括功能量的增加和质的改进，由此牵动价值的上升。

2. 生产商品所消耗的资源始终是有限的、紧缺的，所以必须节约成本。

3. 科学技术的发展为实现商品比值上升提供了根本保证，因为功能的增加与成本的降低都依赖于生产力的发展，依赖于科学技术的进步。

4. 现代市场经济运行机制，促进商品功能对成本比值的上升。因为市场经济有利于资源的合理配置，消费者能尽快买到物美价廉的商品，企业能在商品比值提高中获得经济利益，从而发挥出利益驱动效应，激励更多个人和企业参与商品革新的活动。

基于上述缘由，现代商品水平总是沿着功能对成本的比值上升的方向提高。这个趋势可用图 2－1 来示意。随横坐标时间的推移，某种商品的比值 V1 在某一时刻实现科技进步，沿纵坐标上升一级台阶达到 V2。如此类推，再上升至 V3，V4，V5……永不停地迈向新台阶。

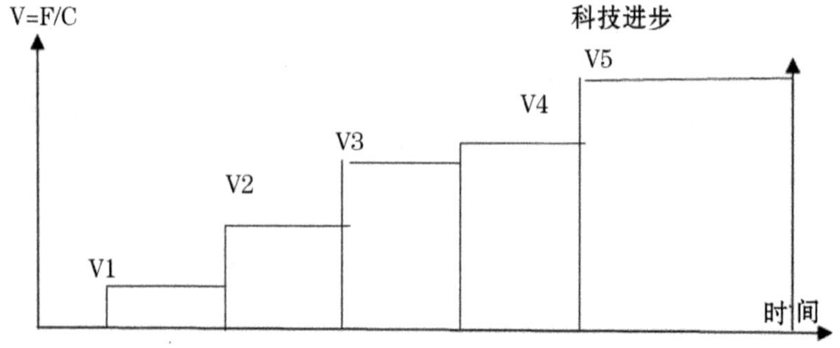

图 2－1 商品水平上升阶梯图

价值工程的导向是在定义比较价值的基础上，强调提高价值。也就是说，价值工程的价值导向是努力提高功能对成本的比较价值。体育产业的价值工程就是寻求最佳的途径提升价值。显然，功能提高、成本降低是每个管理者所期盼的，也是激烈的市场竞争中的主攻目标，对中国体育产业显得格外重要，在资源有限的情况下，将组织的资源价值最大化具有现实意义。

（三）价值工程的实质

价值工程被定义为“问题识别和问题解决的一种系统方法。目的在于提供一系列基本的功能，使得最低的实际费用与所要求的质量、目的、性能、可靠性和可维护性相一致”。此外，作为唯一的和低费用解决方案的生产手段，价值工程接受和非常依赖于创造性思维和创造性的问题解决战略的应用。

价值工程也是基于战略的一个团队，没有个人比团队更重要，日本有一个谚语总结得非常好，“没有谁能与集体的智慧相提并论”。的确，正是通过团队方式的应用，价值工程创造出杰出的成绩，并显示了在管理上的有效性和优势。Vincent Nolan 在他的《发明者手册》书中定义一个团队为：“一组人为了一个共同的目标而工作在一起，为了实现目标，愿意最大限度地放弃个人利益。”Nolan 将团队描述成一个最低限度的要求者，因为它不强调团队的人数和构成，我相信团队包含了丰富的内容。团队就像一个整体，为了达到一个共同的目标而工作，并且放弃了个人的意识。

价值工程区别于其他所有的减少费用和费用避免技术，因为它的最初目标是确定项目、成分、部件或系统都是必要的，并且满足用户功能需求。第二个目标是确定基本的、次要的和不必要的功能。这两个目标内容比提供最低的实际替代费用方法的内容稍多。价值工程开始需要询问 8 个属于两个不同范畴的问题。实践告诉我们，价值工程可浓缩成一个简单的描述。为了指导任何价值工程研究，所有的价值分析师忽视它的主旨或复杂性是非常必要的。管理者或许发现这难以接受，然而，经过这些年，价值工程清楚地证明，它能为管理提供有效的武器，它不但能改进一个产品或系统，同时在多数情况下不仅降低了费用，并且给专家提供一个有效的费用规避程序。

组 1	组 2
（强调存在的概念/条目）	（强调替代品）
◆ 它是什么?	◆ 还需要做其他的什么工作?
◆ 它是（必须做）做什么的?	◆ 它的费用是多少?
◆ 它是必须的吗?	◆ 新的想法可行吗?
◆ 它的费用是多少?	◆ 接受和实施的可能性是多少?

图2-2　8个基本问题概念

经常被忽视的是，基本的价值工程哲理和技术并没有为了满足个别企业的需要而改变或修改。当一个人充分理解了将任何东西缩减为一个功能、一个主动动词和一个可测名词的影响，就可见价值工程策略真正的威力。

同样的方法，可以为政府、大型组织、中等和小型企业每年节省巨大的资金和资源。如果使用得当，特别在新产品的设计和开发、加工和服务领域中，它可提供资金来赢得和保持竞争优势。在概念阶段，通过应用价值工程，将生成费用设计和价值设计过程所必须的信息，产生唯一的解决方案，建立基于功能需求的低费用目标。

（四）价值工程思想方法的特点

价值工程作为一种现代化管理技术和思想方法，有它自己独到的特点。认识这些特点，有利于更好地推广应用。其特点主要有以下4个方面。

1. 价值工程以使用者的功能需求为出发点。功能是物品最本质地东西。用户购置和使用物品实质上是购置和使用物品所具有的功能。物品应当具有哪些功能、它的水平怎样则是用户最关心的。因此，确定物品的功能以及水平，只能以用户的需求为依据，而不能以设计者的主观愿望为依据。那种脱离用户的实际需求，盲目追求多功能、高水平，认为功能越多越好、功能水平越高越好、使用寿命越长越好、安全系数越大越好的想法和做法是不符合价值工程原理的，那样势必造成成本的增加和价值的降低。当然，功能及其水平达不到用户要求，也是不符合价值工程原理的。

为了准确掌握用户的功能要求，必须认真地向用户进行调查，了解他们究竟希望物品具有哪些功能，他们使用物品的条件和经济上的支付能力。若以产品为例，只有这些问题弄清楚了才能以此为依据开发设计新产品或改造老产品。根据用户的功能要求，使用条件和经济上支付能力的不同，可以设计各种不同档次或各种变型产品，以适应不同用户的要求。总之，产品开发设计或改造只能以用户的功能为依据，使其得到可靠的满足。

2. 对所研究的对象进行功能分析，系统研究功能与成本之间的关系。通过功能分析，准确掌握了用户所需的功能，以此作为新产品开发设计或老产品改造的依据，使用户的功能需求得到可靠的满足。同时通过功能分析，判断产品整体和各组成部分是否存在不必要功能和过剩功能，采取有效措施消除这些功能以及由此多花费的费用，降低产品成本。若产品存在功能不足，则应加以补充或提高，为此增加一些成本也是必要的。决不能为了降低成本而影响必要功能的可靠实现。

系统研究功能与成本之间的关系，提高对象价值，首先必须做到可靠地实现用户所需要的功能，这是提高价值的前提和基础。提高价值的另一条件，就是要实现“最低的寿命周期成本”。用户最关心的是所需功能得到可靠的满足，且成本要低。至于用什么办法实现这些功能，用户是不关心的。因此，企业可从能够可靠地实现用户所需功能的各种技术方案中，选择寿命周期成本最低的方案，以实现提高价值的目的。

对产品的功能和成本进行系统分析，以用户要求的功能作为开发设计的出发点和依据，努力寻求以最低的寿命周期成本实现功能的最佳手段。这就改变了以往从具体结构到具体结构的传统方法，有可能在实现功能的结构上有较大的突破，使实现功能的成本大幅度下降，创造出物美价廉的产品。

总之，功能分析、功能和成本关系的系统分析和研究贯穿于价值工程活动的始终，是价值工程的核心。

3. 致力于提高价值的创造性活动。提高价值就是合理而有效地利用社会资源，就是提高经济效益。以最小的社会资源消耗取得最大的综合效益，这就是开展价值工程的目的所在。

提高价值的关键在于能否有效地开展创造性活动。产品应具备的功能及其水平是以用户需求为依据的，企业的设计者不能随意改变。但是，采用什么手段实现这些功能，能否找到寿命周期成本最低的实施方案，这就取决于创造性活动。创造性活动应当紧紧围绕用户所需的功能进行思考、分析和综合，充分发挥人们的智慧和创造力，打破原有产品结构的框架，提出更多的改进方案，从中选出价值高的方案。

总之，创造性活动是开展价值工程最重要、最关键的一步。离开有效的创造性活动，价值工程将失去它应有的生命力。

4. 应有组织、有计划地按一定工作程序进行。在开展价值工程活动特别是对一些较复杂地产品和重大项目开展价值工程活动时，为达到以最低的寿命周期成本，可靠地实现用户要求的功能，切实提高产品价值的目的，使其整体优化，必须有组织保证。要把企业有关各方面人员，包括工程技术人员、经济管理人员，以及有关领导人员组织起来，密切配合，协同努力，发挥集体智慧和创造力，以保证卓有成效并最大限度地提高价值的目的。

价值工程的核心内容是功能系统分析。功能系统分析是对价值工程的对象的总体及其组成部分的功能进行研究和分析，确认必要的功能，补足不足的功能，剔除不必要的功能，建立功能系统图。功能分析的目的在于准确掌握使用者要求的功能及其水平。功能系统分析，包括功能定性分析和功能定量分析 2 个阶段与 3 个具体步骤，即通过“功能定义”与“功能整理”2 个步骤，从定性的角度分别回答“它的功能是什么?”“它的地位如何?”第 3 步是通过功能计量，从定量的角度确定必要功能的水平。

概括地说，价值工程是科学，它的主要内容包括：（1）目的是提高价值；（2）核心是功能系统分析；（3）方法是系统分析；（4）关键是方案创新；（5）基础在于开发集体智慧。

（五）价值工程与传统成本管理的区别

1. 成本观念不同：传统成本管理认为产品成本是产品制造过程活劳动和物化劳动耗

费的货币表现。价值工程认为产品是功能的“载体”，产品成本是人们对实现产品功能所付出的代价。它以功能为对象计算其货币量，计算功能成本，并以实现某一功能的必须成本或最低成本作为该功能的评价值。

2. 成本管理目标不同：传统成本管理注重成本降低额和成本降低率，努力降低总成本在总产值中的比重。价值工程着眼于提高对象的“价值”。

3. 成本管理范围不同：传统成本管理只限于产品制造过程，是局部成本管理。价值工程是全过程成本管理。

4. 降低成本的方法不同：传统一般采用工业工程方法和质量控制方法两类。工业工程方法是将各个生产要素作为一个系统，进行合理组合和改进，清除生产过程的不合理现象，减少浪费损失，提高生产率以降低成本。质量控制方法是通过对生产过程的质量控制，提高产品合格率，降低废品率，减少浪费损失，以降低产品成本。价值工程则是通过对产品功能与成本的定性与定量相结合的综合分析，从而评定成本结构和功能结构的合理性。

5. 成本控制的重点不同：传统成本管理侧重于产品制造过程的成本控制；价值工程侧重于产品设计过程的成本控制，即“事前控制”。

6. 降低成本的效果不同：传统成本管理成本降低率一般为 1% ~3%，价值工程使成本降低 10% ~30%。

第三节　价值方法学

一、价值方法学

（一）价值方法学的发展状况

价值方法学是对经过验证的鉴定工程功能技术的系统应用，以及了解这些功能如何影响成本和性能且符合使用者的需要，并且利用不同的方法运行演示功能以改进工程价值。价值方法学是价值分析、价值工程学和价值管理的基础。

价值方法学是用来鉴定新的改进思想并且把这些思想发展成为基本方案（也就是，一个被预先定义了的出发点）的新的替代方案，这将会改善这些产品和程序步骤。方法学被应用于一个以功能为基础的“价值管理工作计划”并得到很多商业和质量进步技术的支持。一个组织的内部和外部商务环境提供了使用价值方法学的背景。

（二）价值方法学的定义

价值方法学（VM，value methodology）是对经过验证的工具和技术的系统应用，它利用多学科人员组成的团队对工程的功能进行鉴定和分类，以及建立、选择和形成备用方案以实现功能和改进性能。

它被应用于一些逻辑过程，如“价值方法学工作计划”或“价值管理工作计划”。工作计划的目的是协助一个科研团队以系统的方式识别关键功能并把重心集中到关键功能，以产生新的将会引起价值提高的创新思想。价值可被定义为一个用户的工程的相对价值、可用性或重要性。价值管理工作计划由下列有序的阶段组成。

1. 价值管理之前的工作室研究阶段。
2. 信息阶段。
3. 功能分析阶段。
4. 构思阶段。
5. 评估阶段。
6. 发展阶段。
7. 演示阶段。
8. 实施阶段。
9. 价值管理后期工作室阶段。

价值管理的一个独特特征是功能分析阶段。在这个阶段期间，研究的工程功能被确定并且使用1对动词——名词组合来描述。如这些功能表现出功能成本和收益的价值不匹配，或者一些功能明显缺乏应有的性能，这就需要在创作阶段选择一些技术人员或客户进行研究，然后再对研究出来的思想进行评估，那些最有潜力提高价值的思想会被发展成为基础方案的替代方案。而这些替代方案的实施将会提高所研究工程的价值。

国际价值工程学会的价值工作标准中规定了价值方法学的一般工作程序（图2－3）。

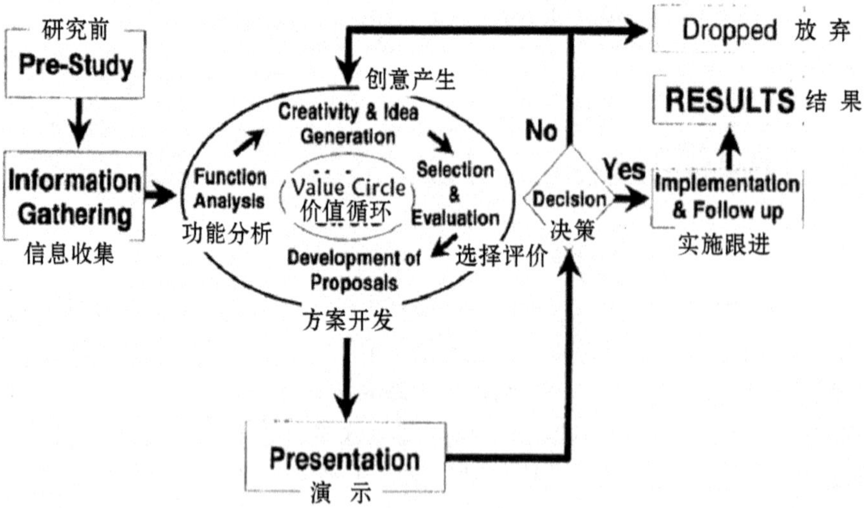

图2－3 价值方法学的一般工作程序

（三）价值方法学的基本原理

方法论将被应用于价值管理工作计划中。此工作计划概述了几个连续的阶段，在一定的组织结构中由人们共同协商阶段的先后次序，而不是听取个别人的意见，以使效果最优。工作计划各阶段的活动将确定各自的观点并将其写成推荐（意见书）书，此推荐书对初始概念或设计是有选择性的。工作计划就像是一幅交通图，通过这张图，一个团队的集体智慧以及他所提出的理论作为一个整体，便得以构建和发展起来。

基本原理是：项目的预期功能（作用）必须得到认同，依据现有的产品，其基本功能和次要功能必须被确定和认同。另外，必须要保持其基本功能，否则，将无法实现预期目标。此外，还需根据他们对项目目标的贡献，分析和评估次要功能。组织者通过功能分析和 FAST 制订明确的功能，从而进行创新以提升自身的可持续竞争优势，扩大市场，加速发展。

产品或服务的功能必须得到价值管理团队的共同认可。务必保持其基本功能，因为他们标志着一个“产品”的核心用途。次要功能则应被当作候补品，以便进行排除、补充或创新。

采用功能分析和 FAST，组织者可将创新作为一种性能（能力）来管理，提升其可持续竞争优势，扩大市场，增强在国内经济中的竞争优势。

所有的阶段都必须按次序执行。每一阶段的活动可能在数量上有所变化，但它们都必须严格符合研究的主题或时间约束，每阶段的成果标志着价值管理性能的可靠性。在组织研究的过程中，新获取的数据和已有信息，要求研究团队在一定时期内能够返回到前一阶段或活动中，并且要求在不断重复的基础上将新信息融入到这个过程当中。所有的价值管理阶段都应按次序执行，不能跳跃，因为每一阶段都为下一阶段提供了必要的信息。

（四）国际价值工程学会标准中的价值管理工作计划阶段及其相应的活动

1. 价值工程工作组研究之预备阶段

基本问题的提出：通过价值研究，从战略方面需要强调哪些内容？

（1）一般性活动

①取得高层管理对工作计划、角色及职责的同意和支持。

②获取项目数据和信息。

③获取主要文档（件），诸如：工作范围的定义、制图、规范说明书、报告及项目评估。

④识别所涉及的战略问题，并确定其优先级（次序）。

⑤确定研究的范围和目标。

⑥采取具有竞争性的目标（基准）分析。

⑦确定团队成员。

⑧评估项目成本。

⑨搜集与此项目相关的消费者及用户的信息。

⑩如果可能的话，邀请消费者或利益相关者参与价值管理的研究。

⑪向团队成员分发有关评审的信息。

⑫建立有关项目的信息模型和图表。

⑬对于高层管理而言，必须清楚地界定获得一个成功的价值管理研究结果需要哪些要求。

（2）典型成果：明确理解高层管理强调的内容，战略上的优先次序是什么，如何改进可增加组织的价值。在这个阶段，一个关于后续阶段是否可产生足够价值的观点形成了，以此来说明研究成本的合理性。这时，可适当增大或减小研究参数。

2. 信息收集阶段

基本问题的提出：在战术和操作方面应真正做些什么？

（1）一般性活动

①项目团队介绍最初的或现有的设计、产品及流程概念。

②识别程序问题和约束。

③列举证据证实你的观点。

④确定当今最通用的项目概念。

⑤参观现场或设备。

⑥确认成功参数。

（2）典型成果：带动团队中的所有成员，引导他们获得对这个项目计划的共同的最基本的认识。这种认识包括该项目中的战术、操作及具体安排。对项目功能的理解为识别基准（目标）选择和不匹配建立了基础，并为创新提出了建议。

3. 功能分析阶段

基本问题的提出：有哪些功能，这些功能之间有什么联系？

（1）一般性活动

①确定项目功能。

②对这些功能进行分类。

③构建功能模式。

④通过成本驱动和性能属性拓展这些模式。

⑤为创造性阶段选定功能。

（2）典型成果：确保这些方案满足项目的要求和目的。提供一种更好的理解该项目的方法。确定那些常被关注的功能，从而达到改进项目的目标。

4. 创造性阶段

基本问题的提出：这些功能如何体现出来？

（1）一般性活动

①进行创造性的热身训练。

②为正在发展的创造性环境设立规则，并对这些规则做出解释。

③设计一些可以提高价值的备用想法。

（2）典型成果：创造性阶段目的在于得出一系列可供选择的观点，这些观点为项目的执行功能提供了选择余地。

5. 评估阶段

基本问题的提出：在这些观点和想法中，哪些是值得花时间去考虑以寻求进一步发展的？

（1）一般性活动

①对每个观点达成共识。

②讨论这些观点是如何影响项目、成本以及性能参数的。

③对这些想法进行挑选，区分它们的优先次序，为进一步的发展作准备。

④说明这些观点作为风险——回报投资，是如何被阐述的。

（2）典型成果：产生一个能够保证品质时间的意见详单，使其便于发展成为可靠性的提议。

6. 开发阶段

基本问题：对于每个被选观点的知识性表述如何，哪些观点是彼此包含的？

经过筛选的观点形成方案，这些方案表述得很明朗，使得业主和其他项目利益相关者能够了解该方案的意图以及它是如何有助于项目的开展，同时又能识别任何与该方案有关的潜在不利因素。方案应包括正文、概述、图表、假设条件、相关的计算支持、卖主信息、成本比较工作表、以及其他有助于表述方案意图的相关信息。正文同样也应确定一些需要增强和补充的方案，需要解决的问题包括可靠性、为消费者提供便利、质量控制、生命周期成本、进度、风险、实用性、行政分流、领悟力。

（1）一般性活动

①针对在价值管理工作组研究阶段制订的成功要求提出研究结论。

②为进一步的发展准备一份文本形式的方案详单。

③对风险判断做出评定和调配。

④实施利益性分析。

⑤为表述概念提供所需的图表和信息。

⑥确认方案需要进一步改进。

⑦完成最初的方案开发。

（2）典型成果：通过产生低风险、中等风险以及高风险的各种情形作为最低的基本依据，在这些依据的基础之上为高层管理提供研究前的战略目标的选择。

7. 演示阶段

基本问题：我们如何帮助项目团队以及高层管理做出明智的决定，使他们选择出最适合他们战略目标的方案。

（1）一般性活动

①准备陈述词以及相关的支持性文件。

②为项目的实施提供管理性的“风险——回报”创新机制。

③和项目团队交流信息。

④确保信息的全面性、客观性，以使他们做出合理的决策。

⑤制订出预期的执行进度计划表。

（2）典型成果：确保管理层和其他项目利益相关者能够明白价值管理可选择性的基本原理，并对此项目的实施认可产生兴趣。

8. 实施阶段

基本问题：项目会有什么样的变更，项目团队如何处理这些变更？

价值管理初步报告交付之后，管理层和项目团队须认真阅读并认可将要执行的价值管理方案，和如何以及什么时候执行该方案的问题。有时，还需进行额外的学习并获取相关的信息。在价值管理团队的协助下，管理者有责任实施可选的方案。

（1）一般性的作法

①审核初始的报告。

②召开一次执行会议决定每个价值管理可选方案的具体部署。为那些被选中的方案制订行动计划，并说明其他方案未被选中的理由。

③获得执行承诺。

④为每个价值管理方案的执行做出时间安排。

⑤追踪被选方案的价值成就。

⑥签署可交付的报告。

⑦批准执行变更。

⑧保证在制订及管理一个项目的执行过程中包含有新的实践内容。

（2）代表性结果：经过对价值管理研究后，项目中有哪些变更？对研究的初始概念及基本案例而言，以上的这些做法都是可供选择的，而且随着项目的发展它将在未来设计或产品研发过程中体现出来。

9. 价值管理研究收尾阶段

基本问题：在研究过程中我们学会了什么样的创造以及提高项目价值的最好方法呢？

（1）一般性活动

①为研究结果、学习课程、已记录的或是在实施项目过程中所涉及到的其他项目准备一份报告。

②确定在哪里贻误了时机。

③识别创新的障碍是什么，为何存在这些障碍。

④听取所学课程的汇报，做好相关的记录。

⑤表明价值研究的成果，并思考这些经历和体验是如何开发出新能力的。

（2）典型成果：在价值研究前通过对所持观点的构想及思考，个体成了更好的价值创造者。比较事物发展的各种情形，确定知识是如何影响他们最初的理论的，对组织能更好地以创新的方式去进行管理，是至关重要的一步。

（五）我国标准中的一般工作程序（表 2 -1）

企事业在开展价值活动时，一般需按照表中划分的 4 个阶段顺序进行，细分的 12 个步骤则可根据实际情况适当调整。

表 2 -1　一般工作程序

阶段	步骤
准备阶段	1. 对象选择 2. 组成价值工程小组 3. 制订工作计划
分析阶段	4. 收集整理信息资料 5. 功能系统分析 6. 功能评价
创新阶段	7. 方案创新 8. 方案评价 9. 提案编写

阶段	步骤
实施阶段	10. 审批 11. 实施与检查 12. 成果鉴定

二、价值方法学的运作机制

(一) 价值管理的运作机制

开展价值工程活动并要取得成功，应当包括环节要素、程序联系和整体效应。它是在不同领域开展价值工程活动在管理技术上的共性概括，也是价值管理在管理技术上的特点。

运作机制的意义在于显示价值管理原理、规范工作环节要素、检查受阻部位并促使价值工程运作成功。数十年的价值工程实践表明，运作机制是十分有效的，是贯彻落实价值管理思想方法的必要手段。

在功能型经济的态势下，企业功能竞争的成功之路，集中起来不外两条：提供和别人一样的功能，但是成本要比别人低；提供和别人不一样的功能，进行以功能为先导的价值创新。

(二) 提高价值的 5 条途径

围绕 V = F/C 这个公式，提高价值的途径有 5 种（表 2 -2）。

表 2 -2 提高价值的 5 种途径

功能 F	成本 C	价值 V = F/C
不变	下降	提高
提高	不变	提高
大幅度提高	略有提高	提高
略有下降	大幅度下降	提高
提高	下降	提高（价值工程的主攻方向）

(三) 价值工作者知识体系

1. 价值工程原理

（1）价值工程的历史发展；
（2）组织战略和价值工程的关系；
（3）基本的价值原则、方法和工作计划；
（4）价值、功能和解决方案之间的关系；

（5）功能分析；
（6）价值类型；
（7）价值驱动因素（如成本、进度、质量和风险等）；
（8）投资评估技术；
（9）主要引入思考的问题。

2. 价值工程工作计划

（1）价值创造模板和价值工程介入点（如 VIP）；
（2）价值工程工作计划中的主要阶段和步骤；
（3）工作计划各阶段的目的；
（4）一般工作计划技术概要。

3. 战略问题/机会框架

（1）回顾商业案例；
（2）折扣现金流模型；
（3）分析关键财务率；
（4）战略模型、决策、选择及不确定；
（5）因果关系确定及模型；
（6）属性和价值驱动因素的确定；
（7）性能属性分析（影响价值的非货币因素）；
（8）定义基本情况和基准；
（9）根据术语以及引用的参考，确定价值研究的后续阶段能否判断分析客户的投资，或者客户现有的投资是否是正确的。

4. 功能分析

（1）目标和要求；
（2）分析对象和功能；
（3）用主动性的动词和可测量的名词定义功能；
（4）功能分类；
（5）抽象级别；
（6）功能分析系统技术，消费者的，技术的和正规的；
（7）用“怎么样——为什么”（“How - Why”）逻辑流程；
（8）正规技术上 FAST 模型中的“如果——那么”（“If - Then”）和“原因——依据”（“Caused - By”）逻辑流程，经常称为“当”（“When”）；
（9）不同的 FAST 图表和模型的区别。

5. 功能价值、成本和消费者态度

（1）目标和要求；
（2）资源耗费成本；
（3）成本价值关系；
（4）成本功能分配；
（5）功能价值；
（6）成本价值关系；

（7）成本价值失谐；
（8）成本驱动因素的 Pareto 分析。

6. 创 新

（1）目标和要求；
（2）引导发散性思维；
（3）头脑风暴法；
（4）不受限创意法；
（5）大量高质量的方案是创意目的；
（6）暂缓作出判断；
（7）产生其他创意的技术。

7. 评 价

（1）目标和要求；
（2）引导收敛型思维；
（3）深入理解他人的想法；
（4）技术。

8. 方案发展

（1）撰写完美的方案；
（2）投资评估；
（3）技术可行性研究；
（4）政治可行性研究；
（5）初始和后续效益影响；
（6）初始和后续成本影响；
（7）初始和后续进度影响；
（8）全寿命成本分析（LCC）；
（9）对其他关键属性的初始和后续影响；
（10）用图表和其他方法进行沟通。

9. 综合规范式描述

（1）目标和要求；
（2）价值管理与高层管理决策者需求之间的关系；
（3）演示技巧；
（4）主要内容的组织；
（5）实施计划；
（6）变更管理；
（7）价值跟踪过程的说明。

10. 价值程序管理

（1）管理角色和职责；
（2）报告职责；
（3）在价值研究成果和组织成效间建立联系；
（4）价值工程培训；

（5）简化技能培训；
（6）组织和实施价值工程流程；
（7）团队领导者技能提升；
（8）战略诊断和（问题/机会）辨认技术；
（9）价值工程工作坊选择和实施；
（10）调整价值工程工作坊后勤支持；
（11）简单化技能；
（12）密切关注价值工程工作坊成果和报告；
（13）与客户一起共同提高质量；
（14）用价值工程理念教育组织成员；
（15）整体上认识价值工程的成功和失败；
（16）和社会及投资者分享价值工程成果；
（17）定期回顾价值工程程序以持续改进。

三、价值方法论及适应性

价值方法学是一系列技术的组合，这些技术以提高价值为目标并通过有组织的工作计划指导工作团队。标准的价值管理工作计划的目的是使工作团队了解工程的基本原理和工程的目标与功能。

价值管理被看作是一种研究的快速反应类型和一个整体组织要求的深度综合而被用来刺激革新和提高质量。与此相似，价值管理也是质量保证，质量控制程序，新产品开发，精益制造过程，观念发展和精益办公系统所必须的一部分。价值管理对团队的思想进行管理，并对他们演示功能和提出替代方案过程中产生新思想的知识和经验进行最好的利用。

价值管理技术的基础是功能分析。功能的确定和命名要力求清晰易于理解，这就对用于传达项目和活动的描述性词语有了一定的限制。这种命名训练帮助一个由多学科人员组成的团队对一个系统如何工作有一个相同的理解，结果就使得研究人员可以鉴别哪里存在冲突和可改进的可能以及哪一部分革新的收益取得了显著提高。由于综合产品设计的发展使得这样的目标可以实现，而通常的一次一个部件，就无法评估整个产品、过程和计划。

功能分析也可使用图形映射技术（即功能分析系统技术 FAST）来执行，在研究的过程中应用功能分析系统技术理解产品和工序各自功能之间的联系。FAST 技术由麦尔斯于 1964 年发明，是对功能分析阶段的一个补充。

由于演示功能的解决方案可以被改进也可被剔除，功能分析就实现了对差的和欠优化的功能和功能软件进行鉴别。应用创造性技术的替代功能能产生更好的执行相同功能的方法的新思想。在演化和形成替代方案的过程中有前途的解决方案被采用。价值管理研究团队领导层通过高效的方案决策过程为团队技能的使用和来自许多学科的专家提供便利。价值管理研究就是为用户、股东、销售、市场、设计、制造、运营和配送组织提供可行的解决方案。

价值方法学的基本原则是保持最基本的功能。这是因为基本功能展示了工程的可用性。例如，一个手表的基本功能是显示时间。如果没有这个功能，那它就失去了作为手表的可用性。所有其他功能都是在保证基本功能的前提下实现。为使用者带来尊严的功能就是这么一个典型例子。另一个例子就是一个金制的表壳能给人以美的享受，它使得购买了他的人和对它印象深刻的人都很愉快。那些建立在基本功能基础上的功能常常被用于区分产品价值和复杂性以及产品是否物美价廉和是否是没有瑕疵的方案。

工作计划是在价值管理实施过程中研究和学习相关技术协助团队，其中使用了诸如成本模型，战略问题框架，帕累托分析等各种工具和技术，以及对重要性、类别、排序、品质评价、功能质量、用户要求、设计和设计进行对比，以满足 Six Sigma、目标成本、同步和精益观念、思想管理和行动规划。

尽管收益的最大化和资源大节省通常是在早期的开发阶段，而价值管理可用于工程开发周期的各个阶段。虽然这是形成目标产品的基本信息的时期，但却是在主要的设计和开发资源被消耗之前。由于执行工程基本功能的方式还没有确定，替代的方式都可以被客观地鉴定和考虑。下面是一些具体的例子。

建筑工程会认识到在构思开发、早期设计、最终设计、采购和建设阶段的改进。

无论是消费品、工业品还是军用品，研究的重点要么是设计要么是产品的生产过程。一些产品在其产品生命周期内一直都是价值管理研究的目标。价值管理可用于产品的始端以更好地了解客户需求，确定必须满足客户需求的功能，以及形成基本的设计概念。在设计发展的过程中，价值管理可基于最新的事实用来提取和改进观念。即使在产品已经开始投产，价值管理也可用来进一步改善产品以应对不断变化的用户和经济条件。

与此相似，无论宏观还是微观，运用设备和工具生产产品的制造过程也是价值管理研究的目标。价值管理可以开发新的制造过程，改善现有过程以提高工程的质量、效率和降低成本。

商业系统也是价值管理研究的对象。从商业规划和组织研究的发展到改进现有商业程序，运营一个商业和组织所需的各个要素都可通过应用价值管理来改进，价值管理在工程周期内可能多次被应用。早期的价值管理应用是使工程运行在正确方向，以后的多次应用则是依据新的变化信息不断改善工程方向。在后期运用价值管理研究是很重要的，实现改进也将会花费更高的成本。

【案例分析】

当年，杰克·韦尔奇刚刚出任通用电气总裁，他去求见德鲁克，咨询有关企业成长的课题。德鲁克送给他一个简单的问题：假设你是投资人，通用电气这家公司有哪些事业，你会想要买？这个大乎哉的问题对韦尔奇产生了决定性的影响。经过反复思考，韦尔奇做出了著名的策略决定：通用电气旗下的每个事业，都要成为市场领导者，“不是第一，就是第二，否则退出市场”。

每一个企业家碰到德鲁克都会问一个与自己产业有关的问题。而德鲁克却告诉大家，“企业家首先要问自己：我们的业务是什么？”好像是一个再简单不过的问题了。但是这却是决定企业成败的最重要的问题。要解答这个问题，企业家首先必须回答：谁是为我们提供“业务”的人？也就是说，谁是我们的顾客？他们在哪里？他们看中的是什么？我们的业务究竟是什么？或者说，我们应该做什么？怎么做？不做什么？这样的追问，它的终点命题便是：如何“构筑企业的战略管理”。

德鲁克之所以是一个伟大、而不仅仅是一个优秀的管理思想家，是因为他终身在考问一个看上去不是问题的问题："企业是什么？"1992 年，他在接受华尔街日报的一次专访中再次提醒说，"企业界到现在还没有理解它。"

他举到了鞋匠的例子，他说，"他们认为一个企业就应该是一台挣钱的机器。譬如，一家公司造鞋，所有的人都对鞋子没有兴趣，他们认为金钱是真实的，其实，鞋子才是真实的，利润只是结果。"从这句话开始我觉得自己似乎触摸到了管理的核心。也许我们真的太漠视劳动本身了，我们只关心通过劳动可以获得多少金钱，却不太关心劳动本身及其对象的意义。世界上之所以需要鞋匠，是因为有人需要鞋，而不是因为鞋匠需要钱。（资料来源：此案例摘自《经济观察报》吴晓波/文）

问题讨论：

在此案例中提到以下 4 段话。

1. 德鲁克送给他一个简单的问题：假设你是投资人，通用电气这家公司有哪些事业，你会想要买？

2. 每一个企业家碰到德鲁克都会问一个与自己产业有关的问题。而德鲁克却告诉大家，"企业家首先要问自己：我们的业务是什么？"

3. 德鲁克之所以是一个伟大、而不仅仅是一个优秀的管理思想家，是因为他终身在考问一个看上去不是问题的问题："企业是什么？"

4. 世界上之所以需要鞋匠，是因为有人需要鞋，而不是因为鞋匠需要钱。

以上 4 段话，如何理解？从价值工程的角度如何分析？对体育产业从业者有何启发？

本章小结

1. "价值"定义可以用公式表示：V = F/C。式中，V 是价值（Value），F 是功能（Function），C 是费用或称成本（Cost）。

2. 在 GB8223 - 87 中，对价值工程（value engineering）作出如下定义："价值工程是通过各相关领域的协作，对所研究对象的功能与费用进行系统分析，不断创新，旨在提高所研究对象价值的思想方法和管理技术。"

3. 将价值工程的涵义与其目的结合起来，便可以构成价值工程的思路，即为：通过对某对象的功能与成本系统分析，不断创造出提高价值的方案，以最低成本实现使用者所需功能，去获取最佳经济效益。简言之，提高价值获取效益。

4. 价值工程被定义为"问题识别和问题解决的一种系统方法。目的在于提供一系列基本的功能，使得最低的实际费用与所要求的质量、目的、性能、可靠性和可维护性相一致"。此外，作为唯一的和低费用解决方案的生产手段，价值工程接受和非常依赖于创造性思维和创造性的问题解决战略的应用。价值工程也是基于战略的一个团队，没有个人比团队更重要，日本有一个谚语总结得非常好，"没有谁能与集体的智慧相提并论"。

5. 概括地说，价值工程是科学，它的主要内容包括：（1）目的是提高价值；（2）核心是功能系统分析；（3）方法是系统分析；（4）关键是方案创新；（5）基础在于开发集体智慧。

6. 价值方法学（VM，value methodology）是对经过验证的工具和技术的系统应用，它利用多学科人员组成的团队对工程的功能进行鉴定和分类，以及建立、选择和形成备用方案以实现功能和改进性能。

它被应用于一些逻辑过程，如“价值方法学工作计划”或“价值管理工作计划”。工作计划的目的是协助一个科研团队以系统的方式识别关键功能并把重心集中到关键功能，以产生新的将会引起价值提高的创新思想。价值可被定义为一个用户的工程的相对价值、可用性或重要性。

7. 价值方法论的基本原理是：项目的预期功能（作用）必须得到认同，依据现有的产品，其基本功能和次要功能必须被确定和认同。另外，必须要保持其基本功能，否则，将无法实现预期目标。此外，还需根据他们对项目目标的贡献，分析和评估次要功能。组织者通过功能分析和 FAST 制订明确的功能，从而进行创新以提升自身的可持续竞争优势，扩大市场，加速发展。

8. 价值管理的运作机制是指：开展价值管理活动并要取得成功，应当包括环节要素、程序联系和整体效应。它是在不同领域开展价值管理活动在管理技术上的共性概括，也是价值管理在管理技术上的特点。

思考与练习

1. 本章牢记的概念：价值、价值工程、功能、成本、功能分类、设计成本、功能成本、目标成本、价值方法论。
2. 价值工程的特点是什么？与传统成本管理的区别是什么？
3. 价值方法论的基本原理是什么？价值方法论的运作机制是什么？

主要参考文献

1. 谭浩邦．产业价值工程［M］．广州：暨南大学出版社，1999
2. 《价值工程》编辑部编．中国价值工程辉煌成就 20 年．1998
3. 国际价值工程学会价值方法论标准
4. 沈岐平．建设项目价值管理：理论与实践［M］．北京：知识产权出版社，2008

第三章 价值工程的工作计划

【本章提要】主要介绍价值工程的工作计划，对其划分的阶段以及步骤作详细阐述。

第一节 价值工程工作计划的简述

一、价值工程工作计划

在价值工程定义中提到的“对现有技术的系统应用”在价值工程工作计划中得到具体表现。工作计划是对价值工程研究行动的有组织计划。

价值工程工作计划与其他用来解决日常工程问题方法的主要区别在于：（1）功能分析；（2）通过创新努力研究出许多设计代替方案；（3）不降低必要性能的原则；（4）给每一个功能分摊成本。

在许多解决问题的技术中，只有价值工程方法要求在应用创新思维技术之后进行功能分析。

价值工程工作计划的每一步程序步骤（也称作“阶段”）都包含有多项任务。价值工程的艺术在于应用多项技术并使其相得益彰去完成多项任务。而控制流线的正是工作计划。

二、应用价值工程工作计划要注意两个重要的因素

（一）有效的价值工程工作务必要考虑工作计划的所有阶段。忽略其中的任何一个阶段将会牵制目标的完成。然而，对于不同的项目每一阶段所要投入的精力不同。

（二）执行计划需要团队的共同努力。一些成员的相互合作和积极参与能产生最有效的成果。全组成员的互动在其中起着重要作用并阐释了一个道理：全组专家通过合作带来的成果远比单个专家个人努力结果的总和要大。

如同其他的解决问题的技术一样，在价值工程中，系统的方法比未经训练的灵感带来更有成效的结果。

三、遵守工作计划的作用

（一）为研究提供从立项到完工的动力

（二）随着项目进展为记录工作的成效提供方便的基础

（三）保证不再遗漏在制订原始的设计/计划时忽略的事实依据

（四）把研究合理分解为可以计划、设计流程、制订预算并进行评估的工作单元

价值工程工作计划是一门经过使用、测试证明有效的系统方法，应用起来能削减成本并简化设计。

工作计划的成果包括详细的建议以及必要的支持数据、要求的相应实施行动以及建议的实施程序。

第二节　项目选择与信息收集

一、项目选择

价值工程的最终目标是提高效益。所以，在选择项目时要根据既定的竞争战略和客观条件，正确选择开展价值工程的项目。

一个企业往往有多种产品或劳务，每种产品又是由很多要素组成。因此，不可能对它们的功能都进行分析，必须有选择地进行。能否正确地选择价值工程项目，是开展价值工程活动取得良好收效的关键。

（一）项目选择阶段的任务

这个阶段工作任务必须包含下列基本要素。

1. 关于项目任务和范围的足够细致的描述，来确定研究的方向。
2. 研究要达到的目标。
3. 团队成员的选择。
4. 项目领导者的选定。
5. 价值工程工作计划中每个阶段完成的时间表。包括预期的价值工程研究时间计划。
6. 确定项目结果正式展示的目标时间。

（二）价值工程的团队构成

1. 概　述

取决于项目的范围和完成的时限，价值工程研究可以是团队努力，也可以是单人独自完成（涉及到操作性的或重复性的任务的研究），而且在需要某些特殊技术的情况下也可以指派若干人来协助团队。虽然一个有效的价值工程团队并没有特定的编制，但是 5 个人，加上一些兼职人员就足够了。从事价值工程研究的团队成员的选择要尽量符合以下标准。

（1）价值工程研究领导者需要参加过价值工程工作的培训，有过作为团队成员参加价值工程项目的经验则更好。

（2）其他的团队成员应该从事过类似价值工程流程的工作，哪怕是一天的价值工程示例课程。如果没有这样的经历，恰当的指导在研究过程的操作中必须包含。所有要参加

项目研究的成员，都要把自己的时间和智慧献给价值工程研究。

（3）确定参与特殊项目研究的成员的工作经验或背景。

（4）要获得不同的观点需要人才的汇集。一个典型的团队可能有材料专家、环境专家、结构工程师、设计工程师、交通操控、维护或建设工程师。一个有经验的成本预估师对于一个团队是很宝贵的。

（5）最重要的是要把可用的人才利用到最好。

2. 要求价值工程研究项目的团队成员

项目经理在多数项目上通常要作为价值工程研究的领导者。价值工程研究领导者可以要求有特殊技能的人才为团队服务。

3. 团队运作

（1）每个成员都要对研究做出贡献。团队领导者需要明确每个人的才干并给他们分配工作任务，最好地利用他们的能力。

（2）工作计划的每个阶段，团队都要制订个人和小组的行动。一个成员可以管理成本，一个分析项目规范并确定问题所在，一个取得设备信息，等等。每个人都要总结和记录这些信息以便团队来计划，创意并解决这个问题。

4. 价值工程研究所需要的数据

团队在开始研究之前获取到有效数据对任何一个价值工程研究都是很重要的。价值工程研究团队领导者有责任把适合的数据汇总。一线的数据是价值工程研究所需要的，其中很多都是可以在选择阶段的研究中能够获得的。

（1）完整的图纸数据，包括草图、照片和与研究有关的标准。

（2）说明书（规格）和技术手册。

（3）最新的项目成本预算。

（4）历史数据、设计状况、时间表、公共需求。

（5）设计工程师和认证权威的名字及联系方式。

（三）项目选择的一般原则

价值工程研究考虑一个方案通常有两个主要的原因：一是这个项目或方案要求接受价值工程研究；二是这个项目或方案是高耗资或大构架（规格、标准、政策、设计方法等方面）的项目。在价值研究期间必须要有足够的潜力可挖。

选择价值工程研究项目时一般应遵循以下两条原则：一是优先考虑企业生产经营上迫切要求改进的主要服务项目，或是对国计民生有重大影响的项目；二是对企业经济效益影响大的服务产品（或项目）。具体应该选择顾客意见多、效益差、竞争力差、成本高、并且改进潜力大的服务项目作为价值工程的研究项目。

（四）项目选择的方法

项目选择的方法很多，每种方法又各有一定的特点和适应性，下面介绍几种常用的方法。

1. 经验分析法

经验分析法亦称因素分析法，它是一种定性分析的方法，即凭借开展价值工程活动人员的经验和智慧，根据项目选择应考虑的因素，通过定性分析选择项目的方法。此法的优点是能综合、全面地考虑问题且简便易行，不需特殊训练，特别是在时间紧迫或企业不具备资料的情况下，利用此法较为方便。缺点是缺乏定量依据，分析质量受工作人员的工作态度和知识经验水平的影响较大。因此，在使用时可与其他定量方法相结合，这样往往能取得较好的效果。

2. 百分比法

百分比法即按某种费用或某种资源在不同产品中所占的比重大小来选择价值工程项目的方法。

例如：某体育场馆提供多种服务项目，其生产所耗用的动力大大超过同行业的一般水平。经过分析，各服务项目消耗的动力占全部产品所消耗的总动力及各产品产值占全部产品总产值的比重如表 3 - 1。

表 3 - 1　百分比法

服务项目	动力消耗比重（%）	产值比重（%）	价值工程选择
1	2	3	4
A	35	20	√
B	25	30	
C	20	10	√
D	12	25	
E	8	15	
合计	100	100	

从表 3 - 1 可知，A、C 两个服务项目动力消耗的比重大于产值的比重，可以确定 A、C 两服务项目为价值工程的对象，研究降低其动力消耗成本。

3. ABC 分析法

ABC 分析法即重点分析法，是一种运用数理统计分析原理，按照局部成本在总成本中比重的大小来选择价值工程研究项目的方法。一般说来，企业产品的成本往往集中在少数关键要素上。在选择研究项目或要素时，为了便于抓住重点，把项目（或要素）种类按成本大小顺序分为 ABC 三类，计算出成本占 70% ~80%，要素种类数量占 10% ~15% 的产品作为 A 类；成本占 10% ~20%，而要素种类数量占 15% ~20% 的作为 B 类；成本占 5% ~10%，要素种类数量占 60% ~80% 的为 C 类。

A 类要素种数少而成本比重大，是对产品成本举足轻重的关键要素类，应列为价值工程项目；B 类要素是次要要素类，一般可不考虑为价值工程项目，但有时亦可选（A + B）类作为价值工程对象；C 类要素虽然种数多，但对整体成本影响不大，暂可不作专门研究。

ABC 分析法具体操作如下。

（1）将被分析的要素种类按成本大小依次排列填入表中，并按其排列先后编出序号。

（2）根据要素种类排队的累计数，求出其占全部要素总类数的百分比。

（3）根据要素成本求出其占总成本的百分比，并求出累计成本的百分比。

（4）将全部要素种类划分为 A、B、C 三类。

4. 强制确定法

这种方法在选择价值工程的研究项目、进行功能评价和方案评价中都可以使用。在项目选择中，它的做法是通过对每个要素的重要程度进行打分，用功能评价系数来计量要素的价值，进而确定价值工程的研究项目。用强制确定法选择项目时要求出 3 个系数，即要素功能系数（又叫功能重要性系数）、成本系数和价值系数。

用强制确定法（又称 FD 法）确定要素功能评价系数时，先把要素排列成矩阵，再按照功能的重要程度，一对一地比较，重要的得 1 分，不重要的得 0 分（或者功能重要的要素打 4 分，另一个相对不重要的得 0 分，功能比较重要的打 3 分，另一个功能比较次要的打 1 分，两个功能同样重要的要素各得 2 分）。然后，把各要素的得分累计起来，除以全部要素的得分总数，其值即为该要素功能系数（即要素功能评价系数）。

$$要素功能系数 = \frac{要素功能得分值}{全部要素功能得分合计}$$

功能评价系数定量地说明每一个要素在全部要素中的功能重要程度。评分时由熟悉项目的行家 5 ~ 10 人参加，各自独立打分，不讨论，不干扰。

表 3 - 2 是对某项目几种要素功能评价结果。

要素成本指数的确定方法是，首先，检查各要素的目前成本，将各要素成本相加得出总成本，然后，再将各要素成本除以总成本，即得出各要素的要素成本指数。即：

$$要素成本指数 = \frac{该要素目前成本}{全部要素成本}$$

各要素的要素功能评价指数和要素成本指数求出后，再求价值指数。即：

$$要素价值指数 = \frac{要素功能评价指数}{要素成本指数}$$

表 3 - 2 功能评价系数表（第一位评分者）

要素名称	A	B	C	D	E	F	G	H	要素得分	功能评价系数
A	×	1	1	0	1	1	1	1	6	0.214
B	0	×	1	0	1	1	1	1	5	0.179
C	0	0	×	0	1	1	1	0	3	0.107
D	1	1	1	×	1	1	1	1	7	0.250
E	0	0	0	0	×	0	1	0	1	0.036
F	0	0	0	0	1	×	1	0	2	0.071
G	0	0	0	0	0	0	×	0	0	0
H	0	0	1	0	1	1	1	×	4	0.143
合计									28	1.000

表 3 - 3 是要素价值指数计算表。由表 3 - 3 可见要素价值指数有的等于 0，有的大于 1，有的小于 1。按照“多能多得”原则，一般情况下，要素成本比重应与其功能水平相平衡协调，即价值指数应等于 1 或接近 1。若价值指数小于 1，说明该要素的评价指数低

于成本指数，即该要素功能重要性较小，而所占成本较高，存在降低成本的潜力。在开展价值工程活动时，应选为分析研究的项目。如表3－3中的要素B、C、E、F等就是。

若价值指数等于1或接近1，就意味着功能的重要性与成本比重相当，这种情况一般不作为价值工程项目。但如果产品总体功能或总成本过高，而要素的功能指数与其成本指数之比率却不甚协调的话，这时就应该将其列为价值工程研究项目。

表3－3　要素价值指数计算表

要素名称	功能得分	功能指数	目前成本（元）	成本指数	价值指数	选择
A	6	0.214	100	0.156	1.372	
B	5	0.179	150	0.234	0.765	√
C	3	0.107	80	0.125	0.856	√
D	7	0.250	120	0.188	1.329	
E	1	0.036	40	0.063	0.571	√
F	2	0.071	70	0.109	0.651	√
G	0	0	30	0.047	0	
H	4	0.143	50	0.078	1.833	
合计	28	1.000	640	1.000		

二、信息阶段

（一）信息的重要性

信息是一种重要的资源。一项重要的资源往往能启发人打开思路，突破框架，找到解决问题的方向和方法。价值工程的项目选择后，应围绕有关问题收集具体资料。在一定意义上说，价值工程成果的大小取决于能否按时、按质、按量收集到必要的信息。

价值工程所需要的信息是在各个工作步骤进行分析和决策时所需要的各种资料信息。在选择价值工程研究项目的同时，就要收集有关的技术信息及经济信息，并为进行功能分析、创新方案和评价方案等步骤准备必要的资料。收集信息是价值工程全过程中不可缺少的重要环节。通过资料、信息的收集、整理和汇总分析，使人们开阔思路，发现差距，掌握依据，开拓创新，使价值工程活动加快速度，提高效率，减少费用，提高收益。因此，收集信息资料的工作，不仅是选择对象的需要，而且是整个价值工程活动的基础。

（二）信息收集的目的

收集信息之前，必须明确收集资料的目的。价值工程研究的项目不同、内容不同，所需要的信息内容也必然不同。只有明确了要解决的问题，才可以确定信息的内容、调查的范围，有针对性地收集信息，以做到有的放矢。

1. 了解项目并明确范围

只有对项目的功能及寿命周期全过程有足够的了解，才能透过现象弄清本质，与用户的真正的潜在要求作比较，有效地进行研究分析。故此，收集信息的首要目的就是要了解本次活动的项目，明确价值工程项目的范围。

2. 统一思想认识

信息有利于帮助价值工程人员统一认识，将改进方向集中到确保功能降低物耗的同一目标上去。

3. 寻找改进依据

要在庞大的总体系统中找出需要改进的薄弱环节，必须有充分的信息作为依据，比如功能分析时需要技术信息，成本分析时需要经济信息。在此基础上才能创造性地运用种种有效手段，正确地进行项目选择、功能分析和创新方案。

（三）信息阶段概要

1. 收集详细的信息和数据

（1）从最好的渠道收集所有信息；

（2）获得完全相关信息；

（3）获得实际情况；

（4）获得所有成本情况；

（5）收集环境限制和承诺条款；

（6）收集其他限制条款。

2. 确定功能

（1）鉴别和定义；

（2）功能分类；

（3）确定功能关系。

3. 确定功能成本

（1）确定每项功能的成本；

（2）确定整个项目的成本；

（3）识别高成本项目。

4. 确定每一项的功能值

（1）确定每项功能的值；

（2）确定整个项目的值。

5. 确定功能价值

（1）确定每项功能的价值机会指数；

（2）确定总价值机会指数；

（3）识别高成本项目。

6. 分析项目潜力

（1）回顾生命周期成本；

（2）在低价值领域建立目标成本；

（3）选择学习特有的要素。

（三）信息收集的内容

不同的价值工程对象需要收集信息的内容不尽相同。以体育服务产品来讲，主要指产品在开发、设计、销售、流通和使用过程等各方面的专用信息。

1. 市场信息

市场信息包括市场需求量、市场占有率、价格变动趋势、对服务项目的要求及竞争对手的服务产品等。

2. 顾客信息

顾客信息包括顾客定位是哪些，使用产品的目的，对服务产品的可靠性、安全性、操作性等的要求，产品使用中的故障和事故的实际情况，对产品服务要求及对产品的改进意见等。由于体育产品具有的特点，顾客特别强调赞助商也是顾客。

3. 竞争对手信息

包括竞争产品的价格及其成本、销售服务以及生产规模、发展规模、发展规划等。

4. 合作伙伴的信息

目前的商务特征是协同商务，因此，要特别关注合作伙伴情况，比如供应商、体育经纪公司、政府部门、社区、媒体等信息。

5. 本企业的基本情况

本企业的基本情况包括战略规划、运营目标、生产指标、定额、生产能力及限制条件等信息。

6. 国家和社会方面的信息

国家和社会方面的信息包括国家经济政策、技术政策、能源政策、劳动保护、安全生产、环境保护、防止公害的法令、法规以及对外贸易、引进技术方面的条例、规定等信息。

这个阶段通过深入地回顾所有相关事实数据，帮助透彻地理解整个项目系统、运作和条目。完整的信息是进行整个价值工程研究的关键所在。价值工程项目的复杂性、可得的信息量以及研究计划都会影响研究阶段的努力程度。

该阶段的第二个目的是确定各条目或系统体现出的功能或必须体现的功能。价值工程中包含了两种功能：使用功能和品位功能（美学功能）。某部分的使用功能是满足使用者执行某项动作的需要，而美学功能则满足了更多的需求。这两项功能不会互相排斥，并经常在设计中有所体现。当顾客得到了所需的功能，并在合理的成本下满足了美学要求时，这就是好的价值。信息收集的一般原则如下。

1. 收集各类相关信息

价值工程团队应该收集所有相关信息，无论是零乱的或是看似不相关的信息。可能的话，这些数据还要有可信的证据支持。如果不能直接得到事实数据，也要有对此方面熟知的人。

价值工程研究中经常挂在嘴边的一个词就是“记录一切”。信息收集可能被细分为独立的任务并分配给团队成员。获得的各种数据如下。

（1）物理数据：比如形状、尺寸、材料、抗滑力、颜色、重量、密度、抗火性、耐候性、吸声性能、抗偏转力、平纵线形等。

（2）方法数据：如何运转、建造、装配、改良、安装、维护和替换。

（3）性能数据：在设计、操作、维护、安全性和功用等方面的现有性能要求和实际性能需求。

（4）限制：（关于详细的规范）方法、性能、进程、操作、日程和成本。

（5）成本数据：包括人力成本、材料和建造以及生命周期成本中其他部分的涨幅等这些的细目。

（6）数量：此项目的预期量或重复量。

2. 寻找最好的信息来源

获得信息的渠道应该真实可信。这里有两点基本原则。首先，从多种渠道获得信息；其次，寻找最佳的信息来源。所需的信息可从以下两种典型的渠道获得。

（1）人力资源——项目经理、设计师、操作员、维护人员、承包人、建筑工人、供应商、专家顾问。

（2）数据资源——计划文件、环境文件、设计研究、交通研究、图样、计算、设计分析和计算。

在研究过程中，要记录下所有相关人员的姓名、地址和电话以及他们所提供的信息，这是十分重要的。

3. 获得完整的相关信息

得到的数据种类取决于其在整个生命周期中被设计成的地位，也就是它是否在概念阶段、设计阶段或者建造中。

在项目周期的初期阶段就要有一系列的设计目标和要求。对于一个成熟的、标准的设计来说，要得到一些有用的数据比如使用性能、维护特征、失败率和运营成本等。要增加关于此项目的专业知识，就要掌握所有相关的信息，包括所需技术，并且要了解最新的技术发展情况。针对问题所掌握的信息越多，降低成本的可能性就越大。

4. 注重细节和事实

掌握详细的信息，你必须单独地对每个功能进行分析，然后再把它们合并成一个多功能的项目。概括性的陈述就有一个潜在的危险，就是一旦有一个反例，那整个陈述都是错的。如果提案是概括性的，那整个研究的有效性就值得怀疑。

5. 掌握所有的成本信息

为了对项目进行全面的分析，就需要知道各环节的总成本、各个组成部分的成本、各个设计部分的分类成本。提出的每项设计都要有精确而详细的成本评估，从而确定选中的提议减少的成本最多。这些成本通常是从设计师或设计咨询公司得到。

（四）信息收集的要求

收集信息是一项周密而系统的调查研究活动，有计划、有组织、有要求地收集整理是这一活动成功的保证。

价值工程活动中信息收集应该做到快、准、精、广、适。

1. 快

所谓快有两层意思，一是对时过境迁并且不能追忆的信息要及时收集记录；二是信息的加工、检索、传递要快。如果信息资料不能及时提供使用，就会失去它的使用价值。

2. 准

准，就是信息不仅要求快，而且要求提供的信息要有科学性，实事求是，有充分的根据。有了可靠的信息资料，才能加工出准确的信息，才能保证价值工程做出正确的判断。如果信息资料不准确，就不能对价值工程活动起到指导作用，反而会贻误时机。准是收集信息资料的核心。

3. 精

精，指信息收集工作要有针对性和目的性，要求收集的信息为企业开展价值工程项目服务。

4. 广

广，就是收集和积累的信息资料要全面，收集和积累信息资料的渠道要广泛。企业生产经营活动中的各项要素、各环节是相互制约、密切联系的。企业外部环境对企业更有千丝万缕的联系，尤其是复杂多变的市场环境，对改善项目的价值分析与研究，更有直接影响。因此，无论是从改进企业自身的生产经营的需要，还是从价值工程活动的需要来看，都要强调收集信息的广泛性。

5. 适

适，就是对信息的收集要有针对性，有的放矢。信息资料不在于多，而贵在适用。目的不同，研究问题的角度、深度就不同，所需的信息也就不同。

（五）信息收集的方法

收集信息的方法很多，要根据具体情况有目的、有计划地进行。

价值工程活动所需要的信息资料往往是本企业及社会上各种专家的经验或知识，而这些经验或知识的取得只能通过一些适当的方法来收集。这些方法通常有如下几种。

1. 面谈法

面谈法就是通过直接交谈来收集信息的一种方法。这种方法在开展价值工程活动中使用得最多，其优点是能够观察到表面上看不到的情况，能够推测对方的态度和观点。缺点是容易掺杂主观性的推测或印象，容易造成信息的不准确。

2. 观察法

观察法就是通过直接观察价值工程对象来收集信息的方法。通过观察可以收集到从图纸或说明书中得不到的活信息，“百闻不如一见”。这种方法的优点是可以得到可靠性高的信息，能够掌握详细的事实；能够发现预想不到的问题。缺点是花费时间多，如果是在非正常情况下观察，所得到的信息往往是不准确的。

3. 书面调查法

书面调查法就是将所需的信息以问答的形式预先归纳成若干问题，然后，通过问卷的回答来取得信息的方法。这是广开信息来源收集资料的方法。其优点是可以同时向各方面发出调查，可以选择广泛的信息来源，不受时空的限制，提问不受情感支配等。缺点是有时答非所问；缺乏灵活性；难于获得全面详细的信息。

信息收集以后，还要进行科学的加工整理，剔除无效信息。经过这样的“去伪存真”、“由表及里”的加工制作过程，使信息更好地发挥其为价值工程活动服务的作用。

信息的加工整理又称为信息处理，包括筛选、登记、判断、排序、分类、合并、校核、编写等种种处理环节。信息经过加工处理，达到标准化、数据化、系统化，以便贮存和使用。

（六）确定功能

顾客购买项目或服务正是因为在他所能接受的成本下享受所提供的某种功能。如果有些东西并没有实现预期功能，它对顾客来说就是无用的，减少成本也无法提高它的价值。

那些牺牲项目必要功能的举动实际上减少了它对顾客的价值。另一方面，除了必须功能之外的功能，对顾客来说几乎没有什么价值。所以，任何无法实现必须效用的功能都是不能接受的，而多余的功能又是不必要和浪费的。为了实现最大价值，就要仔细定义功能，这样它们所涉及的成本才能确定，并能合理地安排。

人们经常看到一部分就说它的功能是必要的。但这不总是正确的。通过定义功能，我们会准确地知道哪些特征是必须设计的。

要尽快确定功能并保证功能的必要性。所有价值工程研究团队的成员都应该参与功能分析，因为确定必要功能是保证工作计划之后的几个阶段顺利开展的关键所在。

在进行功能描述后，下一步就是评估实施每项必须功能的值。值的确定应该与每个环节的成本做比较。这种比较表明价值工程研究是否会使成本大幅度下降。价值工程研究的目的就是设计一套尽可能接近设立的值的方案。

（七）构建 FAST 图

1964 年，Charles W. Bytheway 发明了 FAST 图，并于 1965 年在国际价值工程协会的会议上发表。FAST 图很快得到推广并成为价值工程师用来研究功能关系的有效工具。

在许多价值工程的研究中都是通过团队努力来构建 FAST 图。这样不同的观点能激发人们更加深层次地思考问题。

（八）确定功能的值

值是实现功能的最低成本。在所有功能进行识别、分类以及所有不必要功能都排除后，确立功能的值，不考虑功能在何处实现和怎样实现。功能的值的确定可能是价值工程中最困难的一步，但是是必不可少的。确定功能的值必须有很好的创造性，因为值是一个主观的测量值，而不是绝对的或者客观的。技能、知识和个人判断在决定值的大小中扮演主要的角色。

功能的值的确定通常是比较所有实现功能的方法的相对成本。试图用最小的成本去实现功能。

值与主观意愿中的功能有关，而不是目前设计的功能。比如说桥的钢制横梁上的螺钉。螺钉的值就是用来固定钢制横梁的最小必须成本，而与横梁的用途无关。

（九）确定功能成本

功能成本就是被选作实现功能的方法的成本。如果一个项目只有一个功能，那这个项目的成本就是功能成本。但是，如果一个项目有多个功能，那每个功能的成本就要按比例计算。

（十）确定功能价值

价值指数是功能成本与值的比。比值越高，表明价值越低。反之亦然。计算价值指数可以测量项目真正的价值，并表明这些功能是否值得做价值研究。

第三节　创新阶段

方案创新即创造新方案，就是从改善价值出发，针对应改进的具体目标，依据已建立的功能系统图和功能目标成本，通过创造性的思维活动，提出实现功能的各种各样的改进方案。价值工程中的方案创新阶段需要引入创造学的原理，运用创造工程的方法，构思实现功能的新方案，使价值工程活动取得成功。

一、创新阶段概述

（一）创新阶段目标

价值工程工作计划中的创新阶段的目标是用“头脑风暴”的方法分析研究阶段中分隔开来的设计要素的功能，并为每个要素提供若干替代方案。

（二）创新阶段任务的概要

1. 在创新思维过程中，了解和控制积极和消极的因素。
2. 创新会议的计划。
3. 创新方法的选择。

（三）创新会议计划

在工作计划的这个阶段中，要以开发实现所需功能的备选功能方案来指导创新过程。要在对问题清晰认识后再开始思考替代方案。所有价值工程工作组的成员都必须参加，因为提出的想法越多，从中出现的高质量低成本的方案的可能性就越大。

挑战现有的功能执行方法。技术进步如此之快以至于几年前的规定可能早已过时。这就需要创造新的方法来更有效地实现必须功能，并减少生命周期成本。学会利用新的产品、流程和材料。

使用创新技术。尽可能多地利用各种创新技术提出新观点。对待问题要采用积极思考方法。提出新想法时，要避免消极观点，不做任何判断。专注地思考如何使功能得以实施，并尽可能多地提出创新想法。写下所有的想法之后，开始思考如何整合这些观点来确定实施功能的最佳方法。

在这个阶段中要努力摆脱普通模式、典型的解决之道和习惯方法。经验表明通常是全新的、截然不同的方法中产生了最有价值的解决之道。

最好的解决方法可能会完全去除目前的功能或条目。这种可能性不容忽视。只有在确定某功能保留后，工作团队才应该寻找替代方案以最低的成本来实现该功能。要思考出所有可能的解决方案就应该鼓励天马行空的想象。

二、方案创新的技术方法

价值工程中创造新方案的技法有很多种，它们都强调充分发挥人们的想象力和创造力，强调开发智力。这些方法能有效地激发人们的聪明才智，积极地进行思考，构思出技术经济效果更好的新设想。在创新阶段中，项目组长要学会使用一些方法，有可能这些方法不常被使用，或者取决于研究的项目和团队组长的偏好。下面介绍在价值工程中方案创造常用的几种技术方法。

（一）头脑风暴法

头脑风暴法采用会议形式，在良好的创造气氛中发表意见进行集体创造。参加人数一般为5～10人，通过发言互相补充知识空隙、互相激励创意，产生新的灵感，共同进入创造的境界，从而获得大量的新设想。应用效果在很大程度上取决于会议主持人的能力和素质。为提高会议效果和质量，每次讨论的问题不宜过大或过多，讨论要集中、明确，切忌模棱含糊。

1. 讨论会上要注意遵守以下几条规定

（1）禁止批评别人的设想（推迟评论）；

（2）提倡自由奔放地思考（以产生尽量多的创意）；

（3）提出的设想越多越好；

（4）紧扣课题，集中目标；

（5）不实行少数服从多数或个人服从集体；

（6）各种设想无论可行与否，都全部记录下来，不要当场作判断性结论；

（7）与会者不分职务、地位，平等地发言，机会均等；

（8）借助现有的基础整合和完善想法；

（9）不能以说话、发出声响、耸肩或其他肢体语言表达对想法的评断或否定；

（10）应用“搭便车法”或“捎带法”变换形式，来拓宽和改善别人的想法；

（11）在提出方案的数量和时间上设立一个目标使大家努力思考。

2. 头脑风暴法的一般程序

（1）团队自由讨论。组长只是提问、指导或偶尔提供与问题相关的信息。

（2）列出所有想法便于团队所有成员都听到和看到。最好使用白板、画笔、毡尖笔。并将完成的表格挂在墙上让大家随时可以看到。

（二）哥顿法

哥顿法是头脑风暴法的变体。有一处不同，就是只有团队组长知道待讨论的问题到底是什么。

（三）特性列举法

它通过对被研究对象进行分析，逐一列出其特性，然后着手探讨能否改进、如何改进。先要根据功能分析、功能评价的指向，确定一个明确的课题，课题一般宜小不宜大。

如果课题较大，则可先分解为几个小课题，再从各个角度详尽地列举对象的各种特性。

（四）缺点列举法

通过逐一找出所研究的对象存在的缺点或不足，引起重视，以便有针对性地寻求改进缺点的办法。用“吹毛求疵”的态度去找缺点，有助于克服“熟视无睹”，摆脱惯性和惰性，找到改进途径及措施。

缺点列举法是一种简便有效的创新方法，它应用范围广，并不限于改进和创新产品，还可用于企业管理等软技术问题。但这种方法的缺点是会使创意在某些时候受到现有缺点范围所限。

（五）希望点列举法

希望点列举法是一种比缺点列举法更积极、更主动的创造方法。它不受原有事物状态的约束，而是将所希望达到的目的或要求，甚至将幻想一一列举。经过归纳，沿着使用者提出的希望点，用扩散性思维去想象问题，找出解决问题的新构想。它可以暂时不管目前是否能够实现，这就能开扩思路，增加了创新的机会。有许多新产品（如尼龙搭扣、夜光手表）就是根据人们的希望或幻想研制、生产出来的。

（六）联想类比法

联想类比法是一种通过联想、类比、引伸、扩展，促进从异中求同、从同中求异的创新方法。联想类比法的核心是通过已知事物与未知事物之间的对比，从已知事物的属性出发，推测未知事物亦具有的类似属性。性质迥然不同的两类事物之所以可以进行类比，那是因为不少事物在时空上、形态上的变化规律具有相同或相似之处。

通过运用相似律进行相似联想，在相似点上思索、发挥、设计、创造。相似联想包括原理相似、结构相似、功能相似、声音相似、色彩相似、材料相似等。

常用类比法有：直接类比、拟人类比、象征类比、因果类比、对称类比、综合类比等。

（七）检核表法

检核表法是根据需要解决的事物或者要创造发明的对象，列出有关问题，逐个检核讨论，从而获得创造发明的设想和解决问题的办法。泛泛地思考往往难以发现问题、解决问题。如预先提出要点，逐个检核提问，就能刺激思维，冲破陈旧的思想束缚，开创新的方案、设想。检核提问的方法有多种，例如，奥斯本的检核表是从9个方面对现有事物进行提问的。

1. 有无其他用途？比如扩展到其他方面的应用。
2. 能否引入其他方案？比如借用或结合其他事物、方法。
3. 能否扩大？比如扩大范围、延长寿命、增加特性等。
4. 能否改变？比如改变颜色、形状、途径、手段等。
5. 能否代用？比如材料、工艺、配方、动力等的代用。
6. 能否减少？比如压缩体积、降低高度、减轻重量、简化结构等。

7. 能否组合？比如材料组合、装配组合、目标组合、策略组合等。
8. 能否替换？比如更换结构、元件、布置、程序等。
9. 能否颠倒？比如上下颠倒、里外颠倒、任务颠倒、因果颠倒等。

（八）设问创造法

在开发新产品时，往往通过一定的提问，发现现有事物存在的问题，找到需要改进或创新的地方，从而激发设想与创意。设问创造法有多种设问方法，其中常用的有5W2H法。

1. Why——为什么要创新？为什么要有这些功能？为什么功能不足（或过剩）？为什么要经过这些环节？
2. What——什么是创新的对象？条件是什么？目的是什么？手段是什么？功能是什么？
3. Where——从何处着手创新？何处最经济？何处有特点？何处是重点？
4. Who——由谁承担创新？谁是使用者？谁是功能载体？谁的影响最大？
5. When——什么时候完成创新？何时最有利？何时开始进行？何时（分阶段）完成？
6. How——如何进行创新？如何最省时省力？如何价值最高？如何优化？
7. How much——创新要求达到什么水平？效益要达到多少？功能水平？成本水平？

这7个设问的角度是大多数事物存在或发生的根本条件。通过设问，提醒创新者对这7个方面的内容加以变革、创新，从而产生总体上的创新效果。

（九）组合法

组合法是一种将两种（或多种）原理、方法、功能、工艺等事物有机地结合到一起，从而获得具有新原理、新方法、新功能、新工艺或新方案的创新方法。组合有广义与狭义之分，广义组合是指不受学科、领域限制的信息的汇合、事物的结合、过程的排列等。主要包括综合、兼并、融合、复合、联合、混合、结合、集聚等形式。狭义的组合主要是指在技术创新的领域内，将两个（或多个）有关的技术因素（如现象、原理、物品、材料、工艺、方法、零件等），通过巧妙的结合或重组而获得具有统一结构的整体及功能协调的新产品、新材料或新工艺的组合。主要包括材料组合、元件组合、现象与原理组合、利用组合、自组、重组等形式。

一般讲广义的组合往往涉及的是复杂系统或“无形”事物的组合，而狭义的组合涉及多是日常的共体事物方法的组合，是“有形”事物的组合。

（十）信息交合法

这是我国创造学家许国泰先生提出的一种创造新设想的方法。

1. 运行程序

（1）将对象（事物）化为母本标（信息），按要素分解，展开成因子等级系列；

（2）收集、引进多种科学信息（含人类实际活动或认识活动）作为父本标信息，与母本标信息“杂交”（排列组合）；

（3）发展联系，运用想象手法，拓展父本、母本各标因子系列；
（4）寻找这些信息标因子之间可能存在的新联系；
（5）评价、筛选信息结晶、输出新设想。

2. 信息交合中的要则

（1）整体分解要则——将对象整体加以分解，按序列得出要素（信息）。

（2）信息交合要则——将横轴上每个要素（信息）逐一与纵轴上的各个要素（信息）相交合，产生联想，形成新构思。

（3）结晶筛选要则——通过对新构想、新方案的分析筛选，找出可行方案。

信息交合法能积极地运用有用信息扩展创造思维，开发创造能力，促进功能好、成本低、价值高的新设想、新方案的诞生。

三、组织方法：按逻辑步骤排列

（一）清单法

针对项目待解决的问题事先列出清单条目，根据这个清单提出想法，目的是先提出许多想法然后进一步完善。

（二）分类法

参考各式各样的分类，提出想法，进而引出其他想法。

（三）形态分析法

这种方法可以全面地列出并检查有助于解决问题的所有可能的整合方法，步骤如下。

1. 广泛且概括地表述问题。
2. 确定解决方法所面临的独立参数。
3. 列出实行每项参数的所有方法，将这些方法放在图表中有助于更形象化地观察如何整合它们。

（四）属性列表

主要用于改善有形物品，通常分为 4 步。

1. 选择有待改善的项目。
2. 列出该项目的组成部分。
3. 列出该项目及各部分的属性和特征。
4. 系统地改变或修改这些属性。

四、创新阶段清单

（一）使用创新思维方法了吗
（二）营造鼓励创造新观点的氛围了吗
（三）有没有互相启发

（四）所有团队成员都参加了吗
（五）设定目标了吗
（六）记录下所有想法了吗
（七）有没有阻止消极的反应
（八）团队提出的想法多吗
（九）提出想法时有没有受到任何制约
（十）有没有彻底研究过与所分析的项目至少有一外特征相似的其他项目
（十一）项目的所有基本功能都确定了吗
（十二）针对每个基本功能有没有填写相应的创新工作表
（十三）有没有摆脱现有的实现基本功能的方法
（十四）对于团队头脑风暴法，之前有没有向成员解释所采用的方法和相关规则
（十五）项目的所有基本功能有没有完整地经历创新阶段

五、价值工程与创造

价值工程是在创造中诞生、活动，在创造中发展、提高的。价值工程的思维方式、工作程序、技巧方法等都是创造的产物。离开创造，价值工程就失去其特有的生命力。价值工程与技术经济分析及其他管理方法的原则区别，不仅在于功能系统分析的方法，还在于它从用户需要的功能出发，进行评价与创造。从这个角度上看，价值工程的全过程实质上是一个推倒——创造——提高的过程，而推倒——创造——提高的核心是创造。

推倒，就是否定（局部或全部）原有方案，找出原有方案的不必要（或过剩）功能和过剩的成本，包括在实现功能手段上或在功能及成本的项目上、指标上存在的问题。

创造，就是根据用户对功能的要求，针对现状中功能与成本两方面存在的问题，进行创新，力求提出以最低的寿命周期成本实现必要功能的新设想、新方案。

提高，就是在分析、评价、验证的基础上进行修改、充实、完善、优选，步步提高，最后获得价值高的最佳方案。

在价值工程中进行方案创造时，不论采用何种方法，都要注意以下几点。

（一）要有强烈的功能意识

要有目的地为实现某种功能而构思，如果没有强烈地感受到以最低成本实现必要功能的必要性，就不可能有效地激发创造性思维。在方案创造过程中，要着重考虑自我提问中的 3 个问题，即：有无其他方案能实现这个功能？新方案的成本是多少？新方案能否可靠地实现必要功能？第 1 个问题要求根据初步设想和信息情报构思出大量的替代方案，第 2、第 3 个问题要求对这些初步设想和替代方案进行技术上和经济上的分析、评价，然后优选、确定价值高者作为改善方案。

（二）要以功能系统图为依托

构思，首先是从一级功能开始，功能阶次越高，构思范围越宽，约束条件愈少，自由度愈大，改进就愈彻底，效果也就愈显著。当然，其实现难度也大。如果一时难以实现，可以降一阶针对下一阶的功能进行创造。这样，创新设想比较容易具体化，实现难度会减

少一些。但功能阶次愈低，约束愈大，创造的余地就愈小，创造的效果必然受到较大的限制。在水平较高的价值工程创造方案中，不论从哪一阶功能着手，都要考虑以功能系统图作为创造活动之出发点和归宿。

（三）要努力寻求功能载体替代的途径

在价值工程中，往往要运用应变思维与替代思维，进行功能载体的替代。各种载体（产品、劳务等）都是功能的物质表现，即功能是载体（产品、劳务）的本质抽象。功能载体替代，就是探索、创新、实现必要功能的各种可替代途径，对实现同一必要功能的原有载体进行创造性的转换替代与变革。功能载体替代包括对载体本身（如结构、材料、形态等）的替代和对载体形成过程（如工艺、方法、手段等）的替代以及在企业制度、经济增长方式、经营管理等对象领域的功能载体替代（如时间、空间、关系、方式等的替代）等。

（四）要强调提问检查

在价值工程的分析、创造中，往往容易偏于强调使用种种技巧和方法进行定量分析、评价，而忽略了最基本的提问检查。其实有许多明显的改进项目，只需经过简单的提问，就能发现问题，找出解决问题的途径。比如对功能与成本两个方面进行 3 个提问：能否取消？能否合并？能否代替？

第 1 个提问促使可有可无的工作（事物、方式、方法等）被揭露。

第 2 个提问促使性质相同或接近的工作合并或简化。

第 3 个提问促使以高效率的新方案代替低效率的现行方案。

（五）要重视对特色的创造

要使产品的性能、质量、品牌、形象等明显超过同行业，取得技术上、经营上的领先优势。为此，不但要彻底了解目前已经做到的或已经掌握的全部内容，还要注意目前尚未想到的及容易被忽略之处，有目的、有针对性地进行创造活动，这样才能促使形成自己产品的特色。

六、方案的具体化

通过创新而初步构思出来的改进方案，虽然也有某些具体内容，但大体上属于启发性的设想，往往是抽象的、片面的，但又包含着各种潜在的可取的合理因素。因此，需要对这些设想方案按特性进行分类，归纳整理，补充完善，经过具体化使之形成实质性的替代方案。

方案具体化是对那些经过概略粗选得到的比较粗糙的设想方案进行改善，即分析其优缺点，寻求克服缺点的途径，具体充实方案的实施方法、结构形式、组成要素等各个方面内容。因为大多数的设想方案都是比较简陋的素材，即使少数较现实的方案也多处于未完善、不系统的阶段。所以，在具体化过程中，一面要继续收集有关资料、情报，一面要将这些方案进一步提高及完善。经过具体化的替代方案，不仅能达到预定的功能程度，而且具备可行性。

第四节　方案评价

一、方案评价的目标

价值工程工作计划中评估阶段的目标是分析创新阶段的讨论结果，回顾各种替代方案，从而选出最佳方案。

二、评估阶段概要

（一）评价替代方案以便于之后的筛选和完善
（二）确定标准和目标
（三）衡量替代方案
（四）衡量项目标准和目标
（五）记录评价的数值
（六）将方案排序
（七）选择最佳方案

在创新阶段中，有意地阻止任何判断性思考，这样才不会妨碍创新过程。而现在这些方法都要进行严格地评价。评价所有的方案来判断它们是否可被接受。以下所列的关键问题可以用作判断方案的一系列基本标准。

1. 方案如何实施？
2. 是否被实施？
3. 成本多少？
4. 每个想法都能实现基本功能吗？
5. 最低花费是哪个？
6. 能否被修改或与其他方案合并？
7. 实施的可能性是多少？
8. 改变相对来说是困难还是容易？
9. 是否满足了顾客的需求？
10. 包括生命周期成本在内，能节约多少成本？

三、评估阶段清单

（一）是否回顾了所有的方案
（二）每个想法是否得到了改善以满足所需的功能和物理属性
（三）是否建立了评价标准
（四）是否估算了每个可行方案的成本
（五）是否考虑并估算了实施每个方案所需的时间
（六）是否评估了每个方案的相对成本优势？以及其他的优点和缺点

（七）替代方案是否能被简化以便日后的实施或成本最优化
（八）是否根据需求重新评估了所有的功能
（九）是否选择出了至少 3 个最佳方案

第五节　开发阶段

一、开发阶段目标

价值工程工作计划中的开发阶段的目标是收集数据，彻底地分析评估阶段中选出的那些最佳替代方案，并准备成本估算和最初设计以保证其被接受和最终项目的可实施性。

二、开发阶段概要

（一）确定获得信息的资源
（二）确保被选择方案在技术上的可行性
（三）确保被选择方案在经济上的可行性
（四）阐述修改建议中的细节
（五）发展实施计划

此阶段是在能保证实施所需功能的前提下，客观地评估方案的最低成本。在这个阶段中，之前选出的最有可能的方案要进一步讨论设计细节。目的是获取和表明与设计改动相关的充分的支持数据和成本上升，以便于向管理者汇报。

三、开发阶段方法

（一）考虑替代方案的产品、服务和材料

要考虑所有设计的可能性，包括不同的产品、服务和合适的材料。

（二）咨询专家

为了使设计更加有价值，应该向资深专家们咨询获取解决技术和解决问题的最佳答案。如果已经用"动词 + 名词"的形式准确地定义了功能，那么就能鉴别出需要哪方面的专业知识。比如，"支持重量"就表明材料专家或结构设计师可以提供帮助。尽管可以通过电话或邮件方式进行咨询，但最好还是与专家会面。价值分析师必须做到以下几点：1. 定义所需的功能和成本问题；2. 表明问题的重要性和优先程度；3. 使专家成为项目的一部分；4. 指明专家研究的范围；5. 肯定专家的成果；6. 请专家确定其他专家或资源的帮助。有效地运用专家资源能减少许多潜在的障碍。

（三）咨询供应商

体育场馆建设会雇佣一批特殊的供应商，特别是针对结构部分，让他们提供结构形

状、管道、水泥、化学添加剂等的最新信息、最新的建筑材料等，一般的工程师都没有时间来了解这些。价值工程团队的任务就是寻找和使用这些知识。鼓励你的供应商以他们的经验来推荐替代方案、其他材料和设计改动等。过于详细的规格可能更加安全和容易，但这是一条昂贵的捷径。请求供应商提供改善的建议，并询问设计中的哪些部分需要高成本。在早期的计划中，要彻底地描述功能上和技术上的要求，并表明哪些是关键的？哪些是可有可无的？及时了解供应商可以提供的服务，并时刻了解最新的服务内容有助于提出新想法来实现节约的计划和设计。

四、开发阶段的流程

（一）常　规

1. 仔细分析以确保顾客需求。2. 技术保证。3. 为评估建筑和生命周期成本做好准备。4. 全面考虑实施成本，包括重新设计和日程改动。

（二）开发特殊的替代方案

那些经过技术审查的替代方案要根据特殊的设计和推荐进行开发。制作替代方案的草图以便于鉴别设计中仍然存在的问题，并详细地进行成本分析，放入最终的提案中。

（三）测　试

在选出实施方案前要进行测试技术上的可行性。通常这样的测试已经由其他机构设定。测试要有报告。如果没有现成的测试方法，那么价值工程工作团队可以自行安排所需的测试和评估。当发生以下情况时测试不能延误提案：1. 风险较小；2. 节约的成本少；3. 测试的要素是无形或主观的因素；4. 实施方案后测试通常是个证实过程。

（四）开发实施计划

预计实施中会出现的问题并想出解决的对策。解决这些问题的特别有效的方法就是与专家召开座谈会，比如检查、环境、法律、采购、材料和计划等。为每个方案提出详细的实施方法，谁来做以及时间要求。

第六节　展示阶段

一、展示阶段的目标

价值工程工作计划中展示阶段的目标是，以一种令人信服的方式给决策者推荐选择方案，最终让他们接受这些方案。决策者是那些最终通过价值工程小组推荐方案的人。

二、展示阶段概要

（一）预测要克服的障碍

（二）准备书面建议
（三）分析总结
（四）辨别预期的收益/劣势
（五）做出特有行动的建议
（六）为行动提出执行计划的建议
（七）准备口头展示
（八）营销你创新后的建议

最初展示建议时要简洁、实事求是并力求准确，这样才能让将要负责执行建议的人产生兴趣。建议推广得如何在很大程度上依赖于好的人际关系。这样展示建议是为了避免对那些跟研究有关的人产生任何个人损耗和阻碍。对做出贡献的人和负责执行的人应该给予适当的赞赏。

在价值工程建议中包含的信息将决定其被接受或者拒绝。尽管小组能获得充足的信息，但建议只有在记载了这些信息的基础上才能被接受。

管理层必须通过与建议一起呈交上来的文件作判断。建议和支持性文件应该提供让决策者做出决定的数据。

书面建议。价值工程建议应该用书面表达，而口头展示研究结果应该作为书面报告的补充。合理的展示书面报告属于价值工程工作计划系统方法的一部分，而且可以使口头展示更加简练。

三、获准价值工程建议

以下几点在提高建议获准的可能性方面是最有效的。

（一）考虑审批者的需求

建议的直接读者一般是两种人。第一种是技术人员，这要求有效而详细对变更的建议的可行性进行说明。第二种是管理高层，这可以简化技术方面的细节。财务方面需要重点对待。对政策的长期影响对于经理比工程师更有意义。

（二）提早公开可能的变更，可以让价值工程小组对建议存在的阻碍有所警觉

提早的警觉可以让小组有机会做出修改来克服阻碍。倘若管理层对建议的进程一直有所获知，那建议的展示可以仅仅是对最终的预测、支持和反对意见的探讨的一个概述，甚至或者是管理层正式的审批。

（三）把收益与组织目标联系在一起

价值工程建议若能有助于实现组织已确立的目标则更有可能获得管理层的支持。因此，展示时应该凸显建议中可帮助实现组织确立的目标的所有优点。当然，目标不仅是成本的节约，也有可能是实现经理人的其他一些与任务有关的目标。

（四）支持决策者

如果价值工程建议能够迅速进入执行阶段，则能够带来更大的收益。反过来说，组织部门中负责预算制订的人员对预算的审批会影响到建议迅速有效地执行。

（五）足够的回报

如果管理层需要对价值工程建议进行慎重考虑，那建议应该包括足够的数据支持投资有所回报。合同成本的节约通常确保足够的回报。在其他情况下，必须考虑到生命周期或者总项目的节约。总之，确保收益的数据能提高建议获准的可能性。

（六）展示投资的间接收益

价值工程建议通常带来比现有的改善成本措施更多的收益。其中的一些收益本身是间接的，很难用财务数据来展示。清晰的展示所有建议带来的间接收益能提高获准的可能性。比如说，性能改善、能量保存、外观改善、环境质量提高和成本转换等等。

（七）其他因素

1. 倘若建议得到其他权威者的支持，那就凸现出来获得更大范围的组织支持。

2. 报告的性质决定是否使用补充材料。如果报告较长且复杂，那简单的图表、表格比造成视觉疲劳的数值、日期和数据更加有利于表达。表格和图片作为文本资料的减缩版总是受大家喜爱。

3. 注意其他建议评估者的程序，并依此来阅读建议。

4. 记住阅读建议者都很忙，所以他们希望快速而简洁了解事实。报告者要以清晰而简洁的方式传达他们想了解却又不熟悉的内容。

四、价值工程业务手册

编撰业务手册始于调查阶段并贯穿于价值工程研究的始终。若项目起始阶段就保持下来，在展示阶段不需要为业务手册作额外的准备。业务手册应该是完整而齐全的文件，有助于总结报告的准备并支持小组的建议。

以下清单是应该记录在任何一个项目业务手册中的信息类型。

（一）项目鉴定

（二）问题简报

（三）解释选择项目研究原因

（四）流程/程序研究的功能分析

（五）小组收集的与研究项目有关的所有信息

（六）替换选择的完整清单

（七）对所有合理替换选择的分析，并解释不能进一步研究的原因

（八）支持选择的技术数据，其他确保收集最合理方案的事实信息

（九）原始成本，执行获准方案的成本，支持承诺所有节约成本的成本数据

（十）鸣谢所有其他为研究做出贡献的人

（十一）执行获准方案的步骤和时间表
（十二）研究项目的进度略表

五、拒绝价值工程效果的原因

不能提供足够的支持文件是导致建议遭到否决的最大原因。

（一）对项目有负面影响

做出以下假设以确保安全：任何有表决权的领导都希望确保项目整体性。

（二）技术支持信息不完整或者不正确

提出了所有显著的技术信息，才能让权威有信心接受价值工程建议。价值工程建议应该配以支持变更建议的有用数据/测试。

（三）其他原因

1. 类似价值工程建议有过失败的前车之鉴。
2. 没有足够的时间来实施建议。

六、展示检查清单

（一）变更的需求清楚表达了吗
（二）界定问题了吗
（三）建议简洁明了吗
（四）所有相关信息都包含了吗
（五）节约成本数据包含了吗
（六）价值工程建议总结手册完整、准确吗
（七）再次复查建议、花费成本和节约成本了吗
（八）信息都完整吗
（九）为可能被提问的问题准备材料了吗
（十）为确保被选上的建议制订行动计划了吗
（十一）描述变更了吗
（十二）对变更前后的状况进行描述了吗
（十三）考虑到最好的建议了吗
（十四）制订执行计划了吗
（十五）建议扩展到所有可能应用的领域了吗
（十六）考虑过把改善后的建议制订成更易于实践的标准吗
（十七）答谢所有参与者了吗
（十八）如果你是决策者，信息足够让你做决定了吗

七、书面报告

（一）所有报告的基本功能应该是清晰地沟通

无论报告的目的是什么，结果都应该是为了传达思想。你的主意可能是一流的，但只有清楚地把它向他人表达，你和你的组织才能从中获益。

（二）改善书面报告的方法之一是掌握以下10条清晰写作的规则

1. 使用简练句式。长句会增加阅读难度。《时代周刊》和《读者文摘》通常每句只用16～17个单词，而《商业报》则是25个。
2. 表达简单的思想意思。
3. 使用熟练的单词。
4. 避免不必要的单词。
5. 在动词中使用动作。
6. 按你说话的方式写作，书面语有时会显乏味。
7. 运用来自读者经历。
8. 以读者的经历指导写作。
9. 用不同的表达。
10. 表达清楚而不是让人印象深刻。

八、口头展示

（一）口头展示是兜售建议的重点

展示给价值工程小组确保建议能被正确理解、并且有适当沟通的机会。倘若能做到以下几点，展示的效率会提高。

1. 全体团队成员都出席并作介绍。
2. 展示加上额外提问的时间不超过10分钟。
3. 展示可以借助以下器械：样机、模型、幻灯片、投影机、挂图。
4. 小组要准备好充分的资料回答所有可能提到的问题。

（二）口头展示可以包含以下几点

1. 项目鉴定。
2. 问题简报。
3. 原始设计的成本。
4. 功能分析的结果。
5. 解释接受建议的优缺点和原因。
6. 对所有合理替换选择的分析，并解释不能进一步研究的原因。
7. 接受建议前、后设计的概述，清晰描述变更建议（标注建议变更可接受）。

8. 问题和执行成本。

9. 存节约成本，鸣谢所有其他为研究做出贡献的人。

10. 总结陈词。

九、视觉辅助

好的解释图表能把很多的数据译成管理层易于理解的语言。然而，展示基于以及视觉辅助所要解释的文件要用完全不同的尺度来衡量。

视觉辅助能把状况概括得一目了然。展示时使用的表格、图形或者其他的视觉辅助要尽量少并且尽可能有意义、简洁并能让细节一目了然，这样报告所要定义、解释和确立的重点才能凸显。

好的展示图表应该能在少于30秒时间里正确传递信息，并且几乎不用解释就能让阅读者理解。

第七节　执行阶段

一、执行阶段的任务

价值工程工作计划的执行阶段的任务是确保通过认证的提议被迅速地和恰当地转化成实际行动，来达成预先提出的成本节省和项目改善。

二、执行阶段概要

（一）完善执行计划

（二）实行计划

（三）监督计划的完成

即使在正式的演示之后，价值工程研究的任务也还没有完全达成。建议必须要转化成实际行动。因此，进行这个研究的人和管理控制研究完成的项目经理，必须在提议完全融入到设计或计划之前都保持旺盛的斗志和兴趣。一个执行得不好的提议会招致信誉受损。一个通过认证的价值工程提议不应该因为执行不力而被枪毙。

三、执行阶段清单

（一）是否明了预期结果

（二）是否指派了某人负责经认证的替代方案的执行

（三）合同是否经过了修改

（四）计划书或者草图是否经过了修订

（五）是否已经确定了执行阶段的完成时间

（六）是否完成执行的资源已经被交付和分发

（七）是否已经确定了所需的测试计划、配给方案和时间表

（八）有关 VEP 的更改是否书面备案

第八节　审查阶段

一、审查阶段任务

价值工程工作计划中的审查阶段的任务是确保预期结果被实现、正确地被记录和被报告。

二、审查阶段概要

（一）进行审查
（二）评估结果
（三）准备最终的项目报告
（四）向感兴趣方发放信息
（五）把所有价值工程研究的结果汇编到价值工程年度报告中

关于价值工程项目的审查阶段的完成有两点需要强调。

第一个重点在于价值工程的协调人要建立和维护一个对所有完成的价值工程研究档案。这些档案要包括所有运用到价值工程技术的项目，包括那些需要价值工程研究的项目，承包人利用价值工程更变了提议的，和该组织或项目利用价值工程研究进行的组织内部的其他功能调整。

第二个重点在于《某某机构或项目的价值工程年度报告》的编辑和提交。这一步骤是价值工程项目所要求的。价值工程项目协调人要利用价值工程研究档案信息来准备这项报告。然而，与价值工程研究的相关责任部门的协调，尤其是工程部的顾问团和合同管理部的最终裁定部门的协调尤为重要，可能可以从他们那里获取到完成报告的所需的信息。

三、审查阶段步骤

（一）取得所有已完成的执行活动的备份
（二）把实际结果与原始预期进行比较来核实完成情况
（三）向管理者提交节省成本或其他改进的报告
（四）向所有利益方和其他相关部门提供信息
（五）回顾检查项目，确定任何可能引发的问题，并为下一个项目推荐正确的方案
（六）对从刚刚完成研究中取得的潜在的价值工程理念提出建议
（七）确定在维护和其他生命周期成本上的效用

四、审查阶段清单

（一）取得最终价值工程研究报告中文件的拷贝
（二）这个理念行得通吗

（三）省钱了吗
（四）设计被改善了吗
（五）它还能使其他方面受益吗
（六）它被正确地宣传和分发了吗
（七）需要给予什么奖励吗
（八）准备年度报告

第九节 计划管理与组织管理

一、价值工程的计划管理

（一）计划的制订

在开展价值工程活动之前，要制订一个明确的目标。价值工程目标一般包括功能改善目标、成本改善目标和利润目标等。在确定目标时，必须充分了解企业经营方针、销售计划、利润计划、财务计划、成本计划、生产计划、经营情况和生产能力等。

为了实现价值工程活动的目标，必须相应制订一个价值工程活动计划。其内容主要由对象计划、日程计划、节约目标分配计划和人员计划组成。

（二）计划的执行

价值工程活动计划制订以后，接下来就是将计划付诸实施。在计划执行过程中，应把计划有关指标自上而下地分解、归口，落实到各业务部门、各工作岗位。各部门、各岗位应根据计划的要求，对自身的工作计划进行修正，提出本部门、本岗位新的目标与实现目标的措施，保证价值工程活动计划的顺利实施。

（三）计划的控制

在计划实施过程中，往往会出现一些偏离计划的现象，比如工时、进度、费用或效益等方面发生差异等。这就要分析原因，找出影响差异的主要原因，采取有效措施加以解决。

对价值工程活动计划进行控制，目的是为了及时发现问题、解决问题，保证价值工程活动的顺利进行，达到预期的效果。计划控制涉及到价值工程活动的各个环节、各个部门和各个成员。为了有效地进行控制，在实施过程中所反映出来的各种情况要经常与目标、计划及其所制订的各项标准进行对照检查。检查项目的可行性和效益的可靠性，检查功能分析、方案创造、试验等实施情况。当发现有偏差时，就要采取有效措施纠正偏差。

价值工程计划实施的控制，通常有3种方法：调整目标、调整措施和调整目标与调整措施同时进行。通过动态调整与平衡，使价值工程各项活动与各个环节衔接协调，顺利完成价值工程活动计划。

二、价值工程组织体制

价值工程既然是有组织的集体设计活动，它与企业内部各部门有着密切的联系，因此，必须建立一套完整的组织体系，将企业各方面的力量组织起来，协调各部门间的纵横关系，才能完成价值工程活动计划。可以这么说，强有力的领导、周密的组织和管理是保证价值工程活动计划顺利实施，并取得成效的前提条件。

（一）基本职能

为了实现价值工程确定的目标，须建立具有一定基本职能的价值工程组织体制。价值工程组织的基本职能是管理职能和实施职能。管理职能包括计划职能、控制职能。计划职能是指通过调整、预测对确定的价值工程目标制订长短结合的计划，并确定实现计划的措施方法。实施职能则是根据价值工程计划制订的项目与目标，组织具体实施。

在企业管理工作中，管理职能多由较高层次承担，而实施职能则由较低的层次承担，这样的组织分建形式有利于发挥不同层次的作用，提高各级组织的工作效率。

（二）规章制度

为了保证价值工程活动持续深入地开展，企业必须根据《价值工程基本术语和一般工作程序》（GB8223－87）这一国家标准，结合自己的具体情况，建立一套科学的规章制度，对价值工程活动的组织领导、职责权限、对象项目、工作顺序、组织建设、成果总评、奖励办法等做出明确的规定。凡是重大的工程、项目、技术、措施、新产品开发、技术引进、重大投资项目或其他举足轻重的关键项目，必须经过运用价值工程分析、评价才能上报立项，否则，上级应不予审批。外协、外包项目的合同中也应尽量有价值工程条款。这样，就使价值工程的应用、推广从组织上和制度上得到了有力的保证。

三、价值工程的成果鉴定及评价

（一）成果鉴定

提案实施后，要全面总结价值工程活动的成果，将取得的实际效果从技术、经济、社会等方面做出科学的鉴定。成果鉴定工作应由本单位的领导层组织有关业务部门，按成果性质要求组成专家鉴定小组，对成果进行科学的、严格的鉴定、验收，并做好成果登记、整理、建档等日常业务工作。

（二）成果总评

提案经过实施、鉴定及验收后还不能立即计算成果，要在方案实施结束后，经过一个时期的实际使用，才能评定方案所取得的真正成果。成果评价的项目和内容同样包括技术、经济和社会3个方面。

1. 技术水平评价

通过各项功能、寿命、可靠性、安全性、操作性、维修性、系统内外协调性等方面评价新方案比原方案在技术方面有何提高。

2. 经济效果评价

通过一些经济指标，如利润总额、成本降低率、全年净节约额、节约倍数以及价值工程效率等指标具体检验评价。

$$\text{成本降低率}=\frac{\text{价值工程前的成本费用}-\text{价值工程后的成本费用}}{\text{价值工程前的成本费用}}\times 100\%$$

$$\text{全年净节约额}=\text{价值工程后单位成本降低额}\times\text{年产量}-\text{价值工程活动费}$$

$$\text{年节约倍数}=\frac{\text{全年净节约额}}{\text{价值工程活动费}}$$

节约倍数越大，效果越好。通常节约倍数在 10～20 倍以上，若小于 10 倍，则效果不理想。

3. 社会效果评价

可以从是否填补了国内外科学技术或品种发展空白；是否满足了国民经济或国防建设的重点需要；是否节约了贵重稀缺物资；是否节约了能源；是否防止或减少了环境污染等多方面来评价提案的社会效果。

（三）工作总结与奖励

方案实施之后，肯定会有好的经验，但也会存在一定的问题。事物总是在不断认识、不断实践、不断总结和不断完善的过程中发展，价值工程活动也不例外。

【案例讨论】老特拉福德球场

作为世界上最知名的球队曼联俱乐部的主场，老特拉福德这个名字已经不仅仅是一个球场，更是无数球迷心目中的一个“圣地”。老特拉福德除了是曼联俱乐部的主场外，旅游业也为它带来了滚滚财源。在没有比赛和训练的日子中，球迷可以进球场看看那片神圣的草地，也可以到球场的博物馆中回顾一下曼联的光辉历史，也可以到纪念品店中买上一件球衣、或是印着曼联标志的各种纪念品。最后，玩累了的游客可以在球场旁的咖啡馆中喝上一杯，说不定会有服务员告诉你：“你的座位小贝曾经坐过。”

老特拉福德球场能依靠旅游业赢利，其中主要是靠着曼联的名气。但如果老特拉福德球场只是一座光秃秃的座落在曼城近郊的球场，也未必能吸引如此多的游客。如何更好地开发和利用名牌效应，英国人在这方面还是很有一套的。

在球场方圆两三公里之内，所有的建筑物、广告牌都漆成了鲜红色，这让球迷还没看到球场，就已经陷入了“红魔”的狂热气氛之中。一路上的餐厅和咖啡馆中，你都能看到曼联球员的照片和签名。更有甚者，还有人摆出了真人大小的球员雕像在路边，一不留神，游客就会在路的拐角和“小贝”撞个满怀。而在曼联俱乐部的专卖店内，还有英国人最擅长做的“蜡像”，看不到偶像的球迷不必失望，和蜡像合个影也算是到此一游了。当然，这一切都是收费的，一个印有曼联标志的咖啡杯就能卖到上百元人民币，而要在曼联的 10 号球衣上印上阁下的名字，同样也是这个价钱。虽然价钱有点贵，但在这种气氛之下，球迷们还是会乐意掏钱的，因为这些纪念品，出了球场就再也找不到了。

老特拉福德球场的名气不是所有的场馆都能克隆的。但是，在经营上老特拉福德球场处处突出自己、宣扬自己“独此一家”的思路，还是颇值得其他场馆参考的。

问题讨论：根据老特拉福德球场的运营思路，按照价值工程工作计划的各个阶段，选择一个国内的职业球队球场进行价值工程活动分析。

本章小结

1. 价值工程工作计划与其他用来解决日常工程问题方法的主要区别在于：第一，功能分析；第二，通过创新努力研究出许多设计代替方案；第三，不降低必要性能的原则；第四，给每一个功能分摊成本。在许多解决问题的技术中，只有价值工程方法要求在应用创新思维技术之后进行功能分析。价值工程工作计划的每一步程序步骤（也称作“阶段”）都包含有多项任务。价值工程的艺术在于应用多项技术并使其相得益彰去完成多项任务。而控制流线的正是工作计划。

2. 选择价值工程研究项目时一般应遵循以下两条原则：一是优先考虑企业生产经营上迫切要求改进的主要服务项目，或是对国计民生有重大影响的项目；二是对企业经济效益影响大的服务产品（或项目）。具体应该选择顾客意见多、效益差、竞争力差、成本高、并且改进潜力大的服务项目作为价值工程的研究项目。

3. 顾客购买项目或服务正是因为在他所能接受的成本下享受所提供的某种功能。如果有些东西并没有实现预期功能，它对顾客来说就是无用的，减少成本也无法提高它的价值。那些牺牲项目必要功能的举动实际上减少了它对顾客的价值。另一方面，除了必须功能之外的功能，对顾客来说几乎没有什么价值。所以，任何无法实现必须效用的功能都是不能接受的，而多余的功能又是不必要和浪费的。为了实现最大价值，就要仔细定义功能，这样它们所涉及的成本才能确定，并能合理地安排。

4. 方案创新即创造新方案，就是从改善价值出发，针对应改进的具体目标，依据已建立的功能系统图和功能目标成本，通过创造性的思维活动，提出实现功能的各种各样的改进方案。价值工程中的方案创新阶段，需要引入创造学的原理，运用创造工程的方法，构思实现功能的新方案，使价值工程活动取得成功。

5. 价值工程工作计划中评估阶段的目标是分析创新阶段的讨论结果，回顾各种替代方案，从而选出最佳方案；价值工程工作计划中的开发阶段的目标是收集数据，彻底地分析评估阶段中选出的那些最佳替代方案，并准备成本估算和最初设计以保证其被接受和最终项目的可实施性；价值工程工作计划中展示阶段的目标是，以一种令人信服的方式给决策者推荐选择方案，最终让他们接受这些方案。决策者是那些最终通过价值工程小组推荐方案的人；价值工程工作计划的执行阶段的任务是确保通过认证的提议被迅速地和恰当地转化成实际行动，来达成预先提出的成本节省和项目改善；价值工程工作计划中的审查阶段的任务是确保预期结果被实现，正确地记录和报告。

6. 价值工程既然是有组织的集体设计活动，它与企业内部各部门有着密切的联系，因此，必须建立一套完整的组织体系，将企业各方面的力量组织起来，协调各部门间的纵横关系，才能完成价值工程活动计划。可以这么说，强有力的领导、周密的组织和管理是保证价值工程活动计划的顺利实施，并取得成效的前提条件。

思考与练习

1. 价值工程项目选择的一般原则是什么？有哪些方法？
2. 价值工程进行信息收集的内容有哪些？
3. 如何进行价值工程方案创新？

主要参考文献

1. 谭浩邦．产业价值工程［M］．广州：暨南大学出版社，1999

2. Technical Section Engineering Division, Division of Highways, West Virginia Department of Transportation, WVDOH OFFICE SERVICES DIVISION, January 1, 2004

第四章　功能分析

【本章提要】主要介绍功能分析的涵义和作用；功能定义的目的和作用；重点介绍功能整理的方法——*FAST* 图；并介绍了功能计量、功能评价的相关方法。

第一节　功能系统分析的涵义与作用

从功能入手系统地研究、分析产品及劳务，这是价值工程的主要特征和方法的核心。通过功能系统分析，加深对分析对象的理解，明确对象功能的性质和相互关系，从而调整功能结构，使功能结构平衡、功能水平合理。价值工程的主要目的就是要在功能系统分析的基础上，探索功能要求，通过创新获得以最低成本可靠地实现这些功能的手段和方法，提高对象的价值。

一、功能系统分析的涵义

功能分析就是对价值工程对象的功能系统进行剖析，逐个分析、认识、研究其各个局部功能，并且研究其各局部功能之间的联系，以及局部功能与整体功能之间的联系，从而准确把握对象的功能系统，为对象的价值创新奠定基础。它的内容包括：功能定义、功能分类、功能整理和功能计量 4 个部分。

功能系统分析是价值工程活动的中心环节，它通过分析对象情报，用几种不同词组简明、正确地表达对象的功能，明确功能特性要求，并绘制功能系统图，以及将功能量化。

功能系统分析对于研究、开发中的对象可称为功能设计。此时尚未有对象的实体，但却可预先确定它应具备的功能。然后，根据这些功能要求和约束条件去构思、设计实现功能的方法。

在进行功能系统分析时，首先，要从分析总体功能开始；然后，再分析为实现总体功能而设置的功能子系统；最后，分析构成各功能子系统的单元。

二、功能系统分析的作用

功能分析的主要目的是通过简化项目的设计、流程、实施、计划或进度去降低其制造和使用成本，进而给予顾客更高的价值。功能系统分析具有 3 个方面的作用：

（一）明确用户的功能要求

用户购买商品是为了购买它的功能，因此，功能系统分析首先是从根本上搞清商品应具备的功能类别、功能内容和功能水平。

（二）转向对功能的研究

对功能系统进行分析，将传统的产品结构研究转移到对功能的分析研究上来。

（三）可靠地实现必要功能

通过功能系统分析，找出功能之间的逻辑关系，初步区分哪些是必要功能，哪些是过剩功能，哪些是不足功能，从而为改善功能结构及谋求可靠地实现必要功能提供依据。

第二节　功能定义

价值工程要求对价值工程对象的功能逐一给出定义。把产品的物理特性分解、组合，逐项转换成各功能特征，以明确产品的本质，并为后继的功能整理、功能评价和创新方案等步骤奠定基础。

一、功能定义的目的

（一）揭示产品本质

产品的本质是功能，通过功能定义，将隐藏在产品结构背后的本质——功能揭示出来。

（二）便于功能评价

只有明确了对象所承担的功能，才有可能准确地对功能进行评价。

（三）开阔创新思路

围绕着用户要求的功能进行本质的思考，把各种结构要素看成实现某种特定功能的具体手段，才能在开拓创新方案阶段有效地制订出价值高的替代方案。

二、功能定义的对象

功能定义的对象既可以是产品或劳务，也可以是它们的组成部分，进行功能定义时，既要对产品或劳务的总体下定义，也要对各组成部分下定义。

三、功能定义的方法

鉴别和定义某部分的功能通常会使用许多句子来描述。虽然这样能使功能描述更令人信服和满意，但不够简练，对价值工程方法来说可操作性不够。在价值工程中，最好用两个词来表达功能：1 个动词 +1 个名词。

动词定义了所需的动作（如产生、支持、控制、限制、注入、保护、传输等）。

名词描述了动作实施的对象（电流、负荷、温度、压力、液体、表面、声音等）。这个名词必须是可测量的，或者至少能用可测量的术语来理解。因为当成本与功能相关时，在评估过程中，该名词就会有明确的价值。比如，路边供水线的功能可能被定义为“提供服务”。这种服务不能被测量，所以我们无法找到合适的替代方案。另一方面，如果我们将它的功能定义为“传输水”，这里的名词是可测量的，并且替代方案就能依据被传输的水量来确定。

这种用 1 个动词和 1 个名词来定义功能的方法被认为是两个词的缩写。这种缩写表明了一个相对完整的概述。这样的好处在于：（1）更为简练；（2）避免了合并功能或一次定义多个简单功能。

在价值工程中，关于用多少词汇来定义功能还存在着一些分歧。两词定义法对于人们来说没有困难，并最终能提供清晰的功能定义。但是，如果团队成员使用形容词、分词或者名词能使人们更好地理解功能。

四、功能定义的要求

对功能下定义时，必须简明准确、便于测定、适当抽象和一一对应，还应注意系统而全面地反映对象（及其组成要素）所具有的全部功能。

对功能下定义时，切忌只注意某些主要功能，忽略了次要功能，或只注意子系统的功能，而忽略了与系统总功能间的关系，或只注意表层功能而忽略了潜在的深层次的功能。否则，将导致功能评价、功能创新等后继步骤的失误。

（一）逐项下定义

（二）抓住功能本质

（三）简明贴切

（四）定量化

功能定义中的名词部分，如能用可测量（计量）的名词，则应尽量采用可测量（计量）名词。

（五）适当抽象

（六）全面系统

第三节　功能分类

一、识别功能

（一）识别功能是不能限制其表现形式。比如，思考在设备上固定一个标示牌。这项功能应该是“标注设备”，而不是太详细的说明“旋紧标牌”。因为用螺丝刀固定标牌只是众多方法中的一种。标牌还可以用铆钉固定、焊接、悬挂、粘合、金属线固定等。此外，名字可以蚀刻、印刷或印在设备上，这样就完全排除了金属标牌的需要。

（二）功能识别应该考虑其如何使用而不只是它是什么。比如，电线的功能是“传导电流”、“固定零件”或者“传输外力”，这都取决于设计者的意图。一个护拦的功能可能是“阻止外力”、“转换外力”、“吸收外力”、“改道交通”或者“保证驾驶者”。

（三）用最大范围的条目来识别功能可以提供价值提升的最大潜力，因为这样可以为创造性地设计替代方案提供更大的空间。进一步说，这样会胜过预想的那些实现功能的方法。

二、功能分类

在功能系统分析技术图中，通常需要考虑4种功能：基本功能（Basic Function）、辅助功能（Secondary Function）、设计功能（Design Function）、持久功能（All - the - Time Function）。

（一）基本功能

产品必须表现的性能特征。它反映了项目或系统存在的主要理由。以螺丝刀为例，它的功能通常是传递扭矩，但未必是基本功能。比如，如果用它来撬开油漆罐，功能就是传递线性力量而非扭转力量。所以，如果要定义适当的基本功能就必须清晰地了解客户的需求。

一个项目可能拥有不止一种基本功能。比如有一种露营者的手斧，钝的一端可以用来给帐篷打桩，而锋利的一端可以用来劈柴。基本功能就回答了“什么是它必须做的”这一问题。

基本功能的5个特征。

1. 一旦确定，基本功能不能改变。
2. 基本功能与项目的需求和目标直接相关。
3. 针对基本功能的成本通常是项目总成本的一个组成部分。
4. 基本功能不能单独出售，但是作为辅助基本功能的其他辅助功能必须要满足基本功能的需要。
5. 基本功能的下降将会造成价值损失。

（二）辅助功能

一个项目或系统除了基本功能外的其他性能特征。它回答了“该产品还有什么其他作用”的问题。外墙涂料的基本功能是“保护表面”。而辅助功能就是“改善外观”。辅助功能是为了保证基本功能发挥作用而设计的。辅助功能的实现依赖于实现项目基本功能的方法，如果方法变了，那么辅助功能就可能更改了。

（三）设计功能

具有支持基本功能和辅助功能的特质。是产品、流程、系统、服务以及设施等设计中的成本动因，但对基本功能和辅助功能来说可能不是必须的。具有便利的特质，能使项目更奏效、更畅销、更好看或使产品、流程、设施或系统的耐用度增加。

(四)持久功能

支持基本功能和辅助功能，在设计产品、流程、系统、设施时以客户为导向，必须在项目推向市场之前考虑。是产品、流程、系统、服务、设施的必要条件，必须提前考虑并始终考虑。

第四节 功能整理

功能整理是用系统的观点将已经定义了的功能加以系统化，找出各局部功能相互之间的逻辑关系，并用图表形式明确产品的功能系统。图 4 - 1 是功能系统图的一般模式。

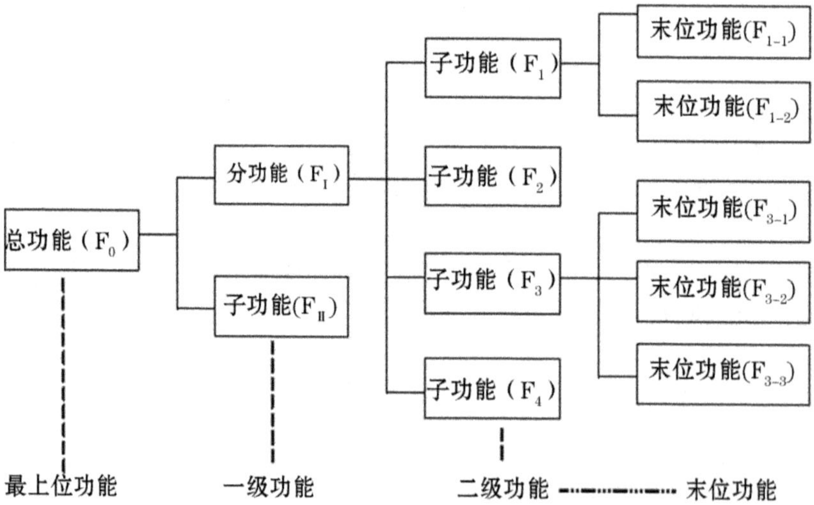

图 4 - 1 功能系统图的一般模式

一、功能整理的目的

一个产品或服务一般是由许多互相关联的要素组成的。这些功能之间必定有某些内在的联系。通过功能整理，就可从大量的功能中区分出它们之间的层次和归属关系，搞清它们是如何组成与产品结构相应的体系来实现产品的总功能的。进而整理出一个与产品结构（或要素）相应的功能系统来，为功能评价和构思方案提供依据。

二、功能整理的逻辑体系

产品的各组成要素互相联系、互相制约，构成产品的结构系统。而组成要素各自的功能也相互联系、相互制约，构成产品的功能系统。这就是说，产品的各个组成要素的功能，彼此之间应当存在“目的”与“手段”的逻辑关系。作为目的的功能称为上位功能，作为手段的功能称为下位功能。在较复杂的产品系统中，往往要有两个或更多的手段功能共同实现某一目的功能，这时，除了存在目的——手段关系（即上下位关系）之外，还有功能并列的现象。

四、功能整理的方法

（一）FAST图的涵义

功能整理的基本方法是运用FAST法（即功能分析系统技术）来绘制功能系统图。功能系统图由明确了相互关系的功能有规律地排列而成，它能清楚地反映出产品的设计构思和功能之间的逻辑关系，是产品的功能图纸。绘出功能系统图之后，各功能间的主从地位和相互关系以及功能范围就可一目了然，便于研究如何按功能区域合理地分配成本和创新。

FAST图是Charles W. Bythway在1964年开发出，并在1965年美国SAVE年会上发表的功能系统分析技术图，简称FAST图。

FAST图是反映某一价值工程对象/项目的各项功能之间相互关系的图示。它能展现功能系统的层次；反映各项功能之间的目的、手段关系（为什么？怎么办?）和时间顺序关系（什么时候?）；确定实现该对象/项目的关键路径。

（二）功能整理和绘制FAST图的目的与作用

摆脱以实体为中心的研究、实行以功能为中心的研究是价值工程的精髓，但是对事物功能的研究不能停留在对个别单项功能的研究上，必须着眼于事物的总体功能和功能系统的研究，才能把握事物的总体和全貌，才能据以进行方案创新。为此就必须进行功能整理和绘制FAST图。

功能整理和绘制FAST图的总体目的就在于把握事物的功能系统，据以进行方案创新。对于这一总体目的，我们可以再进一步分解为以下几个具体目的加以说明，同时分析它的作用。

1. 以图形方式展现出各功能之间的逻辑关系，便于人们直观地认清并准确把握价值工程对象应有的功能系统，便于人们考察分析对象现实功能系统中存在的问题，进而为解决这些问题打下基础。这一独特方法在图表或模型中以图形的方式展现出各功能之间的逻辑关系，从而使人们可以直观地考察这些关系。FAST图帮助人们更好地理解产品、流程、服务。能在整体系统的基础上研究问题，并充分考虑内部的逻辑关系。

2. 帮助人们轻松地定义、修改、扩展或缩小问题研究的范围。帮助人们客观地看待问题。有助于说服决策者接受改进结果。检验所研究功能的合理性；可作为成本模型来使用；反映各功能与其他功能间的具体联系；保证功能之间按正确的关系表示；对功能进行较好的分类；提高发掘出所有功能的可能性。

3. 帮助人们识别功能系统中各项功能的分类，识别哪些是基本功能，哪些是辅助功能，识别他们之间的上位、下位；目的、手段关系；识别功能系统中的关键路径。

4. 确认对象现实功能系统中的必要功能；发现和消除不必要功能；发现并补充不足

功能。例如在功能系统中没有明确目的的功能可能是不必要功能；没有实现手段的功能可能是不足功能。帮助人们发现重复的功能、简化功能清单，合并一些可以合并的功能，促成项目团队就各种功能达成一致意见。

5. 当方案创新初步考虑了对象需要改进的功能时，通过 FAST 图就可以明确拟改进功能的等级和功能区域，从而估计改进方案的价值大小。

6. FAST 图能够生动准确地表达对象/项目的功能系统，从而有助于帮助价值工程或项目团队全体成员对功能系统统一认识，而团队成员的统一认识是价值工程取得成果的根本保证。

(三) FAST 图的主要组成

1. 经典的 FAST 模型

以"怎么做——为什么"的逻辑关系来展示各个功能间的相互关系。这个模型是由 Charles Bytheway 构建的。(图 4－2)

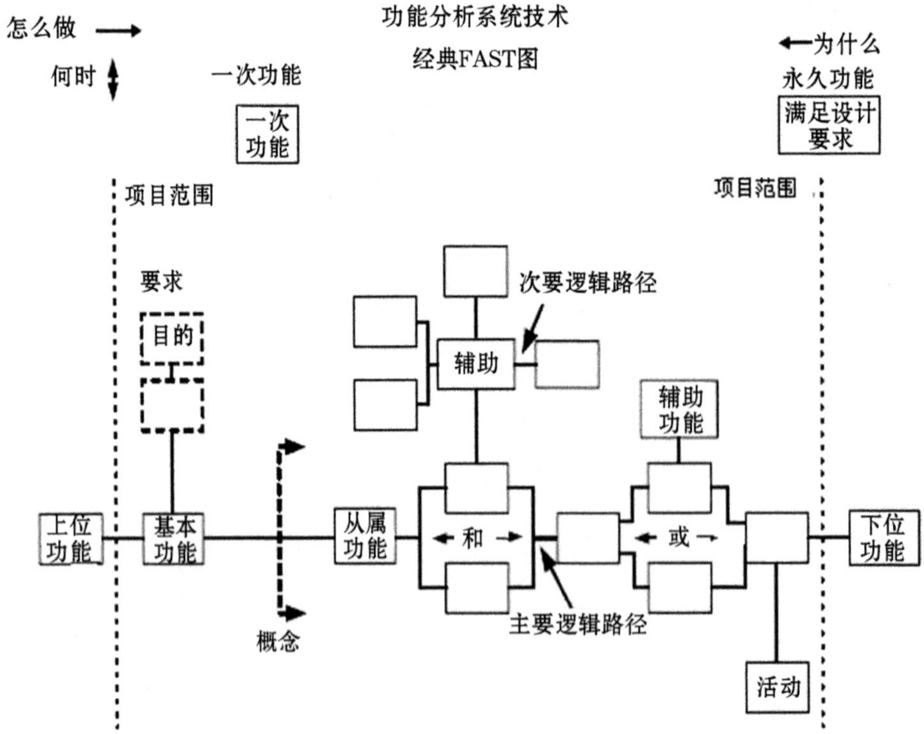

图 4－2 经典 FAST 图

2. 分级功能模型

垂直的功能树图。在一个面向用户功能的分支中包括最近的一些活动，如确保便利、确保可靠、确保安全和吸引用户等。(图 4－3)

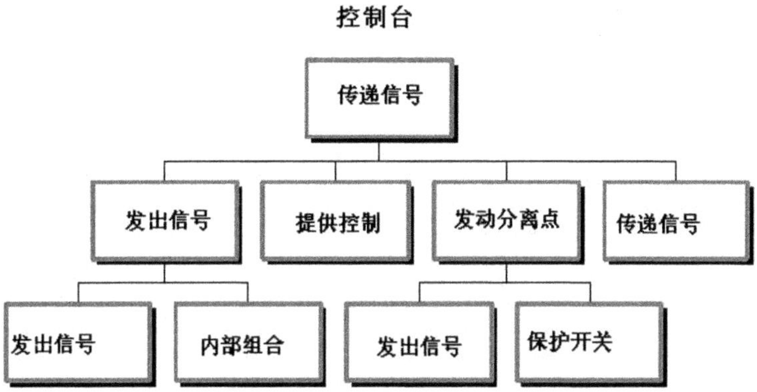

图 4-3 分级功能模型

3. 技术的 FAST 模型

由 Ruggles 构建的，对传统的 FAST 模型进行了较小的变动，此模型加入了分离和展示支持功能的概念，例如“一次功能”和“永久功能”。技术的 FAST 模型也将影响怎样履行功能的关键项目标准包括在内。（图 4-4）

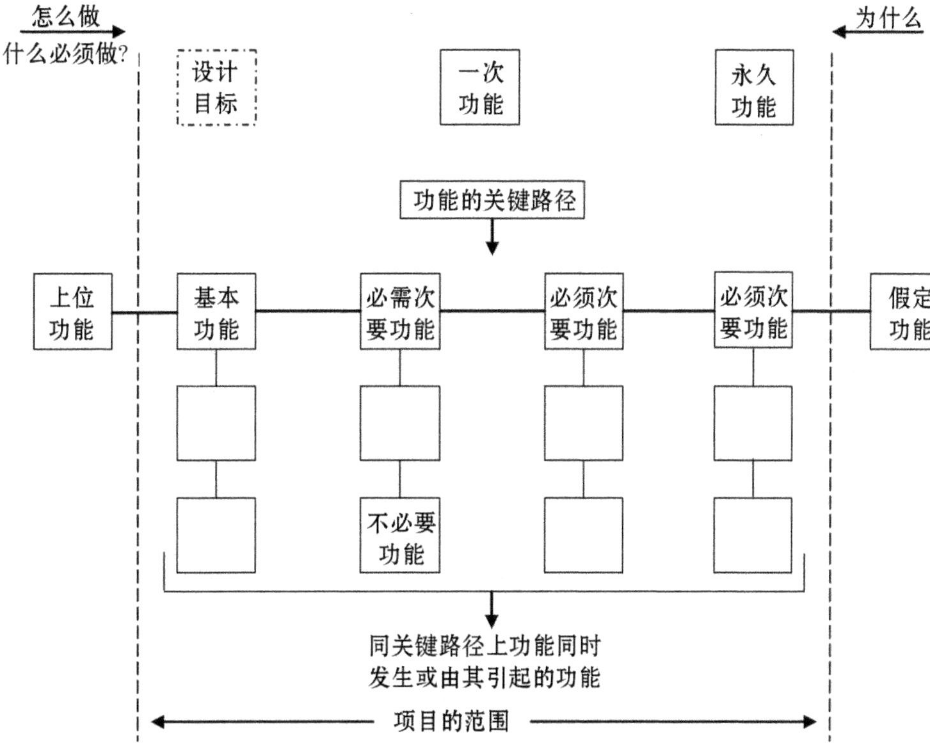

图 4-4 技术的 FAST 图

4. 面向顾客的 FAST 模型

这一对 FSAT 图的变更是由 Thomas Snodgrass 和 Theodore Fowler 提出的，它更好地反

应了功能分析工程中决定价值的是顾客。面向顾客的 FAST 添加了以下功能：吸引用户、满足用户、确保可靠性和确保便利。支持这些顾客功能的项目功能是通过使用"怎么做——为什么"的逻辑确定的。(图 4-5)

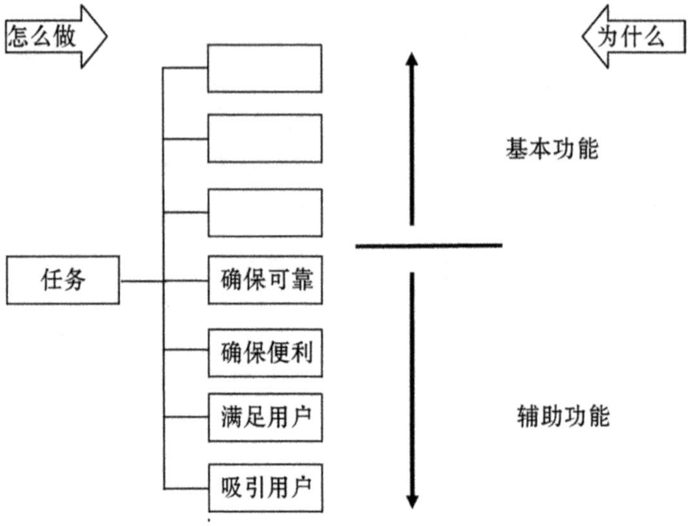

图 4-5 面向顾客的 FAST 模型

（四）FAST 图的制作

1. 提问过程——系统地询问怎么做（向右移）、为什么（向左移）以及什么时候（向下移）。

2. 主逻辑路线上的一系列功能，从左到右的排列回答问题："怎样做可以实现其左面紧挨着的功能?"

3. 从右到左的排列回答问题："实现其右面紧挨着的功能的目的是什么?"

4. 与关键路线上的功能同时发生或由其引发的功能，位于关键路线上的功能的正下方。

5. 排列功能。

6. 将上位功能放在左分界线的左边。

7. 将下位功能放在右分界线的右边。

8. 将设计功能放在左上方。

9. 持续功能（永久功能）放在右上方。

第五节 功能计量

一、功能计量的涵义

在通过功能定义和功能整理对功能进行定性分析之后，还要进一步将功能量化，这就是功能计量。功能计量的范围包括对总体功能和各级功能（直至末位功能）的量化。

对功能量化时，可利用功能系统图作为工具，依据目的——手段的逻辑关系，以对象总体功能的定量指标（或指标群）为出发点，由左到右地逐级测算、分析，定出各级功能程度的数量指标。

二、功能计量的程序及内容

在功能计量时，首先，应按使用者的功能要求（含质与量两方面），确定对象总体功能（即最上位目的功能）的数量标准（很可能不止一个），并测算其现有功能数值；然后，按功能系统图的层次，依次确定各级分功能、子功能（即各级手段功能）的数量标准。（图4－6）

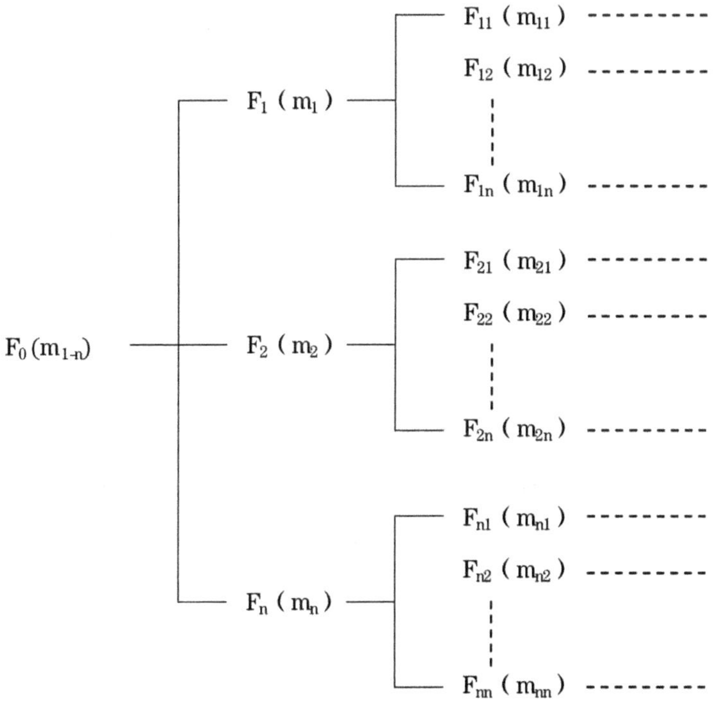

图4－6　量化功能系统图的一般模式

三、功能计量与功能系统分析的关系

功能计量是功能系统分析中操作性很强的重要内容。功能系统分析通过功能定义、功能整理、功能计量这3个紧密衔接、有机结合环节的运行，逐一弄清功能对象的性质、关系和数量要求。这3者的作用和相互关系见图4－7。

分析步骤	分析目的	分析类别	回答问题
功能定义	项目的功能本质	功能单元的定性分析	它的功能是什么
↓	↓	↓	↓
功能整理	功能之间的相互关系	功能相互关系的定性分析	它的目的（或手段）是什么?
↓	↓	↓	↓
功能计量	必要功能的标准值	单元功能的量化	它的功能是多少?

图 4－7　功能系统分析的构成

第六节　功能评价与功能目标成本

经过功能分析，明确了分析对象所具有的功能之后，紧接着就要定量地确定功能的目前成本是多少，功能的目标成本是多少，功能的价值是多少，改进目标是什么，改进幅度有多大等等。这些问题都要通过功能评价来解决。

一、功能评价的内容与程序

（一）功能评价的内容和目的

功能评价包括研究项目的价值评价和成本评价两方面的内容。价值评价着重计算、分析，研究项目的成本与功能间的关系是否协调、平衡，评算功能价值的高低，评定需要改进的具体对象。功能价值的一般计算公式与价值工程的基本公式相同。当计算单位用金额时，可用下面公式计算价值：

$$V_i = F_i / C_i$$

式中：F_i——项目的功能评价值（元）

C_i——项目的目前成本（元）

V_i——项目的价值（系数）

当计算单位用百分数（%）时，则用下面公式计算价值

$$VI_i = FI_i / CI_i$$

式中：FI_i——项目的功能指数（%）

CI_i——项目的目前成本指数（%）

VI_i——项目的价值指数

成本评价是计算对象的目前成本和目标成本，分析、测算成本降低期望值，排列改进对象的优先序。成本评价的计算公式如下：

$$\triangle C = C - C'$$

式中：C'——项目的目标成本（元）

C——项目的目前成本（元）

△C——成本降低期望值（元）

功能评价值是指“可靠地”实现用户功能要求的最低成本。这里强调“可靠”二字，意味着这个“最低成本”是以能够“可靠地”实现用户的功能为前提的，而不是撇开功能要求，片面追求成本最低。据此，可以将功能评价值理解为，在比较广泛的范围内（比如在全行业内）有希望达到的实现该功能的最低成本。

在计算得到的功能评价值的基础上，还要根据企业的现实条件，如生产、技术、经营、管理的水平和条件，以及市场情况、用户要求等，具体分析、研究、制订本次价值工程活动的成本目标值，即确定对象的功能目标成本。

（二）功能评价对象的形式及评价程序

功能评价对象可以有两种不同形式，一种直接以功能载体为评价对象。另一种是以功能区（如具体功能、分功能、子功能等）为评价对象。

功能评价的程序见图4－8。

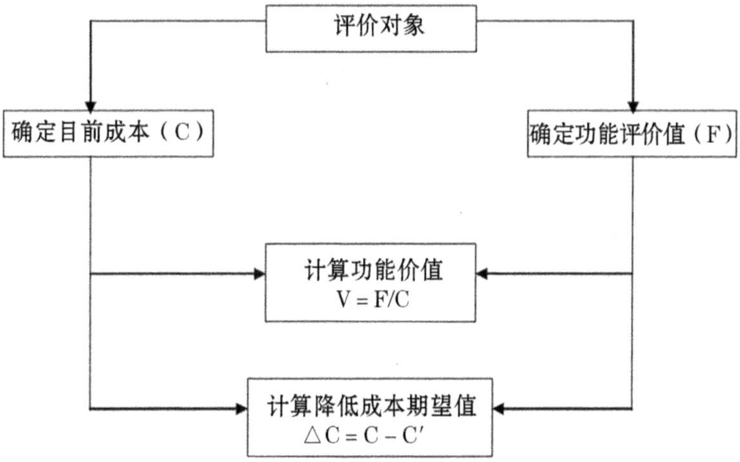

图4－8 功能评价的程序

二、功能评价的基本方法

功能评价的方法可分为两大类：即功能成本法与功能指数法。前者直接评价功能的货币量，用金额表达功能的量值，故又称为绝对值法。后者用评分值表达功能的量值，用功能指数反映在总体功能中的比重，以此描述功能的重要程度、复杂程度或用户的需求强度。功能指数法又称为相对值法，介于两者之间的有基点系数法。

（一）功能成本法

1. 功能成本的概念

功能成本法是通过一定的技法推算，测定实现应有功能所必须消耗的最低成本，同时计算为实现原有功能所耗费的目前成本，经过分析、对比，求得对象的价值系数和成本降低期望值，确定价值工程的改进对象。功能成本法在计算时沿用价值工程的基本公式 V = F/C，此时式中的 F 是指实现对象应有功能的最低成本，即功能评价值。式中的 C 是指实现对象原有功能的目前成本，即功能目前成本。两者的比值 V 称为价值系数，即：

$$价值系数（V） = \frac{功能评价值（F）}{功能目前成本（C）}$$

2. 功能目前成本的求算

传统的成本计算都是以具体的产品（及工程、劳务等，下同）或其零部件（及工序、作业等，下同）为单位进行的，而价值工程则要求以功能（含子系统的功能区，下同）为对象进行计算。功能不是一个实物结构，而是一种满足使用要求的属性。计算功能成本需要将产品（或零部件）的目前成本换算成功能的目前成本。进行这种计算的转换必须遵循一定的原则和方法。

例 1：某健身服务产品有 A、B、C、D 等 4 个分项目，产品共有 5 项功能，4 个分项目所对应的功能区及它们的目前成本已知。今按历史资料类推，估算出实现各项功能的困难程度的比值，据此进行成本分摊及换算。（表 4 – 1）

表 4 – 1　功能成本换算（单位：元）

项目名称	分项目目前成本	功能区域				
		F1	F2	F3	F4	F5
A	10		10			
B	45	25	10			10
C	15		5	5	5	
D	30	5		15	10	
合计	$C_0 = 100$	$C_1 = 30$	$C_2 = 25$	$C_3 = 20$	$C_4 = 15$	$C_5 = 10$

表中 C 是产品目前成本，C_1、C_2、C_3、C_4、C_5 分别是功能 F_1、F_2、F_3、F_4、F_5 的功能目前成本。

3. 功能评价的求算

在功能成本法中，常用的功能评价值求算方法有方案估算法、实际价值标准法、实际统计值评价法等。

（1）方案估算法

方案估算法是由一些有经验的行家根据预先收集到的技术、经济情报，先初步构思出几个能实现预定功能的设想方案，并大致估算实现这些方案所需要的成本。经过对比，以其中最低的成本作为功能评价值。

（2）实际价值标准法

实际价值标准法是根据对同类产品的调查结果，从中选取成本最低者作为制订功能评价值的基准，这个基准就称为实际价值标准。利用这个预先制订的成本基准，就能够求出不同功能程度的产品的功能评价值。

（3）实际统计值评价法

在价值工程中，实际统计值评价法是依靠大量的统计资料，算出历史上同类产品功能成本结构的一般比例关系，利用这个比例关系，预测产品的功能评价值的一种评价方法。首先在统计分类时，先根据功能系统图将功能全部成本分为基本功能的成本 F_b、必要辅助功能的成本 F_s 和不必要的辅助功能成本 F_u（图 4－9），再从过去大量的实际资料中按产品的品种、特性，分类统计求出必要的辅助功能与基本功能成本的一般比例关系。

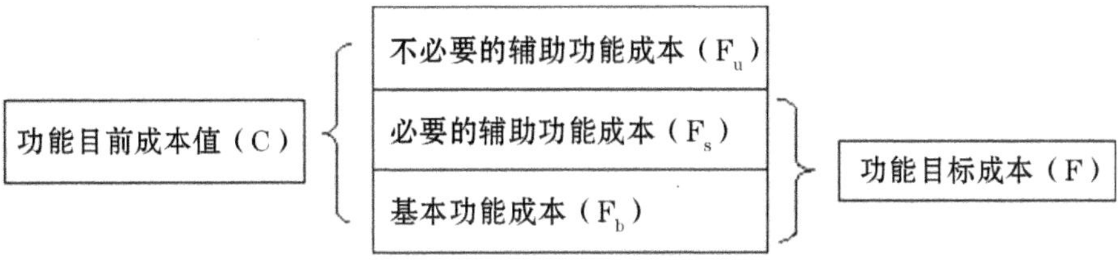

图 4－9　功能成本的构成

$$R = F_s / F_b$$

剔除原有的不必要的辅助功能成本之后，功能的目标成本 F 应等于必要的辅助功能成本与基本功能成本之和，即：

$$F = F_s + F_b = F_b \times (1 + R)$$

在进行同类产品的功能评价时，只需先根据功能系统图评定基本功能的必要成本，就能运用 R 值算出产品的功能评价值（F）。

（二）功能指数法

1. 功能指数法的概念

功能指数是指子系统功能在总体功能中所占的比重（比率），又称功能评价系数。功能指数法（又称功能评价系数法或相对值法）是通过评定总体功能中各对象功能重要程度（或按用户需求强度），用功能分值来表示功能程度的大小，经过归一化后得到功能指数。将评价对象的功能指数与相对应的成本指数（目前成本在总体成本中占的比率）对比，算出该评价对象的价值指数，确定改进对象，并推算该对象的目标成本。功能指数法计算价值指数的公式可从价值工程的基本公式转化而成，即：

$$\text{价值指数}（VI_I）=\frac{\text{功能指数}（FI_i）}{\text{成本指数}（CI_i）}$$

功能指数法之所以用分值来表达功能的程度大小，是为了使系统内部的功能与成本之间具有可比性。由于对象功能水平与成本水平都用它们的总体中所占的比重（比率）表示，就能方便地用上述公式定量地表达其价值大小。此时，价值指数就是评定对象功能价值的指标。

2. 成本指数的求算

在功能指数法中，成本指数可用下式求算：

$$\text{对象 i 的成本指数}（CI_i）=\frac{\text{对象的功能目前成本}（Ci）}{\text{全部评价对象的功能目前成本}（\sum C_i）}$$

功能目前成本反映的是评价对象的功能成本现状的水平，不是反映应有的成本水平，而上述的功能指数则是反映应有的、未来的状况和水平，两种指数计算的角度截然不同。

3. 功能指数的求算

求算功能指数是一个定性与定量结合的分析、测算过程，关键在于正确评定功能分值，一般情况下，可先按功能重要度（或含用户的需求强度）评分，再根据实际情况及功能实现难度适当修正。

评算功能指数（或功能重要度系数）的方法有多种，目前常用的方法有：多比例评分法、环比评分法、分功能加权评分法、功能系统评分法等。

（1）多比例评分法

多比例评分法可以说是强制确定法的延伸。它在对比评分时按 0 ∶ 10、1 ∶ 9、2 ∶ 8、3 ∶ 7、4 ∶ 6、5 ∶ 5 这 6 种比例评定功能重要度。（表 4－2）

表 4－2　多比例评分法

评分对象	A	B	C	D	功能得分（S_i）	功能重要度系数（FI_i）
A	×	8	9	10	27	0.45
B	2	×	9	10	21	0.35
C	1	1	×	6	8	0.13
D	0	0	4	×	4	0.07
合计					60	1.00

（2）环比评分法

环比评分法又称 DARE 法，是按评价项目的重要性差异程度灵活地评定各功能（或零部件）间之比值，从而算出功能的重要度系数，求算功能评价值的一种定量方法。（表 4－3）

表 4－3　用环比评分求算功能重要度系数

评价对象（功能或零件）	重要度比值	修正后的重要度对比值	功能重要度系数（FI_i）
A	1.5	2.25	0.290
B	0.5	1.50	0.194
C	3.0	3.00	0.387
D		1.00	0.129
合计		7.75	1.000

环比评分法适用于各评价对象之间有明显可比关系，能直接对比，并能准确地评定功能重要度比值的对象。对于结构比较复杂、评价项目较多、又难以直接定量评分的对象，运用此法进行两两对比评分较为适宜。它能根据各对象的功能重要度的实际情况，灵活打

分，拉开差距，使功能指数能正确地反映出对象功能间的差异。

（3）分功能加权评分法

分功能加权评分法是在考虑各功能对象权重因素的基础上，对各功能区进行评价，从而计算出功能指数的技术方法。在运用加权评分法求算时，往往先用 FD 法等，按预先划分的功能区计算出各评价对象的重要度比率，以此作为权数，进行加权计算，最后算出各功能区的功能重要度系数。

（4）功能系统评分法

功能系统评分法是以功能系统图为依托，分系统、分层次地评分，然后再汇总计算。这种方法的特点是每次只对功能图中直属于同一上位功能（目的功能）的同一层次的各下位功能评分。根据功能系统图的网络及层次。由上而下（或由左而右）依次逐级进行评分。先评出每一个子功能或分功能初始分值，再分别加权计算及归一化处理（化成百分数），最后得到它们的功能重要度系数。

$$\text{功能重要度系数}（FI_i）=\frac{\text{功能分值}（A_{ij}）}{\text{总体功能分值}（\sum A_{ij}）}$$

各级子系统的功能重要度系数有效地反映它们在实现总体功能（即最上位功能）中所具有的重要程度或贡献度的大小。直接上位功能作用大的就评分高，作用小的就评分低。使用功能系统评分法必须先作好以功能定义为基础的功能系统图。评定各组功能权数时可用 FD 法进行。此时，在计算价值指数中，成本指数也要按同一功能系统图进行计算。

（三）功能价值的计算分析

计算与分析功能的价值，目的在于揭示功能与成本的内在联系，分析目前功能是否过剩（或不足），目前成本是否偏高（或偏低），从而确定该对象的改善方向及是否列为改进的重点。通过分析、计算，还能大致预测改进的幅度，以研究采取相应的措施或创新。

1. 功能成本法中功能价值的计算与分析

功能成本法以金额形式表达各评价对象的功能评价值以及其功能目前成本，在此基础上进一步计算评价对象的价值（系数），分析、确定改进对象和预测改进幅度。

当 $V_i=1$ 时，功能评价值等于功能目前成本，表明对象 i 的功能目前成本与实现该对象功能所必须的最低成本大致相当，即目前投入的功能成本与应消耗的功能成本一致，此时对象 i 的价值（系数）最佳。在系统的总成本不变的情况下，可保持该对象功能与成本的现状。如果系统的总体成本变动较大，就要将该对象（i）列为改进对象。

当 $V_i<1$ 时，功能目前成本大于功能评价值，表明对象 i 的功能目前成本偏高，大于应该耗费的最低成本。这时，一种可能是由于目前功能有过剩，超过用户需要，以致成本过高；另一种可能是功能虽没有过剩，但实现功能的条件或方法不佳（比如经营管理或技术手段不善等），以致成本投入大于功能的实际需要，有降低成本的潜力。对这两种情况都应列为价值工程改进对象，以剔除过剩功能（或改善实现功能的方法、条件）及降低成本作为方向。

当 $V_i>1$ 时，功能目前成本低于功能评价值，表明对象 i 的目前成本低于实现该功能所应投入的最低成本。这时，可能是对象 i 的现有功能太低，没有达到用户功能要求，应列为改进对象，适当增加成本，提高功能水平。如果由于技术先进或其他特殊优势的发挥，用较低成本实现了较高功能，实际上功能已经满足使用者的需要，确实无需提高，就仍保持原有成本水平和功能水平，无需列入改进对象。如果功能要求有较大变化或生产经营条件变化，就有出现 $VI_i > 1$ 的可能，新的“最低成本”就有可能高于原有的功能目前成本。

2. 功能指数法中功能价值的计算与分析

功能指数法以功能指数表达用户对功能程度的要求，反映对象应有的功能水平。成本指数则表达、反映对象目前成本的水平，在一定的生产、经营条件下，可以用功能指数与成本指数的比值来衡量功能的价值。功能指数法是基于这样一个立论：功能指数与成本指数在一定的条件下应存在动态相关的关系。这一立论认为在功能系统中，各子系统（对象）的功能比重与其对应的成本比重应大致上保持相对的平衡协调关系，对于功能要求高、实现难度大者（多是基本功能或重要的辅助功能），一般应投入较多的成本费用去实现。功能要求低、实现难度小者（多是次要的、辅助性的功能），则投入较小的成本费用去实现。一般情况下，同一（封闭）系统中功能指数大的对象，其成本指数也应该大，功能指数小的对象，其成本指数也应该小，且两者应大致相等，即价值指数 $VI_i \approx 1$。如果价值指数 $VI_i \neq 1$，且偏离较大，就表示该对象的功能程度与成本比重不够平衡协调，需要加以分析、改进。分析计算功能价值一般可用价值指数法、最合适区法等方法进行。

三、功能目标成本的确定

确定对象功能的目标成本是功能评价的重要内容之一，功能目标成本是指对象经过功能评价和价值改善之后，应能达到的成本目标，或者说是价值工程活动要为之努力实现的成本期望值。功能目标成本又是创造新方案，选择、评价方案和实施方案时所必须考虑的重要指标。

在价值工程中，既要确定对象的总体（如产品、工程等）的功能目标成本，又要确定各子系统的功能目标成本。无论是总体的功能目标成本还是子系统的功能目标成本，都必须建立在正确评定功能评价值的基础上。

（一）功能评价值与目标成本

功能评价值是指在一定的约束条件下实现某种功能要求的最低成本，是在宏观范围（比如在地区或行业范围）内取得的最先进、最合理的成本水平，是在各种内外因素优化组合下取得的理想成本。但是，如果不论企业条件如何，一律用功能评价值作为功能目标成本的话，却往往难以实现，在应用中就会失去实用意义。因为即使是在同一地区、同一行业中，不同企业的内部条件和外部环境等制约因素往往有很大差异，比如市场、财税、信贷、能源、运输、外协、材料来源等都会因时间、地点条件的不同而变化，企业虽然做出巨大的努力，也不一定都达到理想的、最佳组合的、全行业最好的成本水平。如果直接以功能评价值作为功能目标成本的话，非但可能发生指示失灵的现象，而且会使企业对价值工程失去信心。因此，应结合本地区、本行业、本企业的具体情况和条件，参照经过评算得到的功能评价值，因地制宜地订出切实可行又先进合理的功能目标成本，作为本期价值工程活动的奋斗目标。从实际应用的角度上看，价值工程中所使用的应是指在某些特定条件的功能评价值，而不是在宏观范围内测定的理想的最低成本。但为了使用上的方便，亦可将功能评价值与功能目标成本作同义语对待。在价值工程中制订目标成本，是以企业的主、客观条件和用户需求为依据。通过创造性的技术活动和经营管理活动，确定在计划期内应力争达到的成本期望值。目标成本确定之后，还要按一定的要求层层分解、层层控制、层层落实，在设计、制造、流通各个环节中都以此为目标，寻找改善功能和成本的最佳途径和方法，从而保证产品的总体功能目标成本的实现。

（二）功能目标成本与5种途径

功能目标成本的确定，除了根据企业的内部条件和外部环境，正确运用评算方法，得到功能评价值之外，还要考虑企业的经营目标、经营方针、经营策略、经营计划等方面的各种因素。在价值工程中，这些因素往往在提高价值5种途径中得到综合反映。当已经确定了通过某种途径来提高价值时，就可以此为依据确定功能目标成本。5种途径的选择是定性分析，而功能评价值的评算是定量的分析，两者结合起来，通盘考虑统筹外部环境、内部条件、经营目标等各方面因素，从而确定各个时期、各项产品及其组成要素的功能目标成本。功能目标成本的确定，不是片面追求降低成本，也不是盲目地追加成本，而是要从提高价值出发，根据5种途径的价值导向来界定不同情况下的目标成本。

1. 保持功能水平并降低目前成本时功能目标成本的界定

当企业根据市场需求及企业内、外部条件，选定了通过保持功能水平，降低目前成本的途径来提高产品价值时，总体功能目标成本的取值，宜以评算得到的功能评价值作为主要参考依据。要尽可能向理想成本看齐，以促使缩小目前成本与最低成本之间的差距，激励企业创造并运用以更低成本实现原有功能的新手段、新方法，最大限度地提高产品的价值。

2. 保持目前成本提高功能水平时功能目标成本的界定

当企业选择保持目前成本、提高产品功能水平的途径来提高产品的价值时，总体功能目标成本的取值就应与产品的目前成本大致相当，通过调整各子系统的功能成本，即通过调整原有的成本结构的办法，使成本结构合理化。此时通过优化成本结构和功能结构以及运用新的功能手段，使总体功能的上升达到用户的要求水平，提高产品的价值。

3. 既提高功能又降低目前成本时功能目标成本的界定

当选取既提高功能，又降低目前成本的途径来提高产品价值时，功能目标成本的取值要根据实现新功能对成本的要求来考虑。可以允许新的目标成本大于（或小于）原有功能评价值（但应低于目前成本）。此时功能目标成本的取值要视新功能上升幅度的大小及实现功能的技术、经济手段而定。

4. 允许目前成本略有提高以换取功能有大幅度提高时功能目标成本的界定

当选取略有提高目前成本，以换取功能有大幅度提高的途径来提高价值时，要根据提高的功能水平的幅度评算功能价值。此时不宜过分强调以功能评价值作为目标成本，而要更多地考虑企业的内、外部约束条件和功能要求，必要时甚至可允许目标成本的初步取值略高于功能评价值。

5. 允许功能略有降低换取成本大幅度下降时功能目标成本的界定

当选取稍微降低功能，以换取成本大幅度下降的途径来提高产品价值时功能目标成本的确定，主要是根据功能合理下浮的程度，用功能评价的方法，合理测定最多能使成本降低多少。如果脱离功能评价值的指示，盲目追求成本降低，就在可能因成本过低而导致过多地降低功能，损害用户的利益，违背了价值工程活动的初衷。在这种途径中，应较多地考虑以新的功能评价值为界定目标成本的依据，力求在可靠实现新的功能要求的前提下尽可能地降低成本。

这里所讲的功能评价值，都是对新的功能水平而言。许多教材或专著用 F↑/C = V↑ 或 F/C↓ = V↑ 等公式简化地表达 5 种途径，公式中的 F 是表示原有功能程度，不是指应有功能，而且一般是用功能分数或功能特性参数，而不是用金额表示的，它与功能评价值不同。公式中的 C 是对现状成本（即目前成本）而言，不一定等于以前的目标成本，更不是指本次价值工程活动的目标成本。

（三）界定产品总功能目标成本的方法

对于企业或同行业已有的产品，可通过横向对比，用以下几种方法确定产品的总体目标成本。

1. 从市场价格出发确定目标成本

在同样市场条件下，按市场上同类产品最低售价推算产品的目标成本，可用下式推算：

$$目标成本 = \frac{市场最低售价}{本厂目前售价} \times 本厂目前成本$$

2. 从目标利润出发推算目标成本

从预期的目标利润出发，逆算对应的目标成本。通过目标成本的实现，达到取得预期目标利润的目的。

$$目标成本 = 用户认可的售价 - 税金 - 销售费用 - 目标利润$$

式中用户认可的售价指多数用户能够理解并愿意接受的价格限度，是在市场竞争中自然形成的。在使用时可用前面介绍的功能成本法及市场调查确定。各种税金可按国家规定率求算，销售费用可据销售费用比率求算。从目标利润出发确定目标成本，可避免企业之间税率与销售费用的差异在计算目标成本中造成的影响。

（四）界定子系统目标成本的方法

制订对象（含产品、工程、劳务等）的总体功能目标成本之后，还要层层分解，确定各个子系统（如零部件、工序、作业或功能区等）的目标成本。

分解目标成本的方法，可以根据不同情况采用功能成本法、功能指数法等对总体目标成本进行分解，从而确定子系统的目标成本。目标成本的分解要充分考虑企业在计划期内的生产、技术、经营、管理等因素和外部环境等制约条件。结合提高价值 5 种途径的选取，通过定性与定量结合的分析研究，合理分配总体目标成本，并经过反复计算、平衡、反馈、修正，确定各子系统的目标成本。

1. 用功能成本法确定子系统的目标成本

在以功能载体（如零部件、工序等）为分析、评价对象时，一般能较方便地运用功能成本法中的实际价值标准法、理论计算法、实际统计值法等方法，直接定量测算各功能载体的功能评价值。以此为依据确定的功能载体的目标成本，就是设计、制造时作为控制目标的成本限额。

在以功能区为分析、评价对象时，用功能成本法测算各功能区的目标成本是比较困难的，因为，用户所能提出的只是功能要求而不是功能成本。实现这些功能要求的手段只能依靠设计者的构思和设计方案。此时，对这些构思和方案的功能结构及成本结构只能是粗略估测，不可能十分准确（除非是某些简单的产品或作业）。在这种情况下，用功能指数法分配总体目标成本就比较适宜。因为在一定的技术、经济条件下，以最低的成本实现必要的功能，就是达到功能与成本的平衡与协调，亦即是通常所讲的"合理匹配"。条件改变，实现同样功能的最低成本就可能随之变化，功能与成本的关系，在新的条件下达到新的平衡与协调，仍然属于"合理匹配"状态。"合理匹配"是动态的、相对的，而不是静态的、绝对的，在一定条件下达到相对的"最低"与"必要"就是"合理匹配"。

2. 用功能指数法确定子系统的目标成本

（1）新产品目标成本的分配

对于新产品，各功能区按功能指数分配总体功能目标成本，所得到的就是各功能区的目标成本。一般在新产品设计之前的产品规划阶段就已根据国家计划、价格改变、市场情况、企业目标利润与成本水平等要求，定出了初步设计目标成本。在进行产品设计时就以这个目标成本作为产品设计的成本上限值，然后按上述的功能评价值求算方法，确定各下位功能（或每个零部件）的功能目标成本。如果再进一步，把零件的目标成本分摊到各工序、各要素上，就可以此确定设计阶段的功能目标成本。

（2）老产品目前成本的分配

对于老产品及其改型产品，被分配的可以是产品的总体功能目标成本，也可以是产品的目前成本。首先参照按功能指数分配得到各子系统的功能评价值，还要根据当时对 5 种提高价值途径的选取，进一步分析对比，初步确定各功能区的目标成本。经过反馈、修正、汇总，最后得到修正后新的总体目标成本，再将它与对应的目前成本对比，就可得到降低成本期望值。

当老产品没有设定目标成本时，被分配的往往是产品的目前成本。重新分配目前成本，找出并消除目前成本分配中的不合理现象，就能得到合理的目标成本值，并预测降低成本的期望值。

$$\text{功能区的目标成本} = \text{产品目前成本} \times \text{功能指数}$$

如果该老产品已合理地制订了总体功能目标成本，亦同样可利用上式将总功能目标成本分配给各功能区，只是被分配的是总体目标成本而不是产品目前成本而已。

按功能指数分配目标成本，比较适于以功能区为对象的分析、评价。直接以功能载体（如零部件）为对象时，用功能指数法分配就比较粗糙。因为，功能与载体并非完全一一对应。由于功能指数的评算带有若干主观性、随机性，成本转换就难以非常准确地反映出零部件的目标成本。

【案例分析】开发体育场馆的多功能性以提高场馆赛后的收入

"出租：奥运设施"、"雅典奥运会仅过了半年多一点，很多奥运设施就被空置了"、"雅典没有赛后利用计划"、"奥运遗产"、"澳大利亚 TELSTRA 场馆的商业重组"上述一些话语都是在悉尼和雅典奥运会过去仅几个月就成为了报纸和杂志的头条。

奥运场馆通常只是为了单一的活动而建。我们把所有的注意力都放在组织这样一个华丽而庞大的活动，而这些建筑的赛后潜在利用在设计和计划阶段经常被忽略。用于他们的投资通常在5亿美元或更多，于是这些建筑成为了累赘，当地政府不得不每年耗费很多金钱来修缮和维护他们。可悲的是这些美丽的建筑——他们的使命在活动本身和观众参观过后就变得一片荒芜。不仅是奥运场馆在奥运会后不能得到利用，其他大多数的体育场也是只有两个礼拜才使用一次。很大的问题是，为了提高这些场馆的安全、保安和舒适程度，投资变得越来越昂贵——公共资金的分配可以被调节。然而，这些场馆依然有潜力可以成为业主的收入来源。主要有3种方法可以增加体育场馆的收入。

第一种是涉及到广泛的设施，例如：高级座位、包厢、餐厅、酒吧等，很多欧洲足球俱乐部的新赛场就可以显著提高在比赛日的收入。最近出版的“足球队财富名单”中，最成功的团队来自英国和西班牙，他们都通过获得更多的比赛日收入而成功，而不是像意大利团队那样使用过时的设施。这些老式场馆缺乏必要的服务和娱乐设施来赚取更多的收入，尤其在商业竞争的市场，在足球赛中显得越来越重要。比如：在阿姆斯特丹Arena体育场举办阿贾克斯足球赛，大约有50%比赛日收入是通过商业对商业的方式得到的，而这些仅占场馆面积不到10%，通过VIP和商业人士在高档餐饮、服务和座席的额外消费中得到的。没有一流的场馆设施是不可能的。

第二就是最大限度的利用场馆建筑本身（以及本身的可利用面积）。在没有比赛的日子——场馆通常是没有比赛的日子多于比赛日的——包括“一个礼拜8天都可以使用”的功能和面积。这种功能的例子就是会议设施、（运动和娱乐有关的）零售、博物馆、康体中心、电影院等。当这些设施可以在比赛或非比赛日得到双重利用的时候，额外的优势和作用就能够显现出来。比如：会议中心设施在比赛日可以作为餐厅使用。

最后，能够显著增加场馆收入的方法就是在场馆内开展各种非体育活动，这些活动通常都是非常赚钱的，比如音乐会或公司活动等。为了达到这个目的，场馆必须具备两个重要条件：必须具备这种活动的广泛市场（北京超过1400万的人口无疑就是其中的一个），另外就是场馆的设计必须适合举办非体育类的活动。阿姆斯特丹Arena体育场和其他体育场可以提供很多举办活动的例子，可以想象：音乐会、舞会、歌剧、汽车电影、家庭娱乐、会议、娱乐、高级赛事等综合利用。

（资料来源：本·温布瑞克．开发体育场馆的多功能性以提高场馆赛后的收入）

问题讨论：请选择一个北京奥运场馆，从功能分析的角度，谈谈如何制订场馆的运营战略？

本章小结

1. 从功能入手系统地研究、分析产品及劳务，这是价值工程的主要特征和方法的核心。通过功能系统分析，加深对分析对象的理解，明确对象功能的性质和相互关系，从而调整功能结构，使功能结构平衡，功能水平合理。价值工程的主要目的，就是要在功能系统分析的基础上，探索功能要求，通过创新，获得以最低成本可靠地实现这些功能的手段和方法，提高对象的价值。

2. 价值工程要求对价值工程对象的功能逐一给出定义。把产品的物理特性分解、组合，逐项转换成各功能特征，以明确产品的本质，并为后继的功能整理、功能评价和创新方案等步骤奠定基础。

3. 在功能系统分析技术图中，通常需要考虑4种功能：基本功能（Basic Function）、辅助功能（Secondary Function）、设计功能（Design Function）、持久功能（All－the－Time Function）。

4. 功能整理的基本方法是运用FAST法（即功能分析系统技术）来绘制功能系统图。功能系统图由明确了相互关系的功能有规律地排列而成，它能清楚地反映出产品的设计构思和功能之间的逻辑关系，是产品的功能图纸。绘出功能系统图之后，各功能间的主从地位和相互关系以及功能范围就可一目了然，便于研究如何按功能区域合理地分配成本和创新。

5. 经过功能分析，明确了分析对象所具有的功能之后，紧接着就要定量地确定功能的目前成本是多少，功能的目标成本是多少，功能的价值是多少，改进目标是什么，改进幅度有多大等等。这些问题都要通过功能评价来解决。

6. 功能评价的方法可分为两大类：即功能成本法与功能指数法。前者直接评价功能的货币量，用金额表达功能的量值，故又称为绝对值法；后者用评分值表达功能的量值，用功能指数反映在总体功能中的比重，以此描述功能的重要程度、复杂程度或用户的需求强度。功能指数法又称为相对值法，介于两者之间的有基点系数法。

7. 确定对象功能的目标成本是功能评价的重要内容之一，功能目标成本是指对象经过功能评价和价值改善之后，应能达到的成本目标，或者说是价值工程活动要为之努力实现的成本期望值。功能目标成本又是创造新方案，选择、评价方案和实施方案时所必须考虑的重要指标。

思考与练习

1. 什么是功能分析？
2. 什么是FAST图？它有几种类型？如何绘制FAST图？
3. 如何进行功能评价？

主要参考文献

谭浩邦．产业价值工程［M］．广州：暨南大学出版社，1999

第五章　方案评价

【本章提要】主要对方案评价进行介绍，重点探讨概略评价和详细评价的内容及方法，并对方案综合评价与优选进行阐述。

第一节　概略评价

方案评价就是评定方案的优劣。衡量优劣的标准自然是价值的高低，而不仅仅是功能或成本的高低，即应以功能与成本的比值作为最终的评价标准。因此，方案评价就是从众多的备选方案中选出价值最高的可行方案。

方案评价可分为概略评价与详细评价。不论概略评价或详细评价都包括3个方面内容：技术评价、经济评价和社会评价。把这3个方面联系起来进行权衡，则称为综合评价。

技术评价是对方案的功能的必要性及必要程度和实施的可能性进行分析评价。经济评价则是对方案实施的经济效果进行分析评价。而社会评价则是对方案给国家和社会带来的影响进行分析评价。综合评价又称为价值评价，是根据以上3个方面评价内容，对方案价值大小所做的综合评定。

一、概略评价

（一）概略评价的目的与要求

为了节省人力、物力和时间，抓住重点，提高评价效率，就要先对为数众多的设想方案进行粗略的分析、评价，初步筛选出可行性较好、有希望提高价值的几个方案，为下一步进行详细评价及优选方案打下基础。

概略评价的目的是筛选出有望提高价值的设想方案，而不是评定设想方案是否先进。因此，在概略评价阶段要采取积极培育的态度，不要随便扼杀那些有希望的设想方案。对那些表面上似乎离题很远的设想不要轻易否定，要注意抓本质，提炼精髓。对那些有潜在效果的设想方案要进一步作技术上的调查研究，力争培育出技术经济效益很好的可行方案。

在对方案作概略评价时，首先要对各种改进设想进行整理、归纳，使之系统化，以提高工作效率。其次，在整理过程中，对内容不明确的设想要适当具体化，最好勾画出必要的草图，以利于评价。再次，在内容上各设想方案之间可以取长补短，或重新组合，以提高设想质量，使设想比较可行和具体。

概略评价之后，对设想还应继续寻找不足，进行再次整理、充实、完善与组合，从而求得几个新的具体方案。

（二）概略评价的内容与方法

1. 技术评价

概略评价中的技术评价方面的内容，主要看方案是否能满足用户对功能的要求，以及功能的实现程度；企业内部是否具备实施方案的技术条件；技术问题能否解决等。

2. 经济评价

经济评价方面的内容，主要看企业有无足够的财力，有无资金来源，是否能够降低寿命周期成本及能否增加经济效益等。

3. 社会评价

社会评价方面的内容，主要看方案是否符合国家的政策、法令及有关规定，能否最有效地利用资源，是否造成环境污染或损害生态平衡，对国民经济的可持续发展是否有利等。

由于概略评价只是一种粗略的对比和筛选，所以，在评价时，并不进行详细的论证和计算。概略评价一般采用填表方法进行。首先，将设想方案评价结果填入表中，对可行的、准备采纳的用“○”表示，对不可行、不予采纳的用“×”表示，对可行性还不明确、暂时保留的用“△”表示，然后决定取舍。如果当保留的方案还较多时，可进一步再进行对比，筛掉一些较差的方案，最后，选出几个价值较高的方案。（表 5－1）

表 5－1　概略评价

设想方案	技术评价	经济评价	社会评价	综合评价
甲	○	○	○	采纳
乙	○	×	×	舍去
丙	×	○	×	舍去
丁	○	△（×）	○（△）	保留、扶植
戊	△（×）	○	○（△）	保留、扶植

由表 5－1 可知，除了评价结果立即可以肯定和否定的方案外，对其他方案应慎重对待，特别是对经济性能好而技术上有困难的方案不要轻易否定。因为技术上的困难，只要努力创造条件，往往是可以克服的。对那些平淡或奇特的设想也不要过早地抛弃。有些技术上先进的新产品就是从平淡或奇特的设想中产生的。概略评价只是为了提高时间利用率而采取的方法上的概略，在指导思想上却不应该概略。而要求应更富有敏感性，积极地去思考各种设想方案中所包含的有价值的东西。

（三）概略评价的综合分析

在进行技术性、经济性、社会性对比后，往往还要根据企业经营方针的要求，从总体上进行综合分析，看看是否能够提高对象的综合利用价值，设想方案是否可取。尤其是在以技术水平和成本水平（而不是以实施可能性）为主要评价内容时，就不能简单地仅以上述3个方面的对比结果来筛选方案，而应结合经营目标从提高价值的5种途径来考虑取舍。比如，当技术评价项目是功能的高低及升降时，功能高并不说明方案就一定好，还要考虑价值的高低，考虑提高价值途径的要求。某方案的功能虽然优于其他方案，但却超过了使用者所要求的功能程度，或不符合对功能升降的要求，那么，这个方案的高功能可能就是超过标准存在过剩功能或多余功能的。如果当时企业选择的途径是产品功能持平并降低成本，或降低功能以换取成本大幅度降低的话，那么，方案的技术对比结果虽然是可行性还不明确、暂时保留的方案倒有可能是符合提高价值的途径选择的。

当经济评价以成本高低或升降为主要项目时，方案成本的高低及升降能说明方案的优劣，但还要考虑成本对功能的影响，考虑提高价值途径的要求。如果当时企业选择的途径是成本持平而提高功能，或适当增加成本以换取功能大幅度提高的话，此时，方案成本没有降低也许是合理的、符合经营要求的。如果其方案的成本虽然有明显的降低，但却导致功能达不到用户要求，那么，反而是不可取的。

因此，在概略评价的过程中，要在上述对比表格的基础上，进一步根据提高价值途径的选择，通常考虑该方案能否满足功能与成本两方面的要求，从能否提高价值角度来决定方案的取舍去留。

方案概略评价综合分析见表5-2。

表5-2 概略评价综合分析

既定途径	方案技术评价	方案经济评价	综合评价	备注
F/C↓	△	○	留	
↑F/C	○	△	留	
↑F/C↓	○	○	留	
↑↑F/C↑	○	×	留	
↓F/C↓↓	×	○	留	

注：“○”表示效益好（或上升），“△”表示一般（或持平），“×”表示效益差。

第二节 详细评价

一、方案详细评价的内容

方案的详细评价是对在概略评价中选定或保留的方案设想，经过进一步地具体化和试验研究，所进行的更为细致的评价。其目的是通过全面、翔实和准确可靠地评价分析，为最佳方案的确定提供科学而客观的依据。因而无论从内容和方法上都要比概略评价更为深入、详细和复杂。相对而言，详细评价更强调评价内容及方法的定量性和系统性。总括来讲，详细评价包括技术、经济、社会和综合评价4个方面。以下我们分别加以详细阐述。

（一）技术评价

技术评价是指采用新方案之前，先对方案技术的可行性和先进性进行评价，以及评定新方案本身在技术上实施的可能性。对每种替代方案，从最初所要求的功能到各种技术条件，都要从技术上证明是否能可靠地实现，最后选出实现可能性高的方案。

这里值得注意的是，需要再次检查各种技术条件是否已完全定量化，若是不完备，由于不能确立评价标准，也就不可能得到确实的技术保证。

（二）经济评价

所谓经济评价，就是在充分考虑企业内部和外部相关经济因素和现实条件的基础上，客观评定各方案设想的经济效益高低，并与该项目原有方案相对比，以检验方案是否达到预定的目标成本，以及是否达到成本降低幅度的要求，为最佳方案的确定提供经济方面的依据。

经济评价是方案评价中最重要的一环。由于在现有的科学技术条件下，实现某一功能的手段往往很多，而价值工程的核心思想就是“要以最低的费用向用户提供所需要的功能”，因此，方案设想的经济性好坏是决定方案最终取舍的关键因素。相应地，方案评价中的经济评价必须详细认真地进行。

（三）社会评价

根据国家或地区的基本目标，把效益目标、公平目标、环境目标以及加速贫困地区经济发展等影响社会发展的其他因素通盘考虑，对方案进行多因素、多目标地综合分析评价，最终从社会评价的角度判断项目的可行性。

社会评价主要是评价方案实施后企业所获得的经济效益与社会和用户的利益的问题。因为，有时从企业看方案是有利的，但从社会的角度看却是不利的。或从企业目前利益来看很可能是有利的，当从整个社会的持续发展和长远利益来看，方案是不利的。社会评价的内容广泛，要根据方案的性质、要求具体确定。一般可从以下几方面考虑。

1. 方案是否符合国家有关政策、法令、规定、标准及科技发展规划的要求。

2. 方案的经济效益与国家及社会的经济效益是否一致，能否实现社会劳动的节约和人、财、物的合理利用。

3. 方案是否符合保护资源、综合利用的要求。

4. 方案在防止环境污染、自然环境及保护生态平衡等方面有无抵触或危害。

5. 方案是否符合使用者的风俗习惯，对身体健康、心理状态、人际关系等有无不良影响，能否满足使用要求。

（四）综合评价

所谓综合评价是指在对方案进行了技术评价、经济评价和社会评价的基础上，再对方案做总的评价。对方案进行综合评价时，应首先确定评价项目，然后分析每个方案对某一评价项目的满足程度，最后再综合分析、判断方案的总体价值的大小，其总体价值大的方案为优。

综合评价就是对方案进行综合性的全面评价与审查，制订方案的总体价值水平，并在每个替代方案中选择一个价值高的方案作为改善方案。综合评价虽然并未超出技术评价、经济评价、社会评价的内容，但它并非仅就某方面内容所进行的孤立评价，它所涉及的指标非常多。对这些指标不能同等并列看待，应该根据用户和企业的要求，分先后轻重缓急，按各项指标的重要程度和实现程度，确定它们之间的比例关系，然后综合判定方案的优劣。

二、技术可行性评价的内容与方法

（一）技术可行性评价的内容

技术评价主要是将各方案设想在技术上进行对比。具体说来，就是从各方案所提供的技术性能指标上、制造和使用要求上、能源消耗及三废处理等各方面与原项目所要求的功能强度加以对比，评价各方案在满足功能要求条件下哪一个与原项目的提法更为吻合。通常从以下几个方面加以评价。

1. 必要功能的实现程度，如系统的性能、质量、寿命等。
2. 可靠性。
3. 先进性。
4. 便利性。
5. 可操作性。
6. 可维修性。
7. 安全性。
8. 系统的整体协调性。
9. 与环境条件的协调性。
10. 技术实现的可能性。

（二）技术可行性评价的方法

技术评价的一般方法是利用方案的试验研究结果，通过理论计算、模拟论证和样机鉴定等所得到的资料和数据加以评价。如果评价依据不够充分，也可根据情况适当增加补充试验，以及利用国内外权威性的相关数据加以合理推断。

1. 试验法

（1）实地试验。把代用方案的实物拿到现场，通过实际运转来证明。这种方法虽然比较理想，但在时间和费用等方面实行起来都有很多问题。

（2）模拟试验。

（3）模型试验。把代用方案做成模型来进行试验，用其结果来证明。

（4）理论试验。把各种技术条件变成数学模型，对计算式子展开运算，用所得到的解来证明。

实际推行价值分析活动时，这种试验证明的工作量是相当大的。对于方案的结果，根据经验或常识，如果大家的认识都是完全一致的，这时，试验的必要性大概就没有了。反之，没有达成共识，才有必要做试验。在试验之前，首先要向相应的专家请教，并搜集必要的信息。努力去实现技术保证是很重要的。技术实施可能性评价的最后一步是，把经过试验证明的代用方案相互作比较，选择和确定实现性最高的方案。

2.（综合）评分法

评分法是对方案进行技术评价时最常用的方法，在其他许多领域中都有着广泛应用。它虽然具有一定的主观随意性，但它毕竟是人们在深厚的专业知识和丰富的实践基础上给出的，并且最后的结果又是利用专家集体智慧所产生的，因而这种评价方法具有比较好的科学性，尤其是对某些不易直接度量或无其他方法加以定量分析的情形，更不失为一种有效方法。

用评分法对方案评价择优的一般步骤如下。

（1）确定评价指标（包括能定量计量和不能定量计量的）；

（2）确定各指标的评分标准；

（3）选定合适人数和专业结构的专家群；

（4）由每位专家独立地根据评分标准对各方案的各指标分别评分；

（5）采用科学的方法对各方案分数加以汇总，总分最高者为最优方案。

依据上述步骤（5）中分数汇总方法的不同，目前在方案评价中比较常用的评分法有以下 3 种：加法评分法（也叫直接评分法）、连乘评分法和加权评分法。以下我们通过几个简单而典型的例题具体说明上述 3 种方法的内容。为论述简洁，在每种打分法中我们只取一个专家的打分数值。事实上有多个专家参与打分时，方案的最后总得分就是每个专家所给出的该方案总分之和。

例 1：某项目有 4 个备选方案：方案Ⅰ、方案Ⅱ、方案Ⅲ、方案Ⅳ，要通过 3 个评价指标 A、B、C 对其进行技术评价（表 5－1），已知这 3 个指标性质不同，计量单位也不同。

各评价指标按照实现程度分别分为 4、3、2 个评分等级，由高到低分别确定各等级的评分标准（分值的相对大小视原项目中对各指标要求偏重程度而定）。然后根据各方案对各评价指标的实现程度大小分别打分，数据 f_{ij} 见表 5－1，其中 f_{ij} 表示第 i 方案对第 j 个指标的得分。

表 5－1　技术评价

评价指标	评分等级	评价标准	各方案得分			
			方案Ⅰ	方案Ⅱ	方案Ⅲ	方案Ⅳ
A	（1）	40	40			
	（2）	30		30	30	
	（3）	20				20
	（4）	10				
B	（1）	20		20		
	（2）	15			15	
	（3）	10	10			10
C	（1）	10		10		10
	（2）	5	5		5	
各方案总得分 $F_i = \sum_{j=1}^{3} f_{ij}$			55	60	50	40

这样，由加法评分法可得第 i 个方案的最后总分 $F_i=\sum_{j=1}^{3}f_{ij}$，具体数据分别为：$F_1=55$；$F_2=60$；$F_3=50$；$F4=40$

因此，根据加法评分的结果可以看出，方案Ⅱ最优，方案Ⅰ次之，而方案Ⅲ及方案Ⅳ最差。

由上述步骤可以看出，加法评分法十分简单，其中关键的要点就是评价指标的选取及其等级和各指标各等级的相对评分标准的确定。

例 2：某项目有 3 个备选方案：方案Ⅰ、方案Ⅱ、方案Ⅲ，要通过 4 个指标 A、B、C、D 对其进行技术评价（表 5－2）。

表 5－2 技术评价

评价指标	评分等级	评分标准	各方案得分		
			方案Ⅰ	方案Ⅱ	方案Ⅲ
A	（1）	3	3		
	（2）	2		2	
	（3）	1			1
B	（1）	3		3	
	（2）	2	2		2
	（3）	1			
C	（1）	3	3		
	（2）	2			2
	（3）	1		1	
D	（1）	3	3	3	
	（2）	2			2
	（3）	1			
方案总得分 $F_i=\prod_{j=1}^{4}fi_j$			54	18	8

各评价指标按照实现程度分别分为 3 类，设各指标在原项目中重要程度等同，因而其中对应等级的评分标准均相同。根据各方案对各指标的实现程度的大小分别打分，数值见表 5－2。

这样由连乘评分法，可得各方案的最后总分 F_i 为：

$$F_i=\prod_{j=1}^{4}fi_j \quad i=1,\ 2,\ 3 \tag{5-1}$$

即各方案的具体总分值分别为：

$$F_1=54;\ F_2=18;\ F_3=8$$

因此，由连乘评分法的结果可以看出，方案Ⅰ最优，方案Ⅱ次之，而方案Ⅲ最差。

由上述两例可以看出，连乘评分法与加法评分法的本质是相同的，两者的区别就在于计算方案总分的方法不同。相比而言，连乘评分法具有以下几个方面的特点。

（1）放大了各方案总分间的差距，便于评判。

（2）如果某一方案设想在某一评价指标上的得分为零，则该方案的总得分即为零。当某项指标十分重要时，这一特点有利于剔除那些对该指标实现程度太差，即在该项目上分值极小的那些方案。

例3：现将例1改为采用加权评分法评定，与表5－1不同之处在于，在表中评价指标一项的后面增加各评价指标的权重一项。根据各指标对项目实现的重要程度不同，不妨规定3个指标的权重依次为0.4，0.35和0.25。则根据加权评分法公式

$$F_i = \sum_{j=1} W_j f_{ij} \quad (i=1, 2, 3, \cdots n) \tag{5-2}$$

式中：F_i——第i个方案设想的总得分；

n——现有待评价的方案个数；

f_{ij}——第i个方案在第j个评价指标上的得分；

m——给定的评价指标个数；

W_i——根据各指标对项目必要功能实现的重要程度不同而给出的重要度系数，即权重，并且满足：

$$\sum_{j=1}^{m} W_j = 1 \tag{5-3}$$

可得表5－1中各方案总分分别为：

$$F_1 = 20.75;\ F_2 = 21.5;\ F_3 = 18.5;\ F_4 = 14$$

由计算结果可知，各方案的总评顺序由高到低依次为Ⅱ、Ⅰ、Ⅲ、Ⅳ。

总结加权评分法，与前述加法评分法和连乘评分法相比，由公式（5－2）我们可以看出，它具有两个特点。

（1）加权评分法是由加法评分法改进而来。与前述两种评分法相比，加权评分法更能体现各评价指标在方案评价中主次作用的不同，因而更符合实际应用的需要。

（2）加权评分法的关键步骤在于确定各项评价指标的权数。确定权数的方法很多，常用的包括强制确定法（FD法）、0～4评分法、经验确定法、专家评定法、特尔斐法、层次分析法等。

3. 技术价值法

为了克服综合评分法中单纯用最终得分来表示方案的技术可行性效果，从而使评价结果不很直观，同时在不同的评价项目中评价结果不具可比性等的缺点。根据价值工程的基本原理，我们引入技术价值这一概念，从而形成方案技术评价的另一方法——技术价值法。

所谓一个方案设想的技术价值，就是指当我们以一个实现项目技术要求的理想方案为基准时所评价的诸方案与理想方案相比所具有的技术可行性。因理想方案的技术价值为1，所以每一个待评价方案的技术价值都可以用一个小于1而又大于或等于零的比例系数加以表示。其数值大小表示该方案在技术方面接近理想方案的程度，数值越大，说明该方案在技术方面越接近于理想方案程度。一般我们定义一个方案设想的技术价值为该方案的最终得分与理想方案所对应的总得分之比，即：

$$X_i = \frac{F_i}{F_{\max}} \quad i=1, 2, \cdots, \tag{5-4}$$

式中：X_i——第i个方案的技术价值；

F_i——第 i 个方案的技术所得总分；

F_{max}——理想方案的技术评价总分，即各评价指标上的最高得分之和；

n——待评价方案设想的个数。

方案的技术价值评定法是在利用综合评价法给出各方案总得分基础上利用公式（5－4）进行评价的。根据原联邦德国工业标准 VDI2225 规定，一般 X 超过 0.8 就是较好的方案，0.7 左右是好的，而0.6 以下则是不符合要求的。以下我们以一个简单的例子来说明技术价值评定法应用。

例 4： 现有价值工程研讨项目为一传动装置，待评价方案Ⅰ、方案Ⅲ的技术评价结果如表 5－3 所示。表 5－3 的最后两行分别给出了经计算所得的两方案的总分和技术价值。因此从技术评价角度看，方案Ⅱ优于方案Ⅰ。

表 5－3　技术评价结果

技术指标评价	评分		
	方案Ⅰ	方案Ⅱ	理想方案
1. 零件数	4	4	4
2. 体积	2	3	4
3. 重量	2	3	4
4. 加工难易程度	2	4	4
5. 维护	3	3	4
6. 使用寿命	4	3	4
总分数 F_i	F = 16	F = 20	F = 24
技术价值 $X_i = F/F_{max}$	X_i = 16/24 = 0.67	X_i = 20/24 = 0.83	X 理 = 1

三、经济可行性评价内容与方法

（一）经济可行性评价的内容

1. 成　本

成本和费用是从劳动消耗角度衡量方案投入的基本指标，它可以综合地反映企业生产经营活动的技术水平、工艺完善程度、资金利用效率、劳动生产率水平以及经营管理水平等。成本和费用在不同场合或不同用途有不同的含义。广义成本与费用的含义是指为了实现某种目标所付出的代价。狭义成本与费用的含义是指产品成本和期间费用。产品成本是指产品生产过程中耗费的活劳动和物化劳动的货币表现，是为制造产品而发生的生产费用，也称生产成本或生产经营成本；期间费用是指生产过程中除产品成本以外发生的各项耗费。成本费用按成本计算范围分为总成本费用和单位产品成本；按财务评价的特定要求分为总成本费用和经营成本；按成本与产量的关系分为固定成本和可变成本。在方案评价中，既要用到财务会计中的成本费用概念，如产品生产成本和期间费用；还要用到财务会计中所没有的成本概念，如机会成本、资金成本等。

（1）机会成本（经济成本）

经济成本是指利用一定资源获得某种收益时而放弃其他可能的最大收益，或者说，它是指生产要素用于某一用途而放弃其他用途时所付出的代价。机会成本不是实际发生的成本，而是技术方案决策时观念上的成本。机会成本将以各种方式影响技术方案的现金流量。

（2）沉没成本

指过去已经支出而现在已无法得到补偿的成本。例如，已使用多年的设备，其账面价值将作为沉没成本。沉没成本在决策分析中，特别是在更新分析中是很重要的概念，但它与新的决策无关，在决策中不予考虑，因而不能出现在现金流量之中。

沉没成本是西方经济学中的概念，提出这个概念的目的是提醒人们，在进行决策时要向前看，不要总想到已花费而不能收回的费用而影响未来的决策。在对方案进行经济分析时，不考虑沉没成本是经济分析的一项原则。

（3）资金成本

资金成本是指筹集和使用资金而付出的代价，包括资金筹集费（筹资费用）和资金占用费（用资费用）两部分。

资金筹集费是指在资金筹集过程中支付的各项费用，如银行借款手续费、股票或债券的发行费用等。资金占用费是指占用资金支付的费用，如支付的股票股利、债券或借款利息等。

资金成本是选择资金来源、确定筹资方案的重要依据；是评价方案、决定方案取舍的重要标准，是方案必须获得的最低要求收益率；也是衡量项目或技术方案经营成果的尺度。资金成本常用百分数表示，称为资金成本率。资金成本率是资金占用费与筹资净额（筹资总额减筹集费）之比，对于自筹资金常以其机会成本率表示。

2. 投资回收期

对于规模较大的方案设想，投资指标的核算是计算效益损耗比的重要依据。而投资回收期的长短则是决定方案设想是否宜于采用的决定性经济指标。对于投资时间较长、投资费用较大的方案，应估算方案的投资回收期及投资报酬率指标。

投资回收期（年）＝方案措施费用和损失费用/年净节约额

投资报酬率＝（年净收益额/方案投资总额）×100%

投资回收期应小于标准回收期或寿命周期，越短的方案越优。投资报酬率则应高于资金市场利率，越高的方案则越优。

按照上面公式计算的技资回收期和投资报酬率，均没有考虑资金时间价值。因此，当回收期较长时，还应考虑投资的利息，要修正上式的计算结果。

3. 折旧费（率）

折旧是资本化成本在其有效年限内的分配。政府允许公司保留这一未来替换资金，而对其不征税。折旧普遍用于耐用设备，也用于其他资产。一般地讲，如果一项资产可以满足以下特点就可以计提折旧：必须在经营或生产过程中使用；寿命期长于1年；由于自然原因而磨损、损耗、废弃或者贬值。

这些特点是设备的显著特点，也适用于建筑、专利权和著作权。

固定资产折旧是指固定资产在使用过程中由于磨损而逐步转移到产品价值中的那部分固定资产的价值。固定资产虽然在生产过程中始终保持其原有的物质形态，但其价值却由于不断磨损而处于不断变化之中。因而，项目投产时核定的固定资产价值称为账面原值，固定资产原值扣除折旧以后的价值称为账面净值。在设备服务期终了或中途更换时，固定资产的价值称为残（余）值。残值有两种，一种是账面残值，另一种是当时的市场交易价值。

固定资产折旧费既不是现金流出，也不是现金流入，而是非现金费用，但因税法允许其冲减应税收入，在技术方案有盈利的情况下，会减少应纳税所得额，即折旧费将以减少纳税方式间接影响技术方案的现金流量。因此，在分析和计算技术方案现金流量时，必须对折旧费进行计算。

4. 经营收入

经营收入是衡量技术方案总产出的主要指标之一，在经济评价中主要用于求方案的净收益。

5. 盈　利

盈利包括项目方案的税金和利润，是综合性地反映技术方案对项目运营的效益和耗费两方面的各种影响的重要指标。

6. 方案措施费用

实施费用是为保证方案设想的实施所必须的费用，由于所有设备和工具因停止使用或另行处理而发生的损失费用，以及实施改进方案所带来的人力、物力和财力等各方面的节约费用。价值工程方案实施要支出一定的技术组织措施费用，如设计费用、设备与工装费用、试验与试制费用等技术措施费用，生产组织调整费以及因采用改进方案而产生的其他损失费（如经济性报废等）、贷款利息以及其他各种费用等。同时，由于方案的改变，必将导致工艺方法和装配、调试等方法的改变。这样就会使原有的某些设备、工具、夹具、量具、材料、配件、在制品等闲置不用，造成一定的费用损失。比如健身中心调整服务项目而造成的各种损失等。

对技术措施费用和损失费用的支出，如果在产品的成本中所占的比重较小，一般可作为一次性费用计入当年产品成本，也可以从当年方案实施所得到的经济效益中扣除。如果占成本的比重较大，则可分年摊销计入成本，或从受益年度经济效益中扣除。

7. 方案实施的经济条件

经济条件包括市场需求，现有或可提供的设备及其生产能力、用工及其技术力量、资金能源和材料的供应、生产协作以及运输条件等。尽管这些条件往往不像以上诸指标一样可以或比较容易地采取定量表示形式，但它们都是保证项目方案设想在实施过程中能够达到预期目的的必要条件，必须在经济评价中实事求是地加以客观估计。

8. 利　润

利润是产品销售收入扣除成本费用及销售税金后的余额。它能综合反映销售收入、品种、质量、成本、劳动生产率等各项指标的优劣，也能反映产品受用户欢迎的程度。一般地说，利润高的方案经济价值就高。但是，影响利润大小的因素很多，也比较复杂，因此，使用利润指标来判断方案价值大小时，就要正确处理好与各方面的经济关系，尤其是与用户的关系问题。有时生产成本降低了，利润增大了，但用户的使用成本却上升了，或者产品价格提高了，而寿命周期成本没有降低。这样的话，用户是不会欢迎的。因此，在考虑成本、利润指标时，要综合分析各方面的因素。

利润是项目经营目标的集中体现，是项目在一定时期内的经营净成果。根据经济分析的不同需要，主要有销售利润、利润总额及税后利润等。

（1）销售利润。销售利润是指销售收入扣除成本、费用和各种流转税及附加税费后的余额。计算公式为

销售利润 = 产品销售利润 + 其他销售利润 - 管理费用 - 财务费用

产品销售利润 = 产品销售收入 - 产品销售成本 - 产品销售费用 - 产品销售税金及附加

其他销售利润 = 其他销售收入 - 其他销售成本 - 其他销售税金及附加

式中的产品销售成本是指销售产品的生产成本。

（2）利润总额。利润总额是指项目在一定时期内实现盈亏的总额，是最终的财务成果。计算公式为

利润总额 = 销售利润 + 投资净收益 + 营业外收入 - 营业外支出

式中的投资净收益是企业对外投资收入减去投资损失后的余额。

由于技术方案在决策阶段一般不考虑其他销售、对外投资及营业外支出，所以利润总额常用以下简化公式计算。即

利润总额 = 产品销售收入 - 总成本费用 - 销售税金及附加

（3）税后利润。税后利润是指利润总额扣除所得税后的余额。

技术方案的利润已包含在销售收入之中，不再作为单独的现金流入项目。但为了计算税金支出和分析技术方案的盈利能力，必须对利润进行测算。

（二）经济可行性评价方法

经济评价是在方案设想未实施前对其所进行的预测性评断，属于事先评价范畴。为保证评价的科学性，应根据评价要求、现实条件和方案的具体特点等进行全面系统的综合分析，并选择合理的评价方法。应当指出的是，对方案设想的评价可以只采用一种方法，也可以同时使用几种方法。常用的方法主要有以下几类。

1. 经济价值评价法

类似于技术评价中的技术价值法，我们也可以采用一个相似的比例数值来反映方案的经济价值。所谓经济价值，即在经济上主要指建造成本方面达到理想方案的程度。按照原联邦德国工业评价标准，一项合格方案的允许建造费用应当不超过理想建造费用 1.0 ~ 1.4 倍。或者说，理想建造费用占实际允许建造费用的 1.070%，否则应视方案设想不具备经济合理性。

经济价值评价的公式（以建造费用近似代替项目的整体费用）可表示为：

$$Y = \frac{H_{理}}{H} \qquad (5-5)$$

式中：Y——待评方案的经济价值（系数）；

$H_{理}$——理想方案的建造费用；

H——方案设想的实际建造费用。

由公式（5-5）可以看出，Y 值越接近于 1 越好，它表示所评估的方案与理想方案

越接近。一般而言，Y =0.7 就是比较好的方案。如果 Y <0.7，则表示方案的经济评价较差，通常需由较高的技术价值 X 来补偿。

在实际应用经济价值法进行方案评价时，一般无法精确地计算项目的实际建造费用，只根据方案设想的蓝图，通过正确核算项目方案所用材料费用，再利用各种有效的成本估算方法进行估算。另外，对于理想建造费用的估算可采用下述方法。

第 1 步：通过市场调研，估算出项目的理想价格 P_M。

第 2 步：依据 PM 估算方案的理论成本 $S_{理}$。

第 3 步：利用成本系数 α，计算允许的建造费用［H］：

$$[H] = \frac{S_{理}}{\alpha} \tag{5-6}$$

第 4 步：利用［H］，可由下式确定理想建造费用 $H_{理}$

$$H_{理} = 0.7 \cdot [H] \tag{5-7}$$

例 5：考虑技术评价例 4 所提项目，经计算得两种方案的材料费分别为 $M_{I} = 60$ 元，$M_{II} = 50$ 元。假定材料费用 M′为 52%，且理想建造费用 $H_{理}$ 为 72 元，试计算两方案的经济价值评价结果。

由成本估算公式可知两方案的实际建造费用分别为：

$H_{I} = M_{I}/M' = 60/52\% = 115.4$（元）

$H_{II} = M_{II}/M' = 50/52\% = 96.2$（元）

所以，由公式（5 –5）可知，两方案的经济价值系数分别为：

$Y_{I} = H_{理}/H_{I} = 72/115.4 = 0.62$

$Y_{n} = H_{理}/H_{II} = 72/96.2 = 0.75$

所以，从方案的经济价值评价结果看，方案Ⅱ优于方案Ⅰ。

2. 总额法与差额法

差量分析是在充分了解不同方案的收益及成本之间差别的基础上，通过对比，从中选择最优方案的评价方法。它包括总额对比法和差额对比法两类方法。

在比较不同方案的利润指标或成本指标时，都可以采用这两种方法。总额法是将各方案中影响成本、利润的有关全部因素都进行计算，求出它们的总成本、总利润，然后，进行比较评价。只对方案间影响成本或利润有关差异的因素进行计算，从而对方案的优劣做出评价的方法，称为差额法。使用差额法有两方面的优点：第一，涉及的因素少，无论数据的收集、整理或计算都简便得多，从而可以提高工效。第二，总额法将大量无关因素混杂进来，使方案对比趋于复杂，容易产生混乱。而无关因素的收集、整理、计算发生误差，也会导致评价结果失误。所以，在方案对比评价中常常采用差额法。但使用差额法时必须审慎区分哪些是与方案对比有关的因素，哪些是无关的因素，否则，亦会得出错误的结论。

总额法与差额法的具体应用不外乎就是一般的成本及收益核算方法，公式很多，这里就不再详述。下面我们结合一道例题加以具体分析。

例 6：某零件有两种加工方案 A、B。方案 A 可使用现有模具，模具待摊费用为 200 元，每件加工费 80 元；而方案 B 需重新制作模具，费用为 800 元，且原有模具损失费 200 元，但方案 B 的加工费用较低，每件 60 元，预计年产量为 60000 件。试对方案 A、B

进行经济评价。

由于加工相同零件，可认为收益相同。因此只需计算两方案的差别成本即可。为便于比较，我们采用总额法和差额法两种方法。

首先采用总额法：

方案 A 总成本：$CA = 80 \times 60000 + 200 = 4800200$（元）

方案 B 总成本：$CB = 60 \times 60000 + 800 + 200 = 3601000$（元）

所以，两方案差别成本 $\triangle C = CA - CB = 4800200 - 3601000 = 1199200$（元）从上述计算过程可以看出，模具待摊费用 200 元应属于沉没成本，对两方案都同样发生。对决策而言属于不相关成本，在方案评价中事实上是可以不予考虑的。以下我们再采用差额法加以比较。

考虑两方案成本的差别项，其差别成本应等于两方案变动成本差异和固定成本差异之和。

即 $\triangle C = CA - CB = (80 - 60) \times 60000 - 800 = 1199200$（元）

可见，两种计量方法结果是相同的。因为方案 B 比方案 A 的成本费用每年低 1199200 元，且两者每年收益又相同，所以经济评价结果为方案 B 较优。从上例可以看出，差额对比法与总额对比法相比有以下特点：

（1）差额法涉及的变量少，便于资料的收集和整理及计算，同时也避免了由于大量不相关因素的误差而导致整个评价结果不真实的错误。

（2）差额法的应用前提是准确确定方案收益和成本指标中的决策相关和决策无关因素，否则也会得出错误的结果。

3. 变动成本法

变动成本法是一种把成本中的固定费用与变动费用区分开来，将两种费用分别计入成本的方法。变动成本法对正确进行方案经济评价具有重要作用。这是因为：（1）如果使用完全成本法，由于产量增减使单位成本发生变化，在采用价值工程方案的情况下，若同时伴有与方案无关的产量增减变动会使两种因素互相纠缠，有可能夸大或缩小方案改进的效果。如果采用变动成本法，由于它将变动成本与固定成本分开计算，就能剔除与价值工程方案无关的由产量变动引起的单位成本升降，使方案的经济效果得到如实反映。（2）当运用价值工程研究制订企业的许多短期决策问题时，采用变动成本法便于对方案经济效果正确进行评价，而完全成本法则容易引起判断上的错误。

一般而言，承包商实行的成本核算都是完全成本法，即将其固定成本和变动成本汇总后计入总成本。但由于随着产出量的变化，两类成本费用对总成本及单位成本的影响不同，固定费用不随产量变化而变化，但却随着产量不同，单位成本所分摊的固定费用则有所不同。而变动费用虽对单位成本而言不随产量变化而变化，但就总成本而言却随产量的增加而呈阶梯性波动化地增加，因此，如果在单位成本的变动中同时包含了由于产量变化和方案改进这两种因素，那么，采用完全成本法计算，就无法正确区分每种因素对单位成本变动的影响程度。比如在改进方案实施的同时，如果产量也有所增加但却没有剔除由此产生的影响，则根据成本进行方案评价，就势必要夸大方案改进的效果；反之，若在改进方案实施的同时产量有所下降，则又可能低估该方案的效果。因此，为剔除因产量变动而对单位成本所产生的影响，以便如实地评价由于方案改善而带来的成本降低的效果，我们也常常采用变动成本法，即把成本中固定费用与变动费用区分开来，将两种费用分别计入成本。

以下我们结合一具体的例子解释变动成本法的应用及其在方案经济评价中的作用。

例7：表5－4及表5－5分别为针对同一产品在2、3、4月份所给出的按完全成本法和按变动成本法计算的产品成本。表5－4中单位成本逐月下降，而由于各月产量依次上升，我们无法断定单位成本的下降是由于方案改善而导致变动费用或固定费用下降引起的，还是由于产量增加而导致固定费用下降引起的，或者是两种作用兼而有之。

表5－4

项目＼月份	2月		3月		4月	
	总成本（元）	单位成本（元）	总成本（元）	单位成本（元）	总成本（元）	单位成本（元）
材料费用	6000	150	9000	150	12000	150
工资费用	3000	75	4000	67	5000	62.5
经费	2400	60	2600	43	2800	35
合计	11400	285	15600	260	19800	247.5
产量（台）	40	60	80			

表5－5

项目＼月份		2月		3月		4月	
		总成本（元）	单位成本（元）	总成本（元）	单位成本（元）	总成本（元）	单位成本（元）
变动费用	直接材料费用	6000	150	9000	150	12000	150
	计件工资变动	2000	50	3000	50	4000	50
	经费	400	10	600	10	800	10
	小计	8400	210	12600	210	16800	210
固定费用	间接工资费用	1000	25	1000	16.67	1000	12.5
	间接经费	2000	50	2000	33.3	2000	25
	小计	3000	75	3000	50	3000	37.5
	合计	11400	285	15600	260	19800	247.5
	产量（台）	40		60		80	

从表5－5中可以看出，单位成本中的变动费用每月并无变化，而固定费用则逐月下降，且下降比例与产量增长比例恰好一致。由此可以判断，单位成本的变动完全是由于产量增加引起的，而与方案改善效果无关。

事实上，在评价改进方案实施效果时，只有剔除了产量对变动成本的影响，才能正确评价方案改善的实际效果。当然，如果价值工程研究方案由于提高了劳动生产率而使产量有所增加，则应把两部分效果合总加以考虑。

4. 投资回收期法[①]

投资回收期是指用项目每年的净收益回收其全部投资所需要的时间，通常以年表示。投资回收期是反映项目投资回收速度的重要指标。

根据是否考虑资金时间价值，投资回收期分静态投资回收期和动态投资回收期两类。

（1）静态投资回收期法（式）

指不考虑资金时间价值，以项目每年的净收益回收全部投资所需要的时间。有两种计算方法：

①直接计算法。令 R_1 代表项目投入运行后第 t 年的净收益（即净现金流量），K_0 为项目的全部投资，则静态投资回收期 T_j 应满足下式

$$\sum_{i=1}^{T_i-1} R_t < K_0 \leq \sum_{i=1}^{T_i-1} R_t \tag{5-8}$$

式中：T_j——静态投资回收期；

R_t——项目投入运行后第 t 年的净收益（即净现金流量）；

j——投资全部收回的年份；

t——时间（年）。

项目生产期内若每年净收益相等，即 Ra - l = Ra = RHI = R，则从投资开始年算起的投资回收期为

$$T_j = \frac{K_0}{R} + 建设期 \tag{5-9}$$

从投产年算起的投资回收期为

$$T_j = \frac{K_0}{R} \tag{5-10}$$

例 8：某项目的净现金流量如图 5－1 所示，求该项目的静态投资回收期。

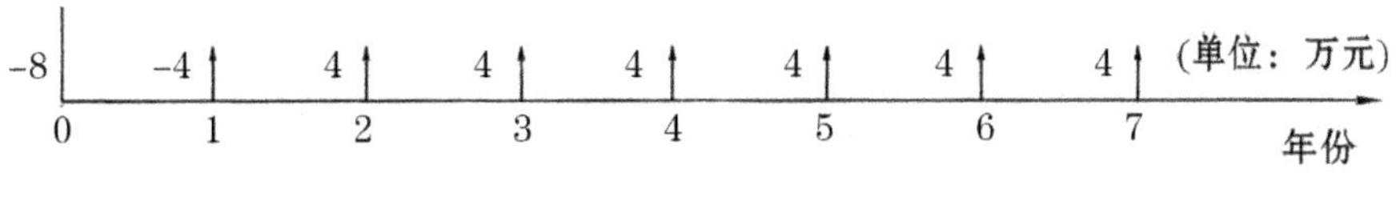

图 5－1　净现金流量图

解：依题意已知方案投入运行后的年净收益是等额的，方案的全部投资 K_0 = 8 万元 + 4 万元 = 12 万元。则据式（5－9）有从投资年开始算起的静态投资回收期为

$$T_j = \left(\frac{12}{4} + 1\right) 年 = 4 年$$

据式（5－10）从投产年算起的静态投资回收期为

$$T_j = \left(\frac{12}{4}\right) 年 = 3 年$$

---

① 陈立文，陈敬武．技术经济学概论［M］．北京：机械工业出版社，2006

②累计计算法。一般情况下，项目每年的净收益不尽相同，有时变化还大。这时投资回收期不宜采用直接计算法，可采用累计计算法。根据项目各年的净现金流量（NCF），从投资开始时刻（即零时刻）开始，依次求出以后各年的净现金流量之和，即累计净现金流量，直至累计净现金流量等于零的年份为止，则对应累计净现金流量等于零的年份数，即为该方案从投资年开始算起的静态投资回收期。其计算式为

$$\sum_{t=0}^{r_i}(Cl-CO)_t=\sum_{t=0}^{r_i}\mathrm{NCE}_t=0\quad(t=0,1,2,\cdots,n)\tag{5-11}$$

式中：CI——现金流入；

CO——现金流出；

NCF_t——第 t 年的净现金流量。

或

$$T_j=\min\left\{\sum_{j=1}^{i}R_j\geq K_0\right\}\tag{5-12}$$

式中：R_j——第 j 年的净收益。

式（5－12）的意义是：静态投资回收期 T_j 是使括号内不等式成立时的最小 t 值。

例 9：仍以例 8 为例，说明累计计算法的用法。这种方法常用表格形式进行，如表 5－6 所示。

表 5－6　累计净现金流量计算表

项目 \ t	0	1	2	3	4	5	6	7
NCF_1	－8	－4	4	4	4	4	4	4
$\sum NCF_1$	－8	－12	－8	－4	0	4	8	12

可见，第 4 年的累计净现金流量等于零，因而该方案从投资年开始算起的投资回收期 T＝4 年。

计算中，累计净现金流量等于零可能出现在非整数年份，即累计净现金流量表中不出现等于零的时点。这时引用线性插值法计算静态投资回收期，其计算式：

$$T=[\text{累计净现金流量开始出现正值的年份数}]-1+\left[\frac{\text{上年累计净现金流量的绝对值}}{\text{当年净现金流量}}\right]\tag{5-13}$$

例 10：某项目的净现金流量如表 5－7 所示，求该项目的静态投资回收期。

解　累计净现金流量计算结果如表 5－7 所示。据式（5－13）有

$$T_j=\left(4-1+\frac{|-2|}{5}\right)\text{年}=3.4\text{年}$$

表 5-7　累计净现金流量计算表

项目 / T	0	1	2	3	4	5	6	7
NCF_i	-8	-4	6	4	5	4	5	4
$\sum NCF_i$	-8	-12	-6	-2	3	7	12	16

静态投资回收期指标的优点是：

①概念明确，简单易用。

②该指标不但在一定程度上反映项目的经济性，而且反映项目风险的大小。项目决策者面临着未来不确定性因素的挑战，这种不确定性所带来的风险随着时间的延长而增加，因为离现实愈远，人们所能确知的东西就越少。为了减少这种风险，就必然希望投资回收期越短越好。

另外，由于它选择方案的标准是回收资金的速度越快越好，迎合了一部分怕担风险投资者的心理，因而静态投资回收期是人们容易接受和乐于使用的一种经济评价方法。但是，静态投资回收期指标只能作为一种辅助指标，而不能单独使用。其原因是：

①它没有考虑资金时间价值。

②它仅以投资的回收快慢作为决策依据，没有考虑回收期以后的情况，也没有考虑方案在整个计算期内的总收益和获利能力，因而它是一个短期指标。

③在方案选择时，用静态投资回收指标排序，可能导致错误的结论。例如，有 A、B 两个项目，净现金流量如图 5-2 所示。

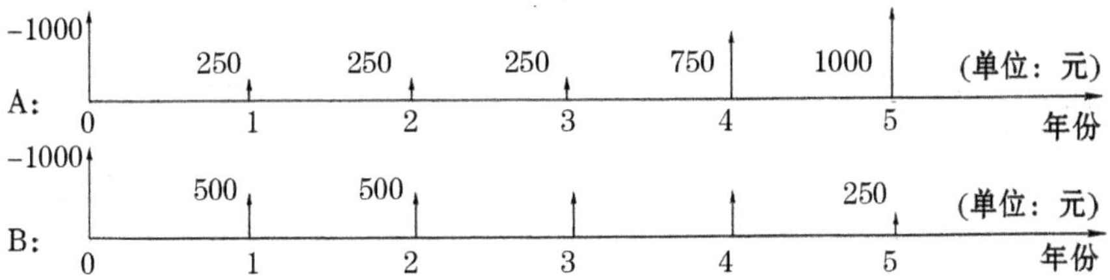

图 5-2　净现金流量图

按累计计算法得：$T_{jA}=3.33$ 年；$T_{jB}=2.00$ 年。

因为 T_{jB}〈T_{jA}，所以 B 方案优于 A 方案。然而，根据两方案的净现金流量图，方案 A 优于方案 B 是显而易见的。

采用静态投资回收期指标对单方案进行经济评价时，应将计算出的静态投资回收期与标准投资回收期 T_b 做比较，只有当 $T_1 \leqslant T_b$ 时，该项目方可接受。对多方案比较，应以投资回收期最短的方案为优。

（2）动态投资回收期法（T_d）

指考虑资金时间价值，在给定的基准收益率（i_c）下，以方案各年净收益的现值来回收全部投资的现值所需要的时间。

令 T_d 代表从投资年开始算起的动态投资回收期，I_o 代表全部投资折现到 $t=0$ 时点的

现值（不考虑建设期时，I_0 即为初始技资 K_0），则 T_d 满足

$$\sum_{i=1}^{T_j-1} R_t(1+i_c)^{-t} < i_0 \leq \sum_{t=1}^{T_j-1} R_t(1+i_c)^{-t} \tag{5-14}$$

或用净现金流量表示为

$$\sum_{t=0}^{T_d} (CI-CO)_t(1+i_c)^{-t} = \sum_{t=0}^{T_d} NCF_t(1+i_c)^{-t} = 0 \tag{5-15}$$

若 $R_{t-1}=R_t=R_{t+1}=R$，且不考虑建设期，引用资金回收公式及动态投资回收期的 T_d 定义，可直接写出下述计算式

$$R-K_0\ (A/P,\ i_c,\ T_d)\ =0$$

则有

$$R-K_0\frac{i_c\ (1+i_c)\ T_d}{(1+i_c)\ T_d-1}=0$$

移项整理后得

$$(1+i_c)^{T_d}=\frac{R}{R-i_cK_0}$$

两边取对数并整理得

$$T_d\frac{\lg R-\lg\ (R-i_ck_0)}{\lg\ (1+i_c)} \tag{5-16}$$

从公式推导过程得知，式中的投资总额 K_0 应为一次投入的初始投资。因此，若为分期投资，则应将其折算成期初一次投资的总现值后，才能代入式（5－16）进行计算。

实际计算中，由于各年净现金流量常常不是等额的，故常用与求静态投资回收期相似的"累计计算法"求解动态投资回收期 T_d，其计算式为

$$T_d=\left[\begin{matrix}\text{累计净现金流量现值}\\\text{开始出现正值的年份数}\end{matrix}\right]-1+\frac{\text{上年累计净现金流量限制的绝对值}}{\text{当年净现金流量现值}} \tag{5-17}$$

例 11：某项目有关数据如表 5－8 所示。基准收益率 $i_c=10\%$，试计算动态投资回收期 T_d。

解　据式（5－15），计算各年净现金流量的累计折现值。计算结果如表 5－8 所示。将表 8 最末一行的有关数据代入式（5－17），得

$$T_d=\left(6-1+\frac{|-118.5|}{141.1}\right)\text{年}=5.84\text{年}$$

表 5－8　动态投资回收期计算表（i＝10%）（单位：万元）

年份	0	1	2	3	4	5	6	7	8	9	10
投资支出	20	500	100								
其他支出				300	450	450	450	450	450	450	450
收入				450	700	700	700	700	700	700	700
净现金流量	－20	－500	－100	150	250	250	250	250	250	250	250
折现值	－20	454.6	－82.6	112.7	170.8	155.2	141.1	128.3	116.6	106.0	96.4
累计折现值	－20	－474.6	－557.2	－444.5	－273.7	－118.5	22.6	150.9	267.5	373.5	469.9

与静态投资回收期指标相比，动态投资回收期指标的优点是考虑了资金的时间价值，但计算却复杂多了，并且在投资回收期不长和基准收益率不大的情况下，两种投资回收期的差别不大，不至于影响方案的选择。因此，动态投资回收期指标不常用，只有在静态投资回收期较长和基准收益率较大的情况下，才需计算动态投资回收期。

用动态投资回收期指标评价方案的标准仍是 $T_d \leqslant T_b$。

需要明确的是，回收期从何时算起，对投资回收期计算的结果有很大影响。有主张从投资年算起的，也有主张从投产之日算起的。但不管从何时算起，前后必须统一，并应注明所算投资回收期是从何时算起的。

①应用投资回收期法评价项目时，必须将其与标准投资回收期 T_b 进行比较。只有当其小于标准投资回收期，即 $T_j \leqslant T_b$ 或 $T_d \leqslant T_b$ 时，才认为该方案在经济上是可取的。标准投资回收期 T_b 随部门和行业的不同而不同。恰当地确定标准投资回收期，在技术经济分析中有重要作用。我国目前规定部门和行业的标准投资回收期见《建设项目经济评价方法与参数》一书。

②在计算投资回收期时，投资总额 K_0 一般应包括固定资产、新增流动资金，即“全部投资”。在实际计算中，由于对投资与净收益的含义有不同的理解，在计算时也有不完全包含上述各项的。因此，在评价不同项目的经济效益和同一项目的多方案比较时，必须注意投资和净收益计算的一致性，这样才有可比性。

③投资回收期没有考虑投资回收以后方案的收益，没有考虑投资项目的实际使用年限，没有考虑投资项目的期末残值，没有考虑将来累计或追加投资的效果。一句话，没有考虑投资项目整个寿命期的经济效益。因此，通常只作为其他评价方法的辅助方法，而不单独使用。

④投资回收期只能反映本方案投资的回收速度，而不能反映方案之间的比较结果，因此，不能单独用于两个或两个以上方案的比较评价。此时尚需考虑下述的追加投资回收期。

5. 盈亏平衡分析①

影响项目现金流的因素很多，包括投资、经营成本、产品销售量、产品价格、项目寿命期等。这些因素在项目实施后可能会发生变化，影响到投资方案的经济效果，当这些因素的变化达到某一临界值时，会影响到方案的取舍。盈亏平衡分析的目的就是找出各关键影响因素的临界值，判断投资方案对不确定因素变化的承受能力，为决策提供依据。在决定是否投资一个项目时，一个最重要的考虑是该项目是否能够盈利，能够盈利多少。项目的盈利涉及到成本和收入，包括3个方面的因素：产品销售量、产品价格和成本。

从市场供求关系来看，销售量和价格存在一定的关系：向市场提供某一产品的数量越多，产品价格越低；反过来，提供的产品数量越少，产品的价格越高。投资项目也要面临向市场投入一定量产品后，市场价格会怎么样变化的问题。在产量等于销售量的情况下 r 会有两种情况：一是该项目的生产销售活动不会明显地影响市场供求关系，假定其他市场条件不变，产品价格不会随该项目销售量的变化而变化。二是该项目的生产销售活动会明显地影响市场供求状况，随着该项目产品销售量的增加，产品价格会下降。在第一种情况下，产品价格不变，总收入和产量呈线性关系。在第二种情况下，产品价格随产量改变，

① 技术经济学编写组．技术经济学原理与实务［M］．北京：机械工业出版社，2007

总收入和产量呈非线性关系。

在项目的生产成本构成中，在一定的生产规模限度内不随产量变动而变动的费用，称为固定成本。随产品产量变动而变动的费用，称为变动成本。固定成本主要包括固定资产折旧、无形资产及其他资产摊销费、修理费等，在每个经营周期或会计年度，这些费用都是基本不变的。变动成本主要包括原材料、动力、计件工资等，大部分都与产量呈线性关系。也有一部分变动成本与产量不成线性关系，如与批量有关的模具费、运输费等，这部分变动成本通常在总成本中所占比例很小，在分析中一般可以近似地认为它与产量呈线性关系。

对产品销售量、产品价格和成本的各种关系有不同的假设时，盈亏平衡分析可分为线性盈亏平衡分析和非线性盈亏平衡分析。项目评价中只需进行线性盈亏平衡分析。

（1）线性盈亏平衡分析

线性盈亏平衡分析对产品销售量、产品价格和成本有以下 4 个假设条件。

①产量等于销售量，即当年生产的产品或服务当年销售出去。

②产量变化，单位可变成本不变，所以总成本费用是产量的线性函数。

③产量变化，产品售价不变，所以销售收入是销售量的线性函数。

④按单一产品计算，当生产多种产品时，应换算为单一产品，不同产品的生产负荷率的变化应保持一致。

按照以上 4 个假设，销售收入是产品价格和产量的乘积。其计算公式如下：

$$TR = P \times Q \tag{5-18}$$

式中，TR 是销售收入；P 是产品价格；Q 是产量。

总成本是固定成本与变动成本之和，变动成本是单位变动成本和产量的乘积。其计算公式如下：

$$TC = TFC + AVC \times Q \tag{5-19}$$

式中，TC 是总成本；TFC 是总固定成本；AVC 是单位变动成本。

项目的盈利是销售收入减去总成本和营业税金及附加。其计算公式如下：

$$TP = TR - TC - Tax \tag{5-20}$$

式中，TP 是盈利；Tax 是营业税金及附加。

为简化计算，可假设营业税金及附加为 0。以上公式可用图 5－3 表示。

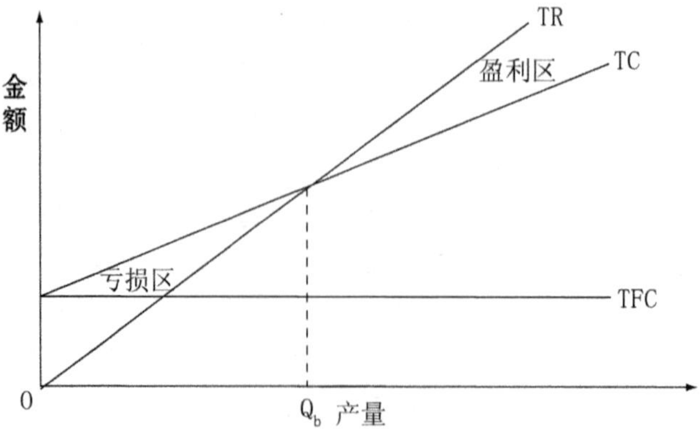

图 5－3　线性盈亏平衡分析

线性盈亏平衡分析图所示，销售收入曲线与总成本曲线将有一个交点。在交点处，销售收入等于总成本，盈利为0。在交点的左侧，销售收入小于总成本，项目处于亏损状态，称焦点左侧为亏损区；在交点的右侧，销售收入大于总成本，项目处于盈利状态，称交点右侧为盈利区。交点所对应的产量称为平衡点产量。

$$Q_b = \frac{TFC}{P - AVC} \quad (5-21)$$

平衡点的生产负荷率为：

$$R = \frac{Q_b}{Q_c} \times 100\% \quad (5-22)$$

例12：某项目设计产量为6000吨/年，产品售价为1335元/吨，其年总固定成本为1430640元，单位可变成本为930.65元/吨，假定：产量、成本、盈利之间的关系均为线性关系，试进行平衡点分析。

解　盈亏平衡点的产量为：

$$Q_b = \frac{TFC}{P - AVC} = \frac{1430640\text{ 元}}{(1335 - 930.65)\text{ 元/吨}} = 3538\text{ 吨}$$

盈亏平衡点的销售额为：

$$TR_b = P \times Q_b = 1335\text{ 元/吨} \times 3538\text{ 吨} = 4723230\text{ 元}$$

盈亏平衡点的生产负荷率为：

$$R_b = \frac{Q_b}{Q_t} = \frac{3538}{6000} \times 100\% = 58.97\%$$

若该项目产量大于3538吨，销售额超过4723230元，生产负荷率大于58.97%，则该项目处于盈利状态；反之，则处于亏损状态。

（2）非线性盈亏平衡分析

在实际工作中，成本费用及销售收入往往不是随产量呈线性变化，而是出现如图5-4所示的变化趋势。

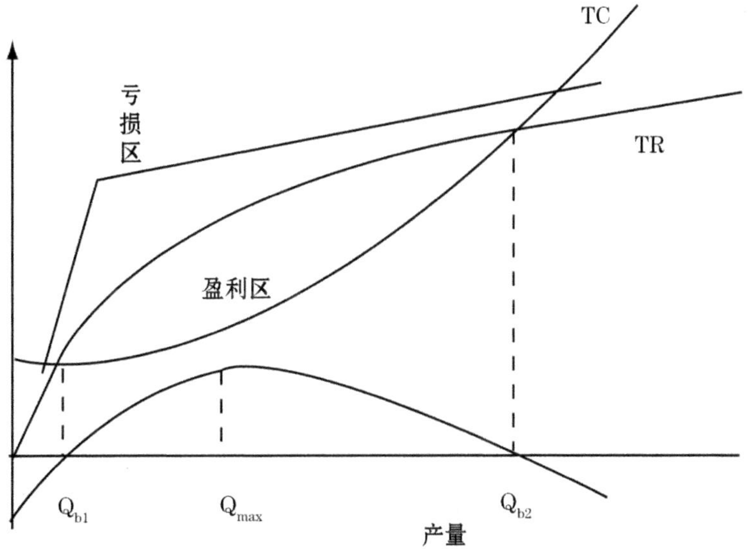

图5-4　非线性盈亏平衡分析

由图 5 -4 可以看出，当产量、成本和销售收入 3 者之间呈非线性关系时，可能出现几个盈亏平衡点。一般把最后出现的盈亏平衡点叫盈利限制点。在图 5 -4 中，只有当产量 Q 在 Q_{b1} ~ Q_{b2}之间时才能盈利，并可以找到最大盈利所对应的产量 Q_{max}。

例 13 某项目的最终产品为一种专用小型设备，年总销售收入与产量的关系为：

$TR = (300 - 0.01Q)Q$

年总成本与产量的关系为：$TC = 180000 + 100Q + 0.01Q^2$ 试进行盈亏平衡分析。

解 项目的盈利函数为：

$TP = TR - TC = (300 - 0.01Q) - (180000 + 100Q + 0.01Q^2)$

解方程得：

$Q_{b1} = 1000$ 台，$Q_{b2} = 9000$ 台

说明可使该项目盈利的产量范围在 1000 ~ 9000 台之间，若产量 $Q < 1000$ 台或 $Q > 9000$ 台，都会发生亏损。

若对盈利函数求导数，并令其等于零，可求出最大盈利时的产量值。

$$\frac{dTP}{dQ} = -0.04Q + 200$$

$$令\frac{dTP}{dQ} = 0，即 -0.04Q + 200 = 0$$

则得 $Q_{max} = 5000$ 台

最大盈利为：

$TP_{max} = (-0.02 \times 5000 + 200 \times 5000^2 - 180000)$ 元 $= 320000$ 元

（3）优劣盈亏平衡分析

如果把盈亏平衡的原理应用到排他型方案的比较选择中，两个排他型方案都是一个单变量的函数，那么它们会有一个交点。当变量的取值在交点上时，两个方案的经济效果相同，该交点称为优劣平衡点。当变量的取值在交点左边和交点右边，对应选择不同的最优方案。这种比选方法就称为优劣平衡点分析。

设两个方案的总成本受一个公共变量 X 的影响，且每个方案的总成本都能表示为该公共变量的函数，则该变量的某个数值可使两个方案的总成本相等。即有：

$$TC_1 = f_1(x) 和 TC_2 = f_2(x)$$

当 $TC_1 = TC_2$ 时，则有：

$$f_1(x) = f_2(x)$$

若解出 $f_1(x) = f_2(x)$ 时的 x 值，就得出了两个方案的优劣平衡点 Xb，即当变量 X 取值为 Xb 时，两个方案的经济效果相同。

例 14 建设某工厂有以下 3 种方案：

A：从国外引进，每年固定成本 800 万元，单位产品可变成本为 10 元；

B：采用一般国产自动化装置，每年固定成本为 500 万元，单位产品可变成本为 12 元；

C：采用自动化程度较低的生产设备，每年固定成本为 300 万元，单位产品可变成本为 15 元。

若市场预测该产品的年销售量为 80 万件，问该选择哪种建设方案？

解　各方案的总成本函数为：

$TC_A = TEC_A + AVC_A \times Q = 800 + 10Q$

$TC_B = TFC_B + AVC_B \times Q = 500 + 12Q$

$TC_C = TFC_C + AVC_C \times Q = 300 + 15Q$

各方案的总成本曲线如图 5－5 所示。

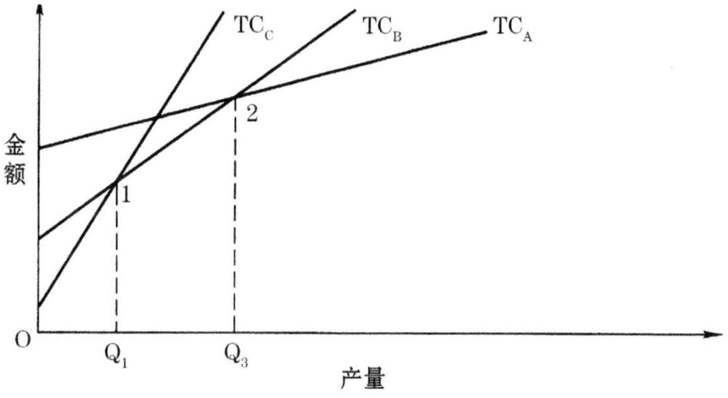

图 5－5　各方案的总成本曲线图

从图 5－5 中可以看出，最低成本线被两个交点分为三段，其中 Q_1、Q_2 分别为优劣平衡点 1、2 下的产量。具体计算如下：

对于点 1：

$TC_B = TC_C$

即　$500 + 12Q = 300 + 15Q$

解得：$Q_1 = 66.7$ 万件

对于点 2：

$TC_A = TC_B$

即　$800 + 10Q = 500 + 12Q$

解得：$Q_2 = 150$ 万件

因此，当产量小于 66.7 万件时，C 方案成本最低；当产量在 66.7～150 万件时，B 方案成本最低；当产量大于 150 万件时，A 方案成本最低。

根据市场预测，选择 B 方案建厂经济上最有利。

从上例可以看出，优劣平衡点分析并不属于盈亏平衡分析，而是一种排他型方案的比选方法。它不仅可以应用在排他型方案的产量因素的比较分析，还可以应用到排他型方案的项目寿命、贴现率等因素的比选。

例 15：某工厂为加工一种产品，有 A、B 两种设备供选用，两台设备的投资及加工费如表 5－9 所示。

试问：

（1）若贴现率为 12%，使用年限均为 8 年，那么每年产量为多少时选用 A 设备有利？

（2）若贴现率为12%，年产量均为13个，则设备使用年限多长时，选用A设备有利？

表5-9 设备投资及加工费

设备	初始投资（万元）	加工费（元/个）
A	2000	800
B	3000	600

解（1）此间即求A、B两设备的产量优劣平衡点。考虑资金的时间价值以后，两方案年固定费用为：

$TFC_A = 2000$ 万元 ×（A/P，12%，8）

$TFC_B = 3000$ 万元 ×（A/P，12%，8）

根据优劣平衡点的定义，有：

$TC_A = TC_B$

$TFC_A + 800Q = TFC_B + 600Q$

即 2000（A/P，12%，8）+800Q = 3000（A/P，12%，8）+600Q

解得 Q_b = [（3000 - 2000）×（A/P，12%，8）/200] 万件/年 = 1.0065万件/年

因此，当产量小于1.0065万件/年时，A设备有利。

（2）此时分析的不确定因素是使用年限n，由 $TC_A = TC_B$ 得：

2000 ×（A/P，12%，n）+800 × 1.3 = 3000 ×（A/P，12%，n）+600 × 1.3

化简得 （A/P，12%，n）= 0.26

即 $$\frac{0.12(1+0.12)n}{(1+0.12)n-1}=0.26$$

解得 n = 5.46年

因此，当设备的使用年限小于5.46年时，选用A设备有利。

6. 敏感性分析[①]

影响项目实现预期经济目标的风险因素来源于法律法规及政策、市场供需、资源开发与利用、技术的可靠性、工程方案、融资方案、组织管理、环境与社会、外部配套条件等一个方面或几个方面。在项目的不确定性和风险分析中，需要发现对经济效益的不确定性影响较大的参数，这样，在项目的施工和以后的经营管理中就能有的放矢地重点控制这些比较敏感的参数，以保证项目预期经济效益的实现。

敏感性分析是指通过分析不确定性因素发生增减变化时，对财务或经济评价指标的影响，并找出敏感因素。如果不确定因素通过参数来表示，则投资项目的经济效益随其现金流量中某个或某几个参数的变化而变化，这种变化称为投资经济效益对参数的敏感性。若某参数值的较小变化能导致经济效益的较大变化，则称投资经济效益对该参数的敏感性大；反之，则称为该参数的敏感性小。通过敏感性分析可以大体揭示投资经济效益的变化范围或幅度，它在一定程度上反映了投资项目的风险和不确定程度。在进行方案选择时，风险和不确定性大小是取舍方案的重要依据之一。

① 技术经济学编写组．技术经济学原理与实务［M］．北京：机械工业出版社，2007

通常采用敏感度系数和临界点来表示不确定性因素的敏感性，计算时应符合下列要求：

（1）敏感度系数是指项目评价指标变化率与不确定性因素变化率之比，可按下式计算：

$$SAF = \frac{\Delta A/A}{\Delta F/F} \tag{5-22}$$

式中，ΔF/F 是不确定性因素 F 的变化率；ΔA/A 是不确定性因素 F 发生 ΔF 变化时，评价指标 A 的相应变化率。

（2）临界点（转换值）是指不确定性因素的变化使项目由可行变为不可行的临界数值，一般采用不确定性因素相对基本方案的变化率或其对应的具体数值来表示。临界点可通过敏感性分析图得到近似值。

敏感性分析根据其一次变动参数的多少可分为：单参数敏感性分析、双参数敏感性分析和多参数敏感性分析。假设项目现金流量中的其他参数保持在原有预测水平不变，仅考察某一参数变化对项目经济效益的影响，称为单参数敏感性分析；如果考察两个或两个以上因素相互影响的变化对项目经济效益的影响，则称双参数或多参数敏感性分析。敏感性分析中通常只进行单参数敏感性分析。

单参数敏感性分析的步骤如下。

（1）按照最可能的情况预测出现金流量中各参数的数值，并计算方案的经济效益（如净现值或内部收益率等）。

（2）以上述各参数的预测值为基点，设想某一参数以其预测值为基点沿正负方向发生变化（变化幅度一般用百分数表示），而其他参数保持预测值不变，并计算变化后方案相应的经济效益。

（3）将所得数据列成表或绘成单参数敏感性分析图。

例 16：已知各参数的最初预测值如表 5－10 所示，试对年收入、年支出、寿命、残值 4 个参数逐一进行单参数敏感性分析。

解　取各参数的变化分别以 ±10%、±20%、±30% 取值，项目相应的净现值计算结果如表 5－11 和图 5－6 所示。

在图 5－6 中，NPV（R）表示年收入变化引起的项目净现值变化；NPV（N）表示寿命变化引起的项目净现值变化；NPV（L）表示残值变化引起的项目净现值变化；NPV（C）表示年支出变化引起的项目净现值变化。

表 5－10　项目现金流量（单位：元）

参数	预测值
初始投资	170000
年收入	35000
年支出	3000
残值	20000
寿命（年）	10
净现值	17240

表 5－11　项目的单参数敏感性计算（单位：千元）

	－30%	－20%	－10%	0	10%	20%	30%
年收入（R）	－42.08	－22.30	－2.53	17.24	37.02	56.79	76.57
年支出（C）	22.33	20.63	18.94	17.24	15.55	13.85	12.16
寿命（N）	－17.52	－4.60	6.94	17.24	26.44	34.66	41.99
残值（L）	15.37	15.96	16.60	17.24	17.89	18.53	19.16

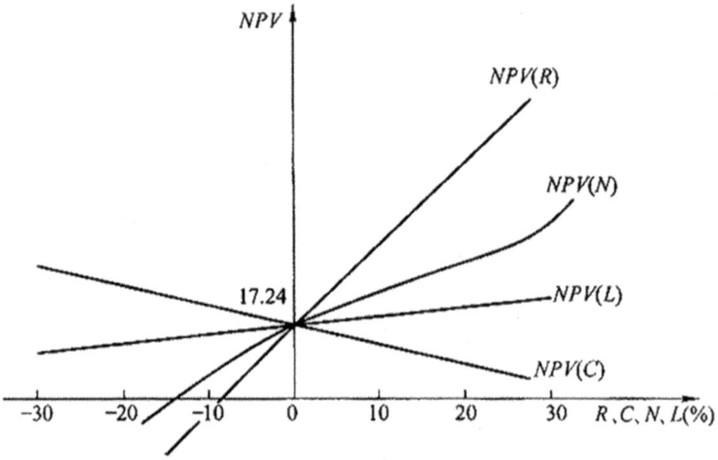

图 5－6　单参数敏感性分析图

根据图 5－6 可作如下分析。

（1）经济效益对某一参数的敏感性大，则此参数对净现值关系曲线的斜率也大；反之，则小。此项目经济效益对年收入、寿命两参数的敏感性较大，年支出次之，残值最小。

（2）各曲线与横轴的交点坐标值称为临界值。参数的临界值是项目经济效益处于临界状态（由盈转亏，或由亏转盈）时的关键值。图中年收入参数的临界值接近于原预测值的 90%，寿命参数的临界值接近原预测值的 85%。决策时，可以通过临界值来估计某一参数对项目盈亏的影响，并在实施过程中着力对其进行控制，以保证项目预期经济效益的实现。

四、社会评价

（一）社会评价的主要内容

社会评价的内容既有生产领域的，又有非生产领域的，往往涉及国民经济各个部门，要对这样一个大系统准确地进行评价，难度是相当大的。一般可在方案的技术与经济评价的基础上，借用“外脑”或其他软科学方法对方案的社会效果作多目标评价，借以评价方案的社会可行性。

主要评价指标有：

1. 用定量形式表示的社会效果评价指标。主要由劳动就业效果指标（包括总就业效果、直接就业效果和间接就业效果）、收入分配效果指标、产品国际竞争力指标和环境保护效果指标。

2. 用定性指标表示的社会效果评价指标。主要有先进技术的引进，社会基础设施，生态平衡，地区开发和经济发展，人口结构及文化素质改变，以及审美、政治、军事等方面的定性分析指标。

（二）社会评价的主要方法①

1. 有无对比分析法

有无对比分析法是指对有项目情况和无项目情况的社会影响对比分析的方法。通过有无对比分析，确定拟建项目可能引起的社会变化，预测各种社会影响的性质、范围和程度。在社会评价中，无项目情况就是指在没有拟建项目情况下研究区域的社会情况；有项目情况就是考虑拟建项目建设运营中对社会引起各种社会经济变化后的社会经济状况。

2. 利益相关者分析法

项目利益相关者是指与项目有直接或间接利害关系，并对项目的成功与否有直接或间接影响的所有各方。

（1）项目受益人；

（2）项目受害人；

（3）受项目影响的人；

（4）其他利益相关者，包括项目的建设单位、设计单位、咨询单位、与项目有关的政府部门与非政府组织。

利益相关者分析的主要内容有：根据项目单位的要求和项目的主要目标，确定项目所包括的主要利益相关者；明确各利益相关者的利益所在以及与项目的关系；分析各个利益相关者之间的相互关系；分析各利益相关者参与项目的设计、实施的各种可能方式。

利益相关者分析一般按下列步骤进行。

（1）构造项目各相关者列表；

（2）评价各利益相关者对项目成功与否所起作用的重要程度；

（3）根据项目目标，对项目各利益相关者的重要性做出评价；

（4）根据以上各步的分析结果，提出在项目实施过程中对各利益相关者应采取的措施。

3. 排序打分法

所谓排序打分法，就是把所研究或分析的对象按一定的顺序排列起来，通过设定分析因素及相应得分值和权重，让评价者进行打分评价的分析方法。应用这种方法时一般应遵循以下原则。

（1）确认排序的对象满足所研究问题和环境的需要；

（2）与有知识的人员共同决定选择哪些对象进行排序，并对所选择对象的相关性进

---

① 技术经济学编写组编．技术经济学原理与实务［M］．北京：机械工业出版社，2007

行讨论；

（3）列出打分的指标；

（4）请参加打分的利益相关者对不同的问题进行打分、排序，例如 1 代表最好、2 代表次好等；

（5）分析打分者对不同的因素给予不同分值的原因；

（6）探讨更多的打分指标；

（7）寻求让不同的利益相关者对一些相同的问题进行打分和排序；

（8）将不同因素排序与不同利益相关者的利益联系起来。

4. 财富排序法

财富排序法是对被调查者提供的其所拥有的财富信息，按所设定的排序标准进行排序，通过对排序结果的分析，确定项目地区社会分层状况的方法。这种方法多应用于扶贫取向型的项目中。

5. 综合分析评价法

分析项目的社会可行性时通常要考虑项目的多个社会因素及目标的实现程度。对这种多个目标的评价决策问题，通常选用多目标决策的科学方法，如逻辑框架法、德尔菲法、矩阵分析法、层次分析法、模糊综合评价法、数据包络分析法等。评价人员可以根据项目定量与定性指标的复杂程度，选择合适的评价方法。多目标综合评价法一般都要组织若干专家，包括各行业和各学科的专家学者，根据国家的产业发展政策和地区的社会发展水平与发展目标，结合拟建项目的具体情况，对确定下来的各个分项指标视其对项目的重要程度给以一定的权重，并对每个指标进行分析和打分，最后计算出项目的综合社会评价效果，得出评价的结论。下面重点介绍逻辑框架法及其在社会评价中的运用。

逻辑框架法（Logical Framework Approach，LFA）是美国国际开发署（USAID）于 1970 年开发并使用的一种项目设计、计划和评价的工具，并逐步在国际组织援助项目的计划管理及评价中得到推广和运用，目前已有 2/3 的国际组织把逻辑框架法作为援助项目计划、管理和评价的主要方法。

（1）逻辑框架法的基本概念。逻辑框架法是一种概念化地论述项目的方法，即用一张简单的框图来分析一个复杂项目的内涵和各种逻辑关系，以便给人们一个整体的框架概念。逻辑框架法将几个内容相关、必须同步考虑的动态因素组合在一起，通过分析各种要素之间的逻辑关系，从设计策划到目标实现等方面来评价一项活动或工作。逻辑框架法为项目策划者和评价提供了一种分析框架，用以确定工作的范围并对项目的目的和达到目标所需的手段进行逻辑关系分析。

逻辑框架法的核心是项目的各种要素之间的因果关系，即“如果”提供了某种条件，“那么”就会产生某种结果。这些条件包括事物内在的因素及其所需要的各种外部条件。

逻辑框架法的结果是要形成一个逻辑框架表。由于该表能够充分体现表内所包含的各项目内容之间的逻辑关系，而且这种逻辑关系构成了一个矩阵式的框架结构，因此人们又称这种表格为逻辑框架矩阵表。逻辑框架法的模式是一张 4×4 的矩阵，基本模式如表 5－12 所示。

表 5－12　逻辑框架法的基本模式

目标层次	客观验证指标	客观验证方法	重要假设及外部条件
宏观目标	宏观目标验证指标	评价及监测手段和方法	实现宏观目标的条件
具体目标	具体目标验证指标	评价及监测手段和方法	实现具体目标的条件
产出成果	产出成果衡量指标	评价及监测手段和方法	实现项目产出的条件
投入/活动	投入方式及定量指标	投入活动验证方法	落实投入的外部条件

（2）逻辑框架法的目标层次及逻辑关系。逻辑框架汇总了项目实施活动的全部要素，并按宏观目标、具体目标、产出成果和投入的层次归纳了投资项目的目标及其因果关系。

上述各目标层次的主要区别是，项目宏观目标的实现往往由多个项目的具体目标所构成，而一个具体目标的取得往往需要该项目完成多项具体的投入和产出活动。这样，4 个层次的要素就自下而上构成了 3 个相互连接的逻辑关系。第 1 级是如果保证一定的资源投入，并加以很好地管理，则预计有怎样的产出。第 2 级是如果项目的产出活动能够顺利进行，并确保外部条件能够落实，则预计能取得怎样的目标。第 3 级是项目的具体目标对整个地区乃至整个国家更高层次宏观目标的贡献关联性。这种逻辑关系在逻辑框架法中称为“垂直逻辑”，可用来阐述各层次的目标内容及其上下层次间的因果关系，如图 5 – 7 所示。

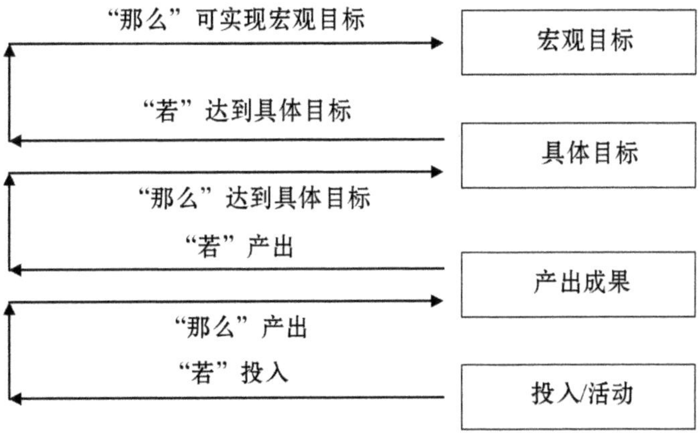

图 5 – 7　垂直逻辑中的因果关系

逻辑框架的垂直逻辑对项目目标层次的因果关系进行了分析，但这种分析不能满足对项目进行分析和评价的要求，还应对逻辑框架中的水平逻辑进行分析。水平逻辑分析的目标是通过主要验证指标和验证方法来衡量一个项目的资源和成果。与垂直逻辑中的每个层次目标对应，水平逻辑对各层次的结果加以具体说明，由验证指标、验证方法和重要的假定条件所构成，形成了四 A 的 4 × 4 的逻辑框架。水平逻辑验证指标和验证方法的内容及逻辑关系如表 5 – 13 所示。

表5－13　逻辑框架中的水平逻辑关系

目标层次	验证指标	验证方法
宏观目标	对宏观目标影响程度的评价指标（包括预测值、实际值）	资料来源：项目文件、统计资料、项目受益者提供的资料等 采用方法：调查研究统计分析等
具体目标	验证项目直接目标的实现程度	资料来源：项目受益者提供 采用方法：调查研究等
产出成果	不同阶段项目定性和定量的产出指标	资料来源：项目记录、监测报告、受益者提供的资料等 采用方法：资料分析、调查研究等
投入/活动	投入资源的性质、数量、成本、时间、区位等指标	资料来源：项目评价报告、项目计划文件、投资者协议文件等

在项目的水平逻辑关系中，还有一个重要的逻辑关系就是重要假设条件与不同目标层次之间的关系，主要内容是：一旦前提条件得到满足，项目活动何时可以开始。一旦项目活动开展，所需的重要假设也得到了保证，便应取得相应的产出成果。一旦这些产出成果实现，同水平的重要假设得到保证，便可以实现项目的直接目标。一旦项目的直接目标得到实现，同水平的重要假设得到保证，项目的直接目标便可以为项目的宏观目标做出应有的贡献。（图5－8）

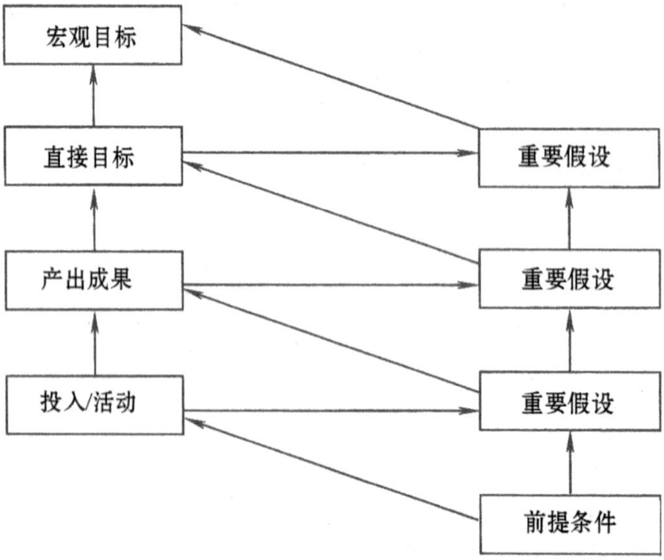

图5－8　水平逻辑中的因果关系

对于一个理想的项目策划方案，以因果关系为核心，很容易推导出项目实施的充分必要条件。从项目不同目标层次间的因果关系可以推导出实现目标所需要的必要条件，这就是项目的内部逻辑关系。而充分条件则是各目标层次的外部条件，这是项目的外部逻辑。把项目的层次目标（必要条件）和项目的外部制约（充分条件）结合起来，就可以得出清晰的项目概念和设计思路。

总之，逻辑框架分析方法不仅仅是一个分析程序，更重要的是一种帮助思维的模式，通过明确的总体思维，把与项目运作相关的重要关系集中加以分析，以确定项目应该达到的具体目标和宏观目标。

第三节　方案综合评价与优选

一、方案综合评价的内容

综合评价的方法可分为定性评价和定量评价两大类。德尔菲法和优缺点列举法常在定性评价中得到应用。

德尔菲法就是通过专家们背靠背地书面表达意见，经过多轮（最少3轮）反馈、归纳，最后整理出比较一致的意见的方法。由于这种方法具有匿名性，从众心理弱化，故能集思广益，结论比较符合实际。但时间较长，费用较高。

优缺点列举法就是把各方案的优点和缺点详细地列举出来，并对优缺点作进一步检查、研究，然后通过分析、讨论得出最后评价的结论。评价时一般多采取淘汰制，逐步缩小考虑范围，以便找出最佳方案。

对于方案中所存在的缺点，有3种情况：（1）缺点可以克服。（2）缺点的部分可以克服，部分问题则目前难以很好解决。（3）在目前条件下，缺点不能解决。对于必须达到的要求，某一方案若存在无法克服的致命缺点，就应放弃。只有在能够达到规定的要求情况下，而缺点又是可以克服的方案，才能考虑通过。优缺点列举法便于全面分析问题，灵活简捷，但容易受评价者主观因素的影响，并且缺乏定量分析。

二、综合评价方法

优缺点列举法、效用/成本评价法、综合评价法等。

综合评价的定量方法有多种，常用的有加法评分法、加权评分法、比较价值法、强制评分法等。

1. 加法评分法

加法评分法是对方案的评价项目，按照实现程度分别打分，然后将每个评分项目得分加总，所得的总分值最高者为优选方案。

2. 加权评分法

加法评分法是把各个方案的所有功能都看作同等重要，这是它的缺点。为了弥补这个缺点，对各功能按其重要程度给予一定权数进行加权评分，以方案评分的综合总分作为择优的依据。加权评分法的特点是同时考虑功能与成本两方面的各种因素，以功费比大者为优。

3. 强制评分法

强制评分法（FD 法）在方案评价中的运用不同于选择对象和功能评价阶段，它是通过强制打分评价项目的重要度系数及方案的满足度系数，经过加权计算，以方案的评分总值作为优选方案的指标。

强制评分法是用对比的方法来评选，只可用于缺乏必要的技术经济数据的情况，对于功能重要度或满足度悬殊的方案，不宜采用强制评分法。

4. 倍数确定法

倍数确定法又称环比评分法。它与强制评分法所不同的是，每个评价项目与相邻上下两两进行对比，不与全部评价项目对比。

5. 优缺点列举法

优缺点列举法是从技术、经济、社会 3 个方面，详细列举出各方案的优缺点，然后综合各方案的优缺点，从整体上评价各方案的优劣。优缺点列举法属于定性分析评价方法。这种方法便于全面考虑问题，简便易行，但分析评价比较粗糙，缺乏定量依据。

6. 效益——费用比（B/C）

效益——费用比是指一个项目在整个计算期内年收益（b_t）的现值之和（B）与年费用（ct）的现值之和（C）之比。表达式为

$$B/C = \frac{\sum_{i=0}^{n} b_t(P,F,i,t)}{\sum_{t=0}^{n} C_t(P/F,i,t)} \tag{5-1}$$

对于方案经济评价，若 B/C≥1，则该方案是可以接受的，否则应拒绝。由 NPV 和 B/C 的定义可知

$$NPV = B - C \tag{5-2}$$

即

$$B/C = \frac{NPV}{C} + 1 \tag{5-3}$$

如果 B/C≥1，则必有 NPV≥0；反之亦然。所以，对于方案经济评价来说 NPV 和 B/C 两个指标是等效的。但由于 B/C 计算较繁，因此，人们常使用 NPV 指标。

7. 方案价值系数法①

价值系数法是通过成本指标与功能指标的对比，求算方案的价值系数，根据价值系数的大小判断方案的优劣。在方案评价中，由于功能得分越高或功能评价系数越大表示方案对评价项目的满足程度越好，而以成本低或成本系数越小表示经济可行性越好，所以方案综合评价结果也是以价值系数数值越大越好。

方案价值系数法采用价值形式反映方案优劣，与价值工程的价值概念一致。它的指标侧重成本与功能两方面，评价内容明确，便于对比方案间主要差异。价值系数法的主要步骤是：

（1）用综合评分法对方案进行技术评价，求出各功能评价项目的评价得分；

① 王乃静．价值工程概论［M］．北京：经济科学出版社，2006

（2）求出各方案的成本；

（3）根据方案价值系数 $=\dfrac{\text{功能评价得分}}{\text{方案成本}}$，得到各方案价值系数；

（4）按价值系数的大小排列方案顺序，价值系数最大的方案为最优方案。

例 1：油漆工艺问题。已知各方案的功能评价总分，各工艺方案的总成本。如果该企业预计各工艺方案的寿命为 10 年，年折旧率为 10%，汽车年产量为 6 万辆，试对 4 种方案进行综合分析。

由已知资料可整理出表 5－14。

表 5－14　综合评价

方案		一次性成本			直接成本（元/百辆）	每百辆车油漆成本（元）	功能评价总分	价值系数	方案顺序
		总数	年折旧费（元）	每百辆摊提费					
静电粉末震荡	环氧粉末	25000	25000	4.17	227.65	231.82	96.25	41.52	4
	聚乙烯粉末	25000	2500	4.17	114.77	118.94	92.65	77.90	1
电泳 F08－1		38500	3850	6.42	114.25	120.67	76.10	63.06	3
水性漫涂		21500	2150	3.58	104.25	107.83	77.45	71.83	2
喷涂 L04－1		17000	1700	2.86	225.83	228.69	58.20	25.44	5

本章小结

1. 方案评价可分为概略评价与详细评价。不论概略评价或详细评价都包括 3 个方面内容：技术评价、经济评价和社会评价。把这 3 个方面联系起来进行权衡，则称为综合评价。技术评价是对方案的功能的必要性及必要程度和实施的可能性进行分析评价；经济评价则是对方案实施的经济效果进行分析评价；而社会评价则是对方案给国家和社会带来的影响进行分析评价；综合评价又称为价值评价，是根据以上 3 个方面评价内容，对方案价值大小所做的综合评定。

2. 概略评价的目的是筛选出可望提高价值的设想方案，而不是评定设想方案是否先进。因此，在概略评价阶段要采取积极培育的态度，不要随便扼杀那些有希望的设想方案。对那些表面上似乎离题很远的设想不要轻易否定，要注意抓本质，提炼精髓。对那些有潜在效果的设想方案要进一步作技术上的调查研究，力争培育出技术经济效益很好的可行方案。

3. 方案的详细评价是对在概略评价中选定或保留的方案设想，经过进一步地具体化和试验研究，所进行的更为细致的评价。其目的是通过全面、翔实和准确可靠地评价分析，为最佳方案的确定提供科学而客观的依据。因而无论从内容和方法上都要比概略评价更为深入、详细和复杂。相对而言，详细评价更强调评价内容及方法的定量性和系统性。

4. 综合评价的方法可分为定性评价和定量评价两大类。德尔菲法和优缺点列举法常在定性评价中得到应用。综合评价的定量方法有多种，常用的有加法评分法、加权评分法、比较价值法等。

思考与练习

1. 概略评价的目的是什么？
2. 简述详细评价的内容和方法？
3. 方案综合评价的方法有哪些？

主要参考文献

1. 技术经济学编写组. 技术经济学原理与实务［M］. 北京：机械工业出版社，2007
2. 陈立文，陈敬武. 技术经济学概论［M］. 北京：机械工业出版社，2006
3. 玉井正寿. 价值分析［M］. 北京：机械工业出版社，1981
4. 王乃静. 价值工程概论［M］. 北京：经济科学出版社，2006

第二篇　实践篇

第六章　价值创新分析工具、框架、实施方法

【本章提要】主要介绍价值创新的分析工具和框架，说明如何重新界定市场边界，通过新的角度进行市场定位，同时分析体育产业项目的价值创新战略，对具体战略类型和逻辑思维进行详细阐述。

第一节　价值创新的分析工具和框架

一、战略布局图

战略布局图是一种对于价值创新具有核心地位的分析框架，运用其可以进一步搞清当前市场中的竞争重点。

（一）战略布局图介绍

战略布局图是建立强有力的竞争战略的诊断框架和分析框架。使用战略布局图可以获取当前市场的竞争状况，了解竞争对手的投资方向，在产品、服务和配送等方面的竞争集中在哪些因素上，以及顾客在相互竞争的商品选择中得到了什么。

价值系统创新的策略，即打破惯例。所以，任何体育产业组织要敢于打破原有的东西，创建价值链。不要把习以为常的事当成是理所应当的事，这便是价值创新的源泉。管理者要放开视野，寻求价值创新途径，在市场中，总有一些要素是对顾客至关重要的，这就是价值创新的关键点。图 6－1 用图形方式将这些要素表达出来。横轴显示目前行业内竞争和投资所注重的各项因素 A、B、C、D、E、F、G、H。

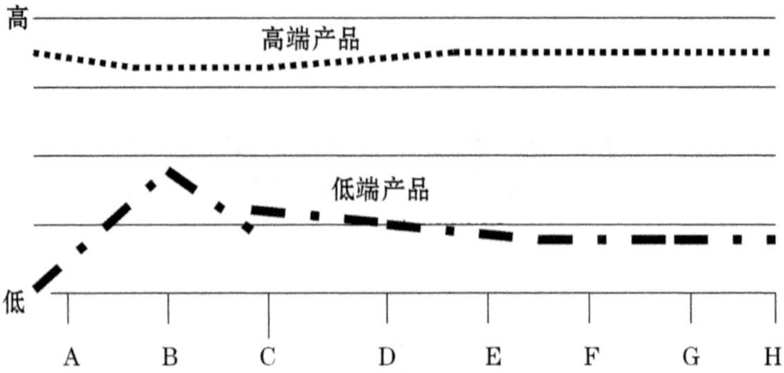

图6－1 战略布局示意图

让我们以健身行业为例。在这个案例中，假设有9个基本因素在起作用：健身房空间大小、健身房地理位置、管理人员的服务水平、个性化服务、教练的专业化程度、健身房的设施舒适度、设施的种类、卫生程度、健身房的装修风格以及价格。在向那些内行的健身者宣传时，这些因素被认为是突出健身服务特点的关键，值得特别重视。

这就是从市场角度观察到的健身行业的基础结构。再看看战略布局图的纵轴，它显示了在所有这些竞争要素方面购买者得到了多少。数值越高表明企业为购买者提供的效用越高，在该因素上的投资也较多。对价格因素而言，在价格上分数更高表明价格更高。我们可以将健身俱乐部现有服务产品在所有这些因素上的水准都标绘出来，从而了解这些企业的战略轮廓，也就是价值曲线。价值曲线是战略布局图的基本组成部分，它通过图形的方式，描绘出一家健身俱乐部在行业竞争各要素上表现的相对强弱。

（二）如何通过战略布局图分析竞争战略

下面对战略布局图进行分析。图6－1显示，从买方角度看来，各个俱乐部在价值曲线上有很大的趋同性。尽管竞争者众多，但我们把名牌健身俱乐部的价值曲线绘制在战略布局图上就可以发现，他们的战略轮廓基本相同。这些俱乐部定价较高，并在所有关键竞争因素上也追求高水准，他们的战略轮廓遵循经典的差异化战略。但从市场观点看，他们想追求差异化，结果却是相互雷同。另一方面，经济型俱乐部的战略轮廓也都相同。他们价格低，在各竞争因素上达到的水平也低，这些俱乐部是典型的低价格竞争者。另外，高端和低端产品的价值曲线具有相似的形状。这两组战略几乎是步伐一致的，只是在达到的水平上有所不同。

在这种行业状况下，要想将企业推上强力增长和盈利的轨道，如果只是比照竞争对手，在相同的元素上给予顾客多一点或少一点，并希望因此在竞争中胜出，其实是无济于事的。这种战略或许可以稍稍提高销售额，但很难推动公司开辟一个没有竞争的市场空间。

【小资料】联想收购IBM PC业务案例：同质时代的价格竞争

如今，PC“同质”时代到来了。个人电脑在中国经历20年的发展，终于掉进了“同质”的游涡。“同质”代表的是消费者对不同品牌的相似产品有完全相同的认同度，各种品牌之间丧失了区分度。就像彩电一样，只要是29英寸的彩电，基本上都一样，该有的功能，不管是哪一家生产的都有。同质的直接代价就是赤裸裸的价格竞争，在2001年全球IT遭遇“寒冬”。各国际厂商更是把中国大市场看得尤为重要，纷纷涉足中国市场，它们拥有强大的财力支持，在价格战中有极大的优势。2001年第2季度，全球个人电脑的销量比2000年同时期下降了1.9%，总数为3040万台。这也是自IBM与苹果电脑在16年前创立PC产业以来，首次出现负增长。微软在此之前也曾预测，至2002年6月，全球个人电脑销量将只保持“一位数”增长。个人电脑正在陷入和彩电行业相同的尴尬。PC以前的更新频率是两年一次，但是随着CPU速度要求的停滞，PC更新的速度也大大放缓。这样，PC的更新时间也延长，更新频率延长到3~4年一次。PC使用年限的增长，更减少了市场对新PC的实际需求。

根据国际数据公司IDC数据显示，虽然联想在2001年始终保持了中国PC市场第一的位置，全年销售量为208万台，较上年增长96%，中国区市场占有率突破30.8%，较上年同期的21.5%增长了43%。但是PC总量已经到了接近衰退的边缘，即便算上一个家庭会拥有几台电脑和企业采购行为等诸多因素，整个行业的市场在1000万台左右的时候，很有可能转入衰退期。毕竟，没有一个产品的市场是永续增长的市场。

研究表明，消费者很少能够想象到如何创建没有竞争的空间。他们的思路很容易往“给我多点或少点”这方面走，而消费者想要多点的，往往是这些行业已有的产品和服务的因素。

要想从根本上改变行业的战略布局图，必须将战略重点从竞争者转向其他可选择的市场，从客户转向非客户。为了同时考虑价值和成本，就必须拒绝比照现有竞争对手，以及在差异化和成本领先之间进行选择的旧逻辑。将战略重点从当前的竞争转向其他选择市场和非客户之后，就能够重新定义行业所面临的问题，进而跨越行业边界，重建消费者的价值因素。与之相对，传统的战略逻辑则是驱使企业，针对已经定义好的问题，寻求提高优于竞争对手的解决办法。

如何寻找新的战略，可以使用第2种基本分析工具：四步动作框架。

二、四步动作框架

四步动作框架是创造新的战略重点，重构价值曲线的重要分析工具。为了重新构建买方价值因素，塑造新的价值曲线，用一套四步动作框架来进行分析。如图6-2所示，为打破差异化和低成本之间的替代关系，创造新的价值曲线，有4个核心问题对挑战行业现有的战略逻辑和商业模式而言至关重要。

（一）哪些行业中被认为理所当然的因素应该被剔除

（二）哪些因素的含量应该减少到行业标准以下

（三）哪些因素的含量应该增加到行业标准以上

（四）哪些行业内从未提供过的因素应该被创造

第1个问题促使企业考虑剔除在行业长期竞争中攀比的因素。这些因素通常是想当然的，但其实已不再具有价值，甚至降低了价值。有时候，购买者所重视的价值发生了变化，但公司只顾相互竞争，而没有采取任何行动应对变化，甚至对变化毫无察觉。

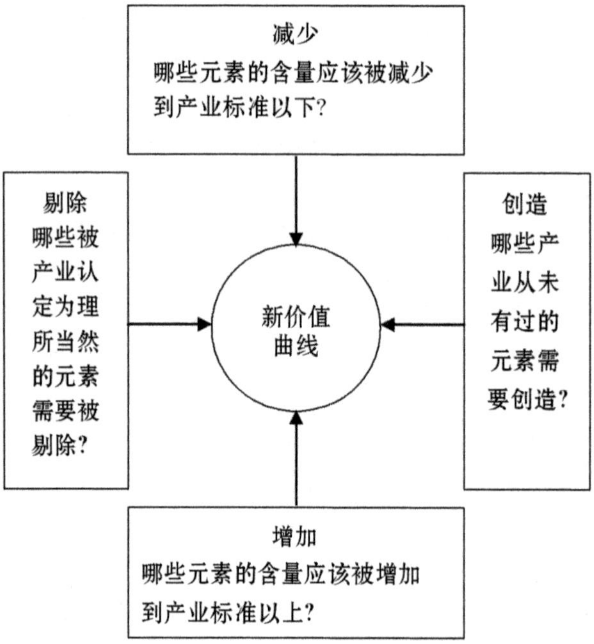

图 6－2 四步动作框架图

第 2 个问题促使企业考虑产品或服务是否过度设计。如果公司提供给消费者的超过了实际所需要的，那就是徒然增加成本却没有任何收益。

第 3 个问题促使企业发现和消除消费者不得不做出的妥协。

第 4 个问题帮助发现购买者价值的新来源，以创造新的需求，改变行业的战略定价标准。

前 2 个问题（剔除和减少）可以帮助企业将成本水平降低到竞争对手之下。在习惯于攀比竞争的因素方面，企业经理们很少会系统性地尝试剔除和降低投资。结果是成本不断增加，商业模式也日趋复杂。与之相对，后 2 个问题启发我们如何提升购买者的价值，创造新的需求。总的来说，这 4 个问题帮助我们系统地探索如何超越现有行业边界，重组购买者价值因素，向购买者提供全新的体验，同时又将成本结构保持在低水平。特别重要的是剔除和创造这两个行动，它们将公司推上了超越现有竞争，追求价值最大化的轨道。它们驱使企业改变因素本身，从而使得既有的竞争规则变得无关紧要。

三、“剔除——减少——增加——创造”坐标格

第 3 个工具也是开创新市场的关键。这是四步动作框架的辅助分析工具，称为“剔除——减少——增加——创造”坐标格（图 6－3）。

图 6－3 这种表格要求公司不仅回答四步动作框架中的 4 个问题，同时要求在 4 个方面都采取行动，创造新的价值曲线。通过让企业在坐标格中填入在这 4 方面所要采取的行动，企业马上可以获得以下 4 个方面的益处。

（一）促使企业同时追求差异化和低成本，以打破价值——成本之间的替代取舍关系。

剔除 A D F	增加 S I
减少 B C E	创造 X Y Z

图 6-3 "剔除——减少——增加——创造"坐标格

（二）及时提醒企业不要只专注于增加和创造两个方面，而抬高了成本结构，把产品和服务设计功能超出了顾客的需求。许多公司通常会陷入如此境地。

（三）这一工具很容易被各层次的管理者所理解，从而在战略实施中获得企业上下高度的参与和支持。

（四）由于完成表格是项有挑战性的工作，这使得企业能严格考察每一项竞争因素，从而发现那些竞争中所蕴含的假设，竞争中的企业往往无意中把这些假设当作是理所当然的。

图 6-4 是奥林匹克公园北部场馆群的"剔除——减少——增加——创造"坐标格

剔除 国有场馆的管理模式 多余的看台	增加 有利于不同年龄段的项目需求 VIP包房及附属设施 观众体验区 信息平台
减少 平时能耗较大的设施 整合运动场地 运营团队规模	创造 引入国际化的专业运营公司 根据顾客需要进行场馆改造 与组织目标相符合的组织机构设计 模块化改造方案

图 6-4 奥林匹克公园北部场馆群的"剔除——减少——增加——创造"坐标格

图 6-4 提供了这种工具在实际应用中的一个范例，并展示了这样做能让企业发现什么。那些行业竞争长期依赖的、而通过企业填写坐标格可以减少或剔除的因素，其实毫无意义。以奥林匹克公园北部场馆群为例，它剔除了一些元素，比如国有场馆的管理模式等。这些因素在以往体育行业中被认为是理所当然的，它们的重要性从没被怀疑过。但是这种模式已制约了场馆群未来的发展。而且由于模式存在问题，导致运营团队过于庞大，而且效率低下，造成运营成本的增加。同样的问题是多余的看台，显然也会增加成本。

第二节　寻找新市场空间的方法

从不同战略类型中开创新的市场空间的关键在于突破行业惯例，去了解哪些是决定客户从一个业务类别转换到另一个业务类别的主要因素。

通过超越传统竞争范围的思维，可以找到打破常规的战略行动，重新构筑市场边界，开创新的市场。发现和开创市场机会的过程不是预测和占卜行业趋势，也不是试验企业经营者偶然想到的一些疯狂的新业务的试错过程。相反，它是企业经营者以一种全新的方式重新构建市场状况的有序过程。通过重新构建现有的行业和市场边界，他们就可以将企业从打破头的竞争中解脱出来。

一、6 条路径分析框架思维方式

表 6－1 对“6 条路径分析框架”作了一个小结，表明了相互竞争和价值创新这两种战略在 6 条路径方面的不同特点。

表 6－1　相互式竞争与价值创新战略的特点

	相互式竞争战略	价值创新战略
行业	关注行业内的竞争者	放眼替代性行业
战略业务类别	在某个战略业务类别中建立竞争优势	放眼同一行业中的不同战略类型
购买者群体	为既定的购买者群体提供更好的服务	重新定义行业内的购买者群体
产品或服务的范围	在行业既定范围内最大化产品或服务的价值	放眼互补性产品或服务
功能导向和情感导向	在行业既定导向下提高价格竞争力	重新思考行业的导向
时间	等外部趋势出现后被动地适应	通过采取行动改变外部趋势

可以通过这 6 种方式开始企业的战略策划过程。如何重构战略策划过程，将重心放在主要方面，并且运用这些思维方式来制订企业的战略。

通过描绘战略布局图，可以持续地制订和调整战略，提高更多员工的创造性，拓展公司的员工视野。战略布局图更加易于理解，便于沟通，从而使得执行更加有效。创造新战略的 6 条路径为基础，涉及许多视觉激励的成分，来启发人们的创造性。

二、战略视觉的 4 个步骤

下面介绍战略视觉的 4 个步骤，具体程序见表 6－2 所示。

（一）视觉唤醒

要求企业经理们绘制公司战略的价值曲线，可以使他们认识到变革的需求。

（二）视觉探索

要求管理团队到基层去，使管理层必须搞清：人们究竟为什么使用或不使用他们的产品和服务。这个步骤看起来很简单，但我们发现管理者经常把这部分战略制订过程外包出去，他们依赖的是调研公司等企业以外的人所提供的报告。一个公司不应该将其眼睛外包给别人，亲力亲为的观察是无可替代的。

表6－2　战略视觉的4个步骤

1. 视觉唤醒	2. 视觉探索	3. 视觉战略展示	4. 视觉交流
（1）通过绘制你的当前战略布局图来比较你和你的竞争者的业务 （2）看你的战略需要改变的地方	（1）深入基层，探索创造新战略的6条路径 （2）观察替代产品和服务的独特优势 （3）看你需要剔除、创造和改变哪些因素	（1）基于涉及观察绘制出你的未来战略布局图 （2）听取客户、竞争对手的客户和非客户对你绘制的各种战略布局图的反馈意见 （3）吸取反馈，构建最佳的未来战略	（1）将战略转变前后的比较放在同一页纸上，以便于比较 （2）只支持那些和公司新战略一致的项目和运营措施

比如，健身俱乐部让经理们到基层亲自调研，探索创造新战略的6条路径。在这个过程中，每个人要采访和观察与俱乐部业务有关的10个人，包括过去的客户、新客户、俱乐部的竞争者以及替代性行业的客户。基层调研可能会推翻许多经理们在之前的运营过程中得到的结论，从而得到客户最重视的因素。

（三）视觉战略展示

经过调研后，绘制出战略布局图，然后在视觉战略展示会上发表战略布局图。参加者包括企业高层，但主要由公司外部的一批顾客代表组成，包括经理们在实地调研中会见的非客户、竞争对手客户和公司最挑剔的客户。每组只有10分钟来展示每条曲线，因为如果超过10分钟还表述不清楚，那可能就太复杂了，没什么用处。战略布局图被挂在墙上，观众很容易就看到。

（四）视觉交流

未来战略确定之后，最后一步就是用合适的方式进行交流沟通，使得员工容易理解。E公司把一张显示新旧战略轮廓对比的图片发给每个员工，使他们能够看清公司目前的情况，以及公司需要在哪些方面集中努力，以开创辉煌的未来。参与开发这些战略的高级经理们与他们的下属直接沟通，帮助他们解读画面，向他们解释为了开创新市场，需要剔除、减少、增加以及创造哪些东西。员工们被这种清晰的行动计划所鼓舞，很多人把图片订在工作间的墙上来提醒自己：公司新的重点，以及需要填补的差距。新的战略布局图是决定投资的参照。只有那些能够帮助公司从旧的价值曲线移动到新的价值曲线的措施才被予以放行。

【小案例】

某赛事公司负责一个自主知识产权的体育赛事推广及运营，公司运营了3年，仍然是收不抵支。公司上上下下都认为他们自己拿了一些垄断资源，但就是没有人为他们的赛事产品买单，亏损在继续，问题到底出在了哪里？一次公司会议中，老板明确表示，他认为公司的战略发展方向很清晰，就是下属的执行力有问题；而员工多数都认为公司的发展战略很不清晰，没有明确的工作目标和市场定位，不知道该如何做每一项工作。

战略视觉的4个步骤可以针对性地解决此问题。

第三节　超越现有需求——功能创新

【小资料】拿卡罗韦高尔夫公司（Callaway Golf）来说吧。它通过关注非客户群而扩大了对产品的新需求。在美国高尔夫行业为在现有客户群中争夺更大的份额而打得头破血流的时候，卡罗韦通过研究乡村俱乐部的体育爱好者和普通百姓为什么没有参与高尔夫运动而创造了新的蓝海需求。它发现了这个庞大非客户群的强烈的共同点：他们认为击中高尔夫球是件十分困难的事。球杆的头太小，在挥杆时必须聚精会神，手眼非常协调，而这需要耗费时日方能掌握。于是，大量的练习使得新手很快就兴趣索然。

这种理解为卡罗韦汇聚客户的需求提供了启发。由此得到的答案就是大贝莎——一种大头高尔夫球杆，使击球变得特别容易。大贝莎不仅把众多的非客户变成自己的客户，也使已有的高尔夫玩家倍感愉悦，很快成为一种畅销品。出乎意料的是，居然有大量的现有客户在提高击球稳定性的练习过程中，也有着同样的烦恼。大头球杆也降低了这方面的难度。

然而有趣的是，与非客户不同，现有客户早已默认了游戏的困难性——虽然并不喜欢，他们已经很自然地认为，高尔夫就应该是这么玩的。他们主动承担了提高技艺的责任，而没有向球杆的制造者抱怨他们的不满。通过把目光转向非客户的共同点——而非差异性——卡罗韦发现了汇聚需求的办法，并为庞大的客户群和非客户群都创造了价值。

关注的焦点究竟何在——是获取现有客户的更大份额，还是把行业的非客户转化为新需求？是寻找消费者强烈共同诉求，还是通过进一步的细分和专业化来满足客户的差异化？要超越现有需求，就要先考虑非客户，然后才是客户；先考虑共同点，再考虑差异化；先考虑整合，然后才是进一步细分。

一、非客户的3个层次①

虽然大量非客户的存在提供了许多市场机会，但没有几家公司能敏锐地认识到：他们的非客户是谁？如何才能进行开发？要想把巨大的潜在需求转化为实际的需求，让新客户

① ［韩］W·钱·金，［美］勒尼·莫博涅．蓝海战略［M］．北京：商务印书馆，2006

蜂拥而至，就需要深化对大量非客户的认知。

按照距离现有市场的远近程度，可以转化成为客户的非客户可以分为3个层次。如图6-6所示，第1层距离现有市场最近，位于市场的边缘。这个层次的客户是出于需要而最小限度地购买本行业的产品，内心并不情愿。如果有选择的话，他们会转向购买其他产品。然而，如果能提供新的价值，他们不仅留在这个市场，其购买的频率也会成倍增加，释放出巨大的潜在需求。

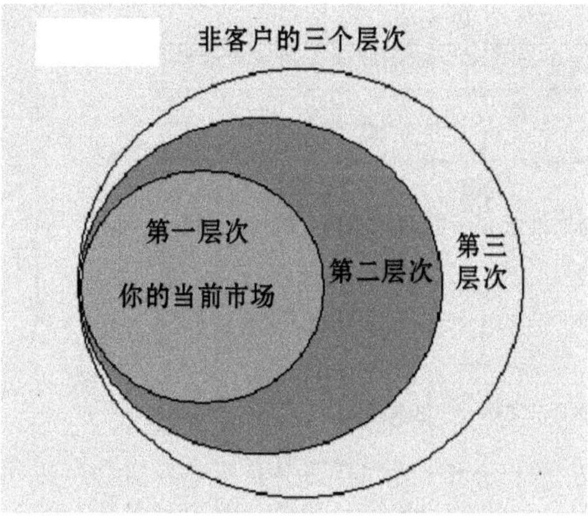

图6-6 非客户的三个层次

（图释：第1层：即将转化的非客户，位于现有市场边缘，随时准备改变选择；
第2层：拒绝性的非客户，心存疑惑，选择了你的对立市场；
第3层：未经开发的非客户，处于距你遥远的其他市场。）

第2层是拒绝使用你所在行业产品的那些人。他们也曾将你的产品作为一种备选方案，但却最终没有选择。比如，在卡罗韦案例中的那些体育爱好者，他们可以选择高尔夫，但最终选择的却是其他运动项目。

第3层距离你的市场最为遥远，他们从来就没有想过要使用你的产品。通过关注这些非客户群体和现有客户的关键共同点，公司就能知道如何将他们带入新市场中去。

那么，让我们分别看看这3层非客户，想一想如何能够吸引住他们，扩大你的蓝海。

二、遵循合理的战略顺序

接下来的挑战便是如何在新战略的指导下，构建一个强健的商业模式来确保持续盈利。这就牵涉到新战略的第4项原则：遵循合理的战略顺序。

（一）正确的战略顺序

如图6-7所示，企业应按照购买者的效用、价格、成本、适用性这样的顺序来构建他们的战略。起点是购买者功能。你的服务为消费者提供了特别的效用吗？你的产品是否有很强的吸引力来驱使人们购买它？如果缺乏这些，那就没有开创新市场的机会，要么只

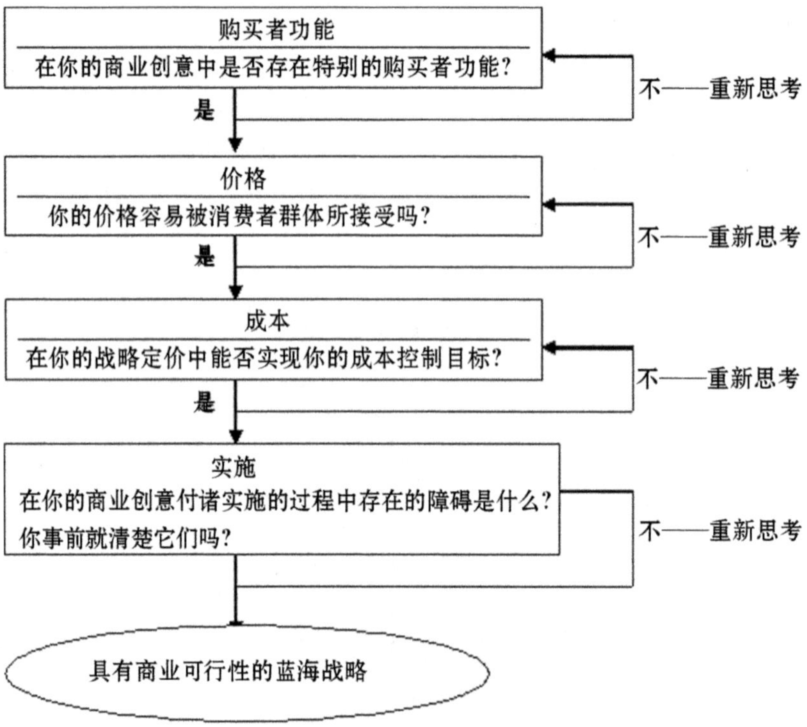

图6－7　新战略的顺序

能将计划束之高阁，要么就重新思考，直至得到肯定的答案。

产品的功能明确后，接下来就进入第2步：确定合适的战略性价格。一家公司并不想仅仅依靠价格来创造需求。这里的关键问题是：如何通过合理定价来吸引大量的目标客户，让他们愿意为产品和服务买单？如果定价没有吸引力，他们就不会购买，产品与服务就无法制造不可抗拒的市场效果。

要确保利润就引出了第3个因素：成本。你能以目标成本来提供你的服务并获得一个稳健的利润空间吗？你能从战略性定价中获利并且又很容易被广大目标购买者所接受吗？答案是，你不应当以成本来指导定价，也不能因为高成本而妨碍获利，进而减少了提供给消费者的效用。当无法达到目标成本，你要么放弃这一无利可图的创意，要么创新商业模式来达到目标成本。对公司商业模式的运行成本进行控制可以确保它能创造一个较大的价值空间——即产品与服务的价格减去提供其所需的成本。这是效用、战略性定价和目标成本综合产生的结果，它使公司获得了价值创新，也为购买者带来了价值的提升。

最后一个步骤是要解决理念在实施方面存在的障碍。在理念的落实过程中存在的障碍是什么？你事先已经明确了解吗？只有从一开始就了解理念在实施中将面临的各种障碍，才能采取措施确保理念的成功地实施，战略的设计流程才是完整的。

如何评估新战略能否通过4个步骤的每一步？如何提炼你的理念以使其符合每一个环节的要求？不妨先从效用开始探讨。

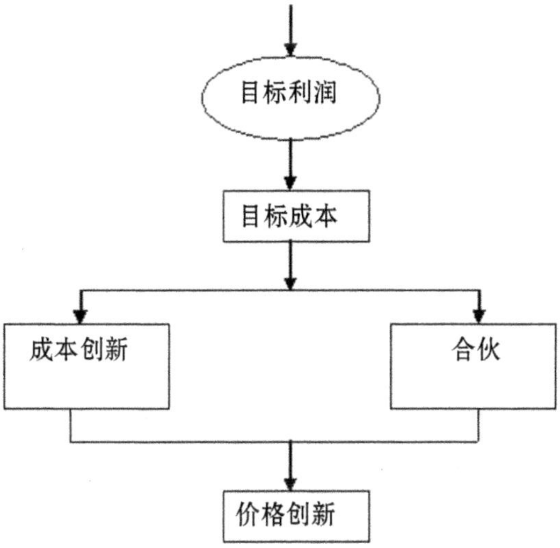

图6－8　新战略的利润模式

（二）从效用、价格、成本到实施

即使一个无懈可击的商业模式也不能完全确保创意在商业上的成功。因为新战略意味着挑战现状，因此可能在公司的3个主要利益相关者（公司员工、商业伙伴与公众）中间引起了恐惧和抵制。公司在正式投资于这一新创意之前，必须首先进行充分的论证以消除这些恐惧和担心

1. 员　工

如果不能向公司的员工充分地解释一项新的商业创意给他当前生活所带来的影响，其代价可能是昂贵的。

2. 商业伙伴

由于商业伙伴害怕他们的收入流或者市场地位受到推行新的商业创意的威胁，因此，商业伙伴对创意的抵制可能会造成比员工的不满更大的损失。

3. 公　众

对新的商业创意的反对还可能传导给公众，尤其是这一全新的创意威胁到已建立起来的社会或政治规则，这一影响就有可能是破坏性的。

在向这3个利益相关者群体——雇员、合伙人和公众做出说明解释时，关键在于要对为什么有必要采用这一新的创意展开公开的讨论。你必须解释它的优点，阐明它的前景，并明确描述公司是如何实施它们的。利益相关者必须知道他们的声音被听到了，从而避免产生抵触情绪。公司应当就存在的问题与利益相关者进行对话，花费时间和精力解决他们关心的问题。

第四节 体育产业的价值创新战略实战

一、基本战略分析

（一）波特的竞争战略与价值创新战略的关系

产业价值链是一系列竞争战略实施的结果，波特的理论告诉我们，任何一个企业要具备强大的竞争优势，其竞争战略无非是总成本领先战略、标歧立异战略或目标集聚战略中的一种战略，而夹在中间的企业会遇到种种麻烦，它们可能有模糊不清的企业文化、相互冲突的组织安排以及失败的激励系统。我们通常讲的做精做强便是目标集聚战略。

不一样的体育产业组织应该采取不一样的战略，不一样的战略将会塑造出独特的价值链，独特的价值链就是利润的源泉，是持续发展的动力。

竞争战略的实质：当我们用价值工程的视角来审视3种基本竞争战略时，不难发现他们的实质都是价值创新。总成本领先战略是功能不变、成本降低的途径，从而实现了价值的增值；标歧立异战略本质上就是功能的创新，实现了价值的增值；目标集聚战略就是做精做强，实际上也是通过价值提高的5种途径之一来实现价值的增值。

（二）一般战略的实现方式

前向一体化战略：与供应商的合作；后向一体化战略：与渠道、批发商的合作；水平一体化战略：为扩大规模，促进发展，与同类行业合作经营。（图6－9）

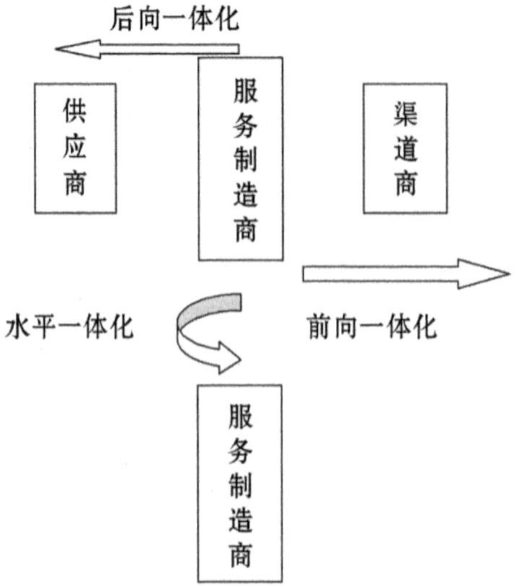

图6－9 一般战略实现方式

每个体育企业可能会采取3种战略实现方式构建自己的价值链，同时也要注意到潜在竞争对手也会采取这些方式对你的位置带来威胁。

（三）健身娱乐业的战略选择

对于体育娱乐健身业来说，经营具有初期投资较大、经营成本较小，经营过程中固定成本较大、变动成本较小的特点。娱乐健身企业提供的服务主要依托各种设备，娱乐企业的初期投入会相当大。一旦建成投入运营，便不像其他行业那样需消耗大量物品，只需支付一定的人工费用、维修保养费用和水电等少量耗用品费用即可。因此，它的竞争战略宜选用经营歧异性或目标集聚的战略。

（四）竞赛表演业的战略选择

竞赛表演业则不同，初期投资具有较大灵活性，经营成本较大，比如中巴足球大战，邀请巴西国家队的出场费与邀请一支大学足球队的出场费。因此，竞赛表演业经营过程中固定成本不大，变动成本较大的特点。因此，它的战略宜选用成本领先战略，也同时可以经营歧异性或目标集聚的战略。总之，在选取战略时，要充分考虑这些特点。

二、体育产业价值创新的逻辑思维模式

（一）构建价值链的逻辑步骤

中国体育产业价值创新，当务之急就是辨明自己相对于产业所具备的强项与弱项。要视产业结构有针对性发展价值增值点。从而明确在哪里采取战略行动对竞争均衡施加影响可以获得最大报偿。

在塑造价值链的时候，必须针对性地根据自身特点来完成。具体逻辑步骤如图 6－10。

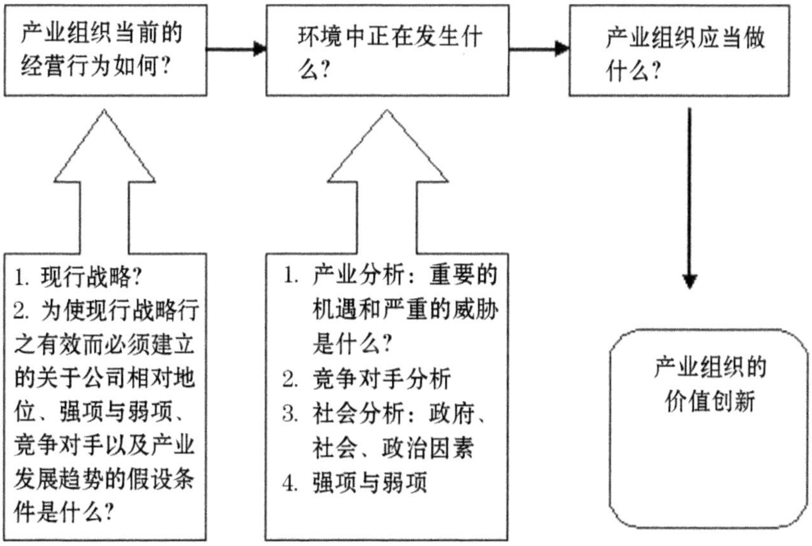

图 6－10 体育产业组织价值创新的逻辑步骤

（二）价值创新是战略构建的宗旨

事实上，差异就是市场，创新就是暴利。从动态的角度看，永远也没有所谓饱和市场和只能毫无例外地产生微利的产业，更不用说像我国体育产业这样具有极大开发潜力和可持续发展可能的产业。其实，饱和和微力仅仅存在于同质同效的重复性生产和重复性模式。善于创新和寻找细分化的市场，突出其自身核心价值的差异点是未来体育业竞争的主战场。感到市场空间和容量的局限，症结不是在于市场本身，而在于我们缺乏发现机会的战略眼光和操作到位的战术手段，要依靠更加缜密的设计方法，依托更加科学可行的工作线路，才能在竞争中抓住机遇，进入市场操作的自由王国。

欧洲工商管理学院W·詹金（W. Chan Kim）和雷尼·莫博涅（Renee Mauborgne）两位教授在5年的时间里，研究了全世界大约30个行业中的30多家公司，并研究了在利润与收入方面同时高速增长的公司和一些相对较差的公司。从被认为是与一个公司增长潜力有关的各个方面对两类公司进行了比较。发现在所有这些因素中，没有一种因素能够起到系统的作用。一直起作用的是两类公司关于战略的思想。高速增长公司的经理们，不管他们来自什么行业，全部都描绘出被称之为价值创新的逻辑。而不太成功的公司经理们都遵循传统战略的逻辑。价值创新的经济学产生了一个积极的和自我强化的周期。

因此，任何一个产业或产业组织若想持续发展，实施的战略就是价值创新。不管你采取哪些类型的战略，也不论你采取哪种方式去实现，最终需要实现的都是价值创新，价值创新是价值链构建的宗旨。

审视整个供需链，可以将价值创新区域划定在产业定位、锁定顾客群、整个价值系统、核心理念等方面，即体育产业组织价值链的构建是在体育产业组织定位、锁定顾客群、价值系统、核心经营理念方面的创新，构成了体育企业的价值链，多条价值链便形成了交织在一起的产业价值系统（图6－11）。本研究从这几个方面来探讨价值创新策略。

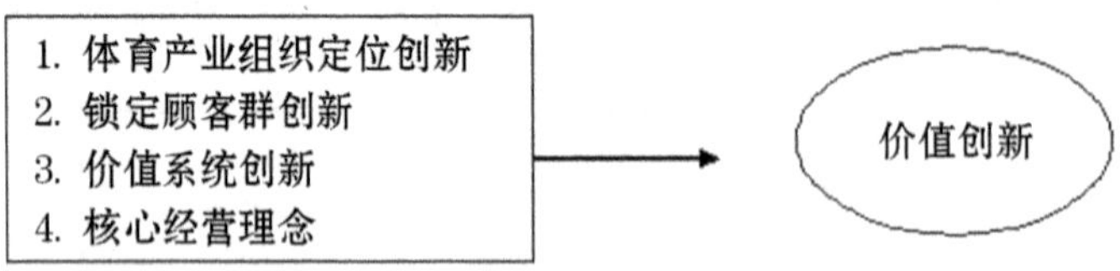

图6－11　价值创新的逻辑思维模式

三、体育产业组织定位创新

（一）体育产业组织定位要考虑的因素

所有的产业组织面临的关键战略问题是：在某一个产业中如何定位，要搞清楚在哪些细分市场间建立壁垒，即建立独特的价值链，从而使集聚战略可以持久。体育产业组织定位是构建体育企业价值链的重要环节，准确的定位才能使产业组织具有区别于其竞争对手的能力，塑造不同于竞争对手的价值链而具有最大价值。产业组织定位的核心目的就是获取竞争优势，即成本竞争优势和差异竞争优势，产业组织定位的指导思想就是为顾客带来前所未有的价值飞跃。

1. 定位不仅关系到产品本身或所涉及的顾客群，还涉及到所有的竞争层面，包括现有竞争对手和潜在竞争对手。对竞争对手的分析有 4 种诊断要素：未来目标、现行战略、假设和能力。但研究表明，我们的体育企业对自己的竞争对手和潜在竞争对手几乎一无所知。

2. 潜在竞争对手分析也很重要，可以从以下各类情况中被辨识出来。（1）不在本产业但不费力气便可克服进入壁垒的公司。由于娱乐健身业环境的零散型特点决定了进入壁垒很低，因此，这类公司大量存在。（2）其战略的延伸必将导致加入本产业竞争的公司。比如许多广告公司都在延伸业务进入体育经纪公司行列。（3）可能前向整合或后向整合的客户或供应商。一些职业俱乐部自己组建自己的后备队伍，这就是一种后向整合，解决人才供应问题。运动项目管理中心自己成立赛事运营公司，而取代体育经纪公司，这是前向整合。

3. 产业组织定位的另一重要因素是竞争范围。也就是产业组织在所属产业内的目标有多广泛。竞争范围包含：产品的类别范围、营销渠道、客户类型、产品销售区域，及可能相互竞争的相关周边产业。产业组织处于不同的产业环节，需要不同的战略、不同的能力，甚至依赖的竞争资源也不同。如中国台湾以平底鞋称雄，意大利以高级时髦皮鞋著称；CMS 以健身会所管理体系著称；NBA 联盟以竞赛表演服务称雄。因此，在定义一项业务时要超越产品本身看其功能，超越国界看其潜在的国际竞争，超越今天的竞争对手行列而去看明天会有哪些竞争对手。

（二）体育企业定位的价值创新理念——努力创造整个价值系统的有效“产出”

当前，企业之间的竞争已成为一组企业的供需链与竞争对手的供需链之间的竞争。因此产业组织定位是要对供需链上每一个经济实体的委托代理关系及机制进行设计。才能符合复杂适应系统理论强调的系统要素是活的、主动的，具有自身利益和目标，能够积累经验和学习的，并且突出了价值链的合作性特征。也就是说企业的定位决不是简单地确定一系列增加价值的活动，只为自己定位而已。

让我们来看 NBA 的例子，NBA 各支球队、商业伙伴构成一个价值群，共同创造了竞赛的赛事表演的有效“产出”。NBA 联盟是一个组织，即在营销和推广活动中是一个利益共同体。谁要想参加联盟，谁就得投资。从组织结构看，每只球队的拥有者就是董事会的成员，董事会下面是总裁。加盟的成员应考虑两个问题，一是看老板是否有钱，有没有足够的资本，在 3、5 年无赢利情况下能否支持下去。二是考虑这个地方有无体育市场，体育消费不行的话，将不被批准加入。加盟球队必须交 1 亿 2 千万美元的保证金，而且必须在当地盖一个容纳 2 万人的体育馆，这在 NBA 有详细规定，被接受的新球队在当年不能打球，必须在这一年把第 2 年的球票卖出 75% 以上，这样就保证了联盟，不会因为软、硬件的问题而导致办不下去的危险。联盟的产品是垄断的，这样才能发展，要栽树就必须栽活。NBA 的选秀制度保证了全国资源的统一调配，每个球队的实力是基本均衡的，同时也保证了比赛结果的不确定性和比赛场面的激烈性。比赛好看了，电视等媒体才会竟相报道。

显然，NBA 并没有在事先确定的一系列增加价值的活动中为自己定位。相反，它开始系统地再创造价值并重新设计向各种经济角色交付价值的商业系统。公司为顾客、各个球队和合作伙伴提供工作共享、共同生产的安排迫使他们用一种新的方式来思考价值。其中的一种安排是，顾客也是供应商（时间、劳动、信息、运输等的供应），合作伙伴也是顾客。任何产品或服务实际上是一系列复杂活动的结果，包括供应商和顾客之间、雇员和管理者之间、无数的经济交易和制度安排。

同时我们要看到，每一次经济革命都重新定义创造产出的各个角色以及它们之间的关系。今天，在信息技术和由此导致的市场和生产全球化的冲击下，出现了从一些活动中组合产出的新方法，这些新方法产生了创造价值的机会。产出越来越成为产品和服务的复杂联合体。考虑一个经济交易中众人皆知的例子：从银行账户提款。不久之前，这种活动显然还是一种服务，由于信息技术的应用，这种传统服务完全改变了。客户专注于自我服务活动。这不仅仅是技术的变化，甚至也不仅仅是这项业务本身的变化，取款业务的重新安排给顾客提供了一种新价值。尤其是它消除了地点和时间的传统限制。顾客们再也不需要在当地银行的营业时间去取款了。这也是在定位时需考虑的问题。

价值的新理念对体育产业组织战略设计来说有下面 3 个含义。

1. 一个价值不存在于连续的链条中，而是存在于复杂的价值群中的世界里，公司的商业目标不是为顾客创造价值，而是动员顾客从公司的各种产出中自己创造价值。实际上，不再是公司之间相互竞争，而是公司的产出相互竞争以使顾客愿意花时间、注意力和金钱来购买。

2. 当潜在的产出变得更加复杂和多种多样时，制造产品所需的关系也发生着同样的变化。最有吸引力的产出的创造需要顾客和供应商、同盟及商业伙伴等的共同参与。结果，公司的首要战略任务是对它的商业关系和商业系统做出重新安排。

3. 如果创造价值的关键是共同生产出能够动员顾客创造价值的产品，那么，竞争优势的唯一来源是构思整个价值创造系统并使它运转的能力。要继续取得成功，公司必须建立与顾客对话的机制以反复进行上述活动并保持其产出的竞争力。价值创造系统要保持可塑性、新颖性和灵敏性，公司必须不断对其能力和关系重新评估和重新设计。

四、创造一条新的价值曲线，锁定主要顾客群

（一）寻找顾客在价值上的重要相同点，实现价值曲线的突破

体育产业组织不仅要发现好的客户，而且还要创造他们。

许多企业通过保持或扩大他们的顾客群来寻求增长，这通常会导致市场细分，出现更完善的定制产品来满足某种特殊需要。价值创新者追寻的是一种不同的逻辑。他们在顾客所关心的特性中寻找有效的共性，而不是关注顾客之间的差异。用法国阿高旅馆（ACCOR）高级主管的话来说就是：“我们关注是什么使得顾客联合起来，顾客之间的差异阻止你看清楚什么是最重要的事。”价值创新者相信，如果绝大多数人能够得到客观的价值增值，他们就会把差异抛在一边。那些公司只瞄准市场的核心，即使这可能意味着会失去一部分客户。

创造一条新的价值曲线是企业应该追求的。把创新者的逻辑变成企业在市场上的产品，就要求公司的管理层为顾客创造一个价值越升，管理者应该忘记他们所熟知的一切，包括现有的规则、惯例和行业的传统。被迫去回答企业重新开始将如何做的问题。

【小案例】

阿高的管理者从确定所有廉价旅馆（无星、一星和二星）顾客的共同需要开始：以低廉的价格获得一夜良好的睡眠。根据这一广泛的共同需要，阿高的管理者看到了克服行业强迫顾客作出让步的机会。他们向自己提出了以下 4 个问题：①本行业被赋予的要素中，哪种要素是应该取消的？②哪些要素应该削减到行业标准之下？③哪些要素应该提升到行业标准之上？④哪些要素是从未提供过而应该由企业创造的？（资料来源：哈佛商业评论，略有改动。）

下列价值曲线描述的是一个健身俱乐部相对于该行业关键性成功要素的业绩表现，依据竞争的传统逻辑，一个企业的价值曲线遵循一个基本的形状。对手们试图通过提供比对方多一些的服务来提高价值，但是大多数都不会改变曲线的形状，如图 6 – 12 所示。粗价值线是价值创新后的曲线，两条细价值线是传统逻辑，只是服务提高了一些，基本形状没变。

比如，经分析主要顾客群的共同需求是装修风格和卫生程度等要素，若俱乐部锁定它们会得到可观的价值增值，就要努力创造这些，而降低其他的投入。

资料表明，所有研究过的高增长公司基本上都创造了新的非同寻常的价值曲线，它们通过淘汰某些要素，创建某些要素以及将某些要素减少或者提升到行业前所未有的水平的组合应用，实现了价值曲线的突破。不就顾客的需求差异进行竞争，而是寻找顾客在价值上的重要相同点。

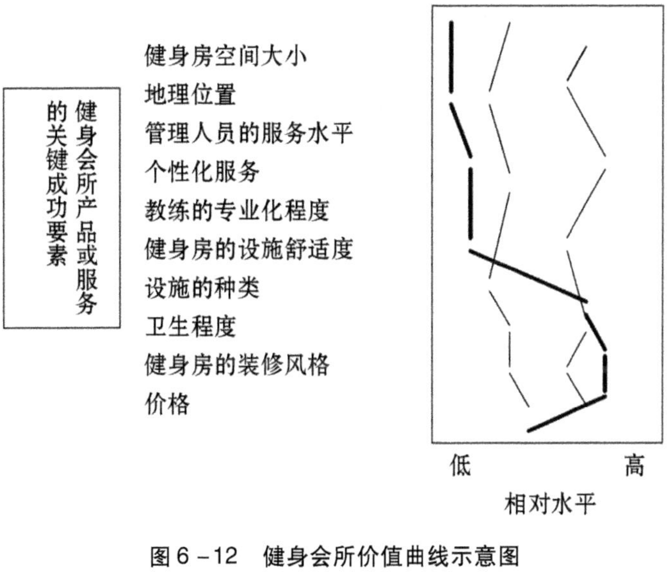

图 6 – 12　健身会所价值曲线示意图

（二）监控价值曲线，不断创新

一旦一个公司创造了新的价值曲线，竞争者迟早都会企图进行仿制。如果企业找不到脱困的方法，那么其价值曲线的基本形状可能看起来就像对手的曲线形状了。

随时监控价值曲线是必须的，要不断创新，尤其是我国体育产业是一个新兴的产业，具有快速发展的特点，公司必须不断地革新。价值创新关系到提供空前的价值，这与成为市场第一是有本质不同的。我们目前倡导的是以创新来扭转劣势，当新的客户需求出现或需求的优先顺序发生重大改变时，是修改或创造竞争优势的好时机。在现状中具有优势的企业由于安于即有的价值链，往往不能察觉客户的新需求，要不然就无法满足客户需求。像美式快餐业与传统餐厅的流程完全不同，它之所以能风靡全球，是由于许多国家的消费者越来越重视用餐的便利和质量的稳定，而且传统餐厅无法即时迎合这些需求。

当一个公司的价值曲线与行业中的其他公司存在根本性差异时（而且是绝大多数顾客所关注的差异），经理们应该抵御创新。公司应该致力于区域的扩大和管理的改善，以实现规模经济和市场覆盖率的最大化。这种做法既打击了模仿者，同时又使得公司得以充分发掘本次价值创新的潜力。价值曲线的创造应符合下列逻辑，如图 6 – 13 所示。

因此，体育产业组织的发展要切记这个逻辑模型。产生价值创新的 3 个平台是：产品、服务和交货。这 3 个平台的明确含义在不同的行业和公司之间是不同的，但一般来说，产品平台指的是物理意义上的产品。服务平台指的是诸如维护、顾客服务（体育服务的特殊性）、质量保证以及对分销商和零售商培训方面的各种支持。交货平台包括后勤和交货给顾客的渠道。好的价值创新者会对他们的价值平台进行轮换。通过 3 个平台上的价值创新，能够保持与其他公司在价值曲线上的差距。

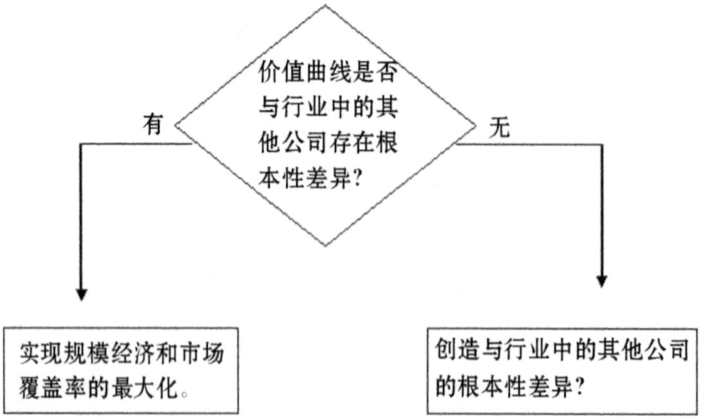

图 6 – 13　逻辑模型

五、价值系统创新策略的实质——打破惯例

（一）不要把习以为常的事当成是理所应当的事

通过以上分析可以得出结论，价值系统创新的策略，即打破惯例。所以，任何体育产

业组织要敢于打破原有的东西，创建价值链。总之，不要把习以为常的事当成是理所应当的事，这便是价值创新的源泉。

显然，构想出打破惯例的成长策略要求一个公司的主管清楚头脑中存在的本行业中占优势的传统想法。遗憾的是我国目前俱乐部的主管很少思考这个问题，盲目行事，要特别注意的是，毫不迟疑地打破惯例能成为企业持续成长的源泉。

打破惯例的方式：关注消费者实际使用产品和服务的方式；找出顾客潜在的不满；放弃该放弃的，一些公司不愿意放弃所有消费者，结果是所有的消费者的需求都没有完全满足，经验表明，如果你不这样做，就有新的或现在潜在的竞争者去这样做，所以要毫不迟疑地打破惯例。寻找行业中价值链上的不经济点，今天，在一个行业中，公司按照给消费者更多回报的方式来改革自己对价值链的管理。

（二）其他行业对体育产业的借鉴作用

寻找打破行业内惯例的相似方法，有一些打破惯例的最佳想法可能已经存在，只是存在于另外一些行业中。中国体育产业发展可以借鉴其实现价值系统创新，前述应用的其他行业的一些实例也同样表明了这样一点。总之，要想寻找到高速增长的机会，管理人员必须了解消费者的心理，并提出诸如此类的问题：作为消费者，我被迫忍受了哪些强加于我的行业惯例？比如以下案例是其他行业的成功案例，但对我国体育产业发展具有启发意义。

1993 年 10 月，卡马克斯公司（Car Max）成立，彻底改变美国二手车的销售方式。卡马克斯雇佣穿制服的销售代表，就他们售出的每辆车支付固定酬劳，不管这辆车卖出多少钱。较之鼓励进攻型的“高价售出”的方式，这是一个背离。卡马克斯不想使它的顾客受到这种压力，所以它设计了一种旨在消除其销售代理所承受压力的激励机制。通过打破加于旧车购买者的诸多惯例，卡马克斯有可能让消费者结束在购置新车还是旧车之间徘徊的局面。卡马克斯与众不同之处就在于：销售很多品种的车，它售出交换价值，售出便利，它还提供了一次舒适的体验。很多竞争者同卡马克斯就价格开展竞赛，并错误地认为工作已经完成了。实际上却并非如此。人们想要的是与众不同的购物体验，他们正从卡马克斯那里得到这种体验。①

对价值链仔细分析后，可以找出一个更好的机会，比如，当查尔斯·施瓦布公司进入共同基金行业时，从价值链上发现只有有限的几家最大的公司得以达到足够的规模经济有效地分摊其成本，而这些公司又失去了直接同顾客个人接触的能力。查尔斯·施瓦布公司的策略是要成为一个介于大公司顾客与大量中小规模的共同基金公司之间的中介机构。通过“单一来源”业务，该公司服务于基金公司需要，同时又将自己置于基金公司和顾客之间。查尔斯·施瓦布公司同顾客的这种直接联系为它在其他金融服务领域内的发展打下了基础。

六、不变的核心经营理念是体育产业价值创新的重要基础

通过研究大量的持续成功企业的资料发现，他们都有稳定不变的核心目的和核心价值

① 小乔治·斯托尔克等．企业成长战略［M］．波士顿：哈佛商学院出版社，1999

观，但他们的经营战略和实践活动总是不断地适应着变化的外部世界。这些是构成价值链的重要一环，是保证价值链永远保持价值、顺利实施价值的重要基础。经营着一家管理研究与教学研究室的詹姆斯·C·考林斯（James C. Collins）和斯坦福大学商学院组织行为与变革方面的杰瑞·I·波拉斯（Jerry I. Porras）教授合写了一篇题为《构建公司的愿景规划》的文章，在其中对核心经营理念补充了明确性和严谨性："核心经营理念界定了一个组织的经久不衰的特征——这种特征是组织的稳定标志，它超越了产品或市场的生命周期、技术突破、管理时尚和个人领袖。事实上，核心经营理念是最持久、最显著的因素。"

对于企业的核心经营理念要有正确理解，不是要创立或制订核心经营理念，而是要发现核心经营理念。不是通过观察外部环境来推断它，而是通过观察内部环境来理解它。核心经营理念只需要对组织内部的人员有意义和有激励作用，而不必令外部人员激动不已。应该去发现那些内在的核心价值观和目的与企业一致的人，吸引并留住他们，而让那些核心价值观与企业不同的人另寻他处。

在进行价值创新时，除了核心经营理念外，其他的价值点是创造出来的，唯有核心经营理念是去寻找，寻找核心经营理念是构建价值链重要的一环，将会突破原来的价值链条，提升企业的核心能力。核心能力是一个战略上的概念，用于界定组织的潜能，而核心经营理念把握的是你的支持和主张，以及你存在的原因，可以理解为创造核心能力的理念。

比如惠普的核心经营理念包括这样的内容：对个人的充分尊重，对质量和信誉的追求，对社区责任的承诺，以及一种认为公司的存在是为人类的发展和幸福做出技术贡献的观念。核心经营理念起着指导作用，因为随着我们周围世界的变化，你将要去的地方也会改变。领袖会去世，产品会过时，市场会变化，新技术会不断涌现，管理时尚也在瞬息万变。但是，在优秀的公司中，核心经营理念却会作为指导和激励的源泉而永恒不变。在任何有效的发展规划中，必须体现核心经营理念，而它又包括两个明显的组成部分：核心价值观，即指导原则和宗旨体系；核心目的，即企业存在的最根本理由。

（一）核心价值观

核心价值观是一个组织的重要和永恒的信条，它是一小部分不随时间而改变的指导原则。并不是仅仅作为获取成功的战略，而是近乎一种宗教信条。关键的一点是，优秀的公司自己决定把什么样的价值观作为核心，在很大程度上不依赖于当前的环境、竞争的要求或管理的时尚这些因素。关键不在于组织应当拥有什么样的核心价值观，而在于组织是否拥有核心价值观。

如何判断是否是核心价值观。核心价值观是不变化的东西，必须经得起时间的考验。当一个企业的价值观列示出来以后，可以针对每一个项目进行提问：如果环境改变了，这一核心价值观还会保留吗？如果你不能坦然地回答"是"，那么它就不是核心价值观，公司不应该为了迎合市场的变化而改变自己的核心价值观。相反，如果有必要的话，应该改变市场以保持核心价值观。经营活动和经营战略是应该随时改变的，而核心价值观永恒不变。如索尼公司的核心价值观是：弘扬日本文化，提高国家地位；成为时代先锋——不追随别人，做不可能的事；鼓励个体的能力和创造力。

（二）核心目的

核心目的是组织存在的理由。目的不应该和具体目标或企业战略混为一谈。目的本身不变化，却激励着变化。存在的理由要么是创造一种产品，提供一种服务，或者做一些有价值的事情。要想了解企业目的，一个有效的办法是："5 个为什么"。这种办法是：一开始先对"我们提供的服务是"进行描述性的说明。

抓住核心价值观和目的的实质，不在于多么精彩的表述，而在于对组织的核心价值观和目的的深入理解。耐克公司就没有正式陈述的核心目的。但是，如果你亲临耐克公司会感觉到，它有一个强大的核心目的遍布在整个组织当中：体验竞争、获胜和击败对手的感觉。耐克学院更像是一个洋溢着竞争精神的圣坛，而不是一个企业的办公中心。感觉不到竞争精神的激励和推动的耐克人，是不可能在这种环境下长期待下去的。事实上，公司的名字也反映了他们的竞争意识，耐克是古希腊的胜利女神。因此，尽管耐克没有正式阐述其目的，但很明显，它有一个强有力的核心目的。

下面列举几个公司的核心目的，对我国体育企业的核心经营理念有一定启迪。惠普公司：为人类的幸福和发展做出技术贡献；太平洋剧院：为人们的盛大集会提供场所，为增加公众活动提供场所；麦肯锡公司：帮助杰出的公司和政府更为成功；沃尔玛公司：给普通百姓提供机会，使他们能买到与富人一样的东西；沃尔特迪斯尼公司：让人们快乐。

显然，战略的焦点不能以竞争为基准，遵循价值创新逻辑的公司将其资源用以发现和提供全新的价值来源。

在进行价值创新时，要切记体育企业定位创新、锁定主要顾客群、打破惯例这三步曲，同时寻找出自己的核心经营理念，这是我们构建的价值创新逻辑思维模式。

【案例讨论】Curves 健身俱乐部

来看看 Curves 的例子，它是一家总部在德克萨斯州的女子健身公司。从 1995 年开始实行连锁经营以来，Curves 就像野火一样迅速蔓延，营业网点超过 6000 个，拥有会员 200 多万，总收入超过了 10 亿美元。平均每 4 个小时就有一间 Curves 健身中心新开张。

而且，客户群的快速扩张是通过亲朋好友推荐实现的。然而，一开始 Curves 被认为进入了一个过度饱和的市场，它提供的服务是顾客不想要的，它的竞争力也非常差。但事实上，Curves 引发了美国健身市场需求的爆发，开启了一个全新的巨大市场，一个拥有大量想通过健身保持身材却总是失败的女性市场。Curves 充分发挥了美国健身行业中两个战略类别（传统的健身俱乐部和家庭锻炼计划）的优势，消除或降低了其他因素的影响。

一方面，美国健身业中充满了传统的健身俱乐部，它不分男女，有全套锻炼和运动项目可供选择，而且通常都开设在消费层次较高的市区。他们用时髦的器械吸引高端的客户群。他们拥有一整套的有氧运动、力量练习器械、饮料吧、健身教练，以及封闭的淋浴间和桑拿房，因为他们的目的就是让顾客除了可以在这里进行锻炼外，还可以进行一些社交活动。顾客们费力穿越城区到达健身俱乐部后，都会在那里待上至少 1 个小时，通常都在 2 个小时。会员费通常都在 100 美元/月，这可不便宜，因为他们要使客户群保持在高端和小规模的水平。这些俱乐部的会员只占到全部人口的 12%，通常集中于大城市区域。投资开设一间这样的健身俱乐部需要 50 万～100 多万美元，这取决于市中心的位置。

另一方面，美国健身行业中也包括了那些家庭健身计划，比如讲授锻炼的录像、书籍和杂志。这些方式的成本很低，在家里使用，一般都不需要或只需要很少的器械帮助。健身指导很少，以录像、书籍和杂志上体育明星的示范和讲解为主。

问题是：什么是影响女性在传统健身俱乐部和家庭健身计划之间进行转换的关键因素？大多数的女性不会为了享受充足的器械、饮料吧、封闭的桑拿房、游泳池、碰到男性的机会而选择健身俱乐部。一名非职业运动员的普通女性甚至不希望在她锻炼的时候碰到男性，也许可能是因为不想让他看到她身上的赘肉。她也不想排在男性后面使用那些器械，因为她不得不调整重量或角度。从时间的角度来说，对于普通的女性这一因素越来越重要，很少人可以每周花几个小时在健身俱乐部。而且对大多数的女性而言，市区内的交通也是一个问题，这使得她们失去了去健身的兴趣。

事实证明，大多数的女性选择健身俱乐部的主要原因只有一个。当她们在家锻炼的时候，很容易就会放松对自己的要求。如果不把自己视为一个运动爱好者，她们也很难在家对自己严格要求。和别人一起锻炼，而不是一个人，更容易激励人的兴趣。相反，那些选择在家一个人锻炼的，主要考虑则是省时、成本低和私密性好。

Curves 通过吸收两个战略类别的优势，消除和降低劣势，从而创造了新的市场。Curves 消除了那些对大多数女性毫无吸引力的传统健身俱乐部的服务。去掉了那些特殊的器械、食物、美容、游泳池，甚至一些有锁的房间，也换成了用幕帘相隔的区域。

Curves 俱乐部给人的感觉与一般的健身俱乐部完全不同。进入健身房，会员看到的仍然是健身器械（通常 10 台左右），但是与一般健身俱乐部不同的是，这些器械不是排成一排，并且对着一台电视，排成一个圈，从而使会员们可以充分交流，使锻炼成为一种乐趣。QuickFit 循环训练系统采用液压器械，无需调整，安全、易用。这些器械专门为女性设计，降低了冲击应力，强化了力量和肌肉练习。在锻炼过程中，会员们可以互相交谈，彼此照应，这种轻松、没有压力的气氛与传统的健身俱乐部完全不同。墙上很少镜子，也没有男性会盯着你看。会员们绕着器械圈和有氧练习垫转圈，不到 30 分钟的时间就可以完成整个训练。减少不必要服务，专注于提供主要服务的结果就是价格降到了 30 美元/月，使这个市场面向普通女性。Curves 的口号是："以每天一杯咖啡的价格，你就可以享由正确锻炼带来的健康。"

Curves 通过较低的价格向顾客提供了超值的服务。与传统健身俱乐部高达 50 ~ 100 万美元的初始投资相比，开设一家 Curves 健身中心的初期投资不过 2.5 ~ 3 万美元（不包括 2 万美元的许可费用），因为他们将许多不必要的东西去除了。

变动成本也低得多，人员和维护费用大大降低，由于空间缩小，房租也大幅下降，原来市中心的租金高达 3.5 ~ 10 万美元/平方英尺，而现在在市郊区域的租金只要 1500 美元/平方英尺。Curves 的低成本经营模式降低了连锁店成本，使其如雨后春笋般发展壮大。平均只要吸引到 100 名会员，连锁店就可以在几个月内开始盈利。已经建好的 Curves 连锁店在二手市场上转让价格介于 10 万美元 ~ 15 万美元之间。

这样的结果就是使得 Curves 的连锁店遍及大中小城镇，它不是直接与现有的健身概念竞争，而是创造了新的市场需求。当美国和北美市场开始饱和后，企业管理层开始计划向欧洲扩张。扩张计划已经在拉丁美洲和西班牙开始实施。到 2004 年底，Curves 健身中心的数量将达到 8500 家。

问题：用本章所介绍的价值创新工具分析该俱乐部的成功要素，并绘制战略布局图；是否能为其提出新的战略重点，对中国体育产业的启示是什么？

本章小结

1. 战略布局图是建立强有力的竞争战略的诊断框架和分析框架。使用战略布局图，可以获取当前市场的竞争状况，了解竞争对手的投资方向，在产品、服务和配送等方面的竞争集中在哪些因素上，以及顾客在相互竞争的商品选择中得到了些什么。

2. 4 步动作框架是创造新的战略重点，重构价值曲线的重要分析工具。为了重新构建买方价值因素，塑造新的价值曲线，用一套 4 步动作框架来进行分析。为打破差异化和低成本之间的替代关系，创造新的价值曲线，有 4 个核心问题对挑战行业现有的战略逻辑和商业模式而言至关重要。

3. “剔除——减少——增加——创造”坐标格，通过让企业在坐标格中填入在这 4 方面所要采取的行动，企业马上可以获得以下 4 个方面的益处：促使企业同时追求差异化和低成本，以打破价值——成本之间的替代取舍关系。及时提醒企业，不要只专注于增加和创造两个方面，而抬高了成本结构，把产品和服务设计得过了头。许多公司通常会陷入如此境地。这一工具很容易被各层次的管理者所理解，从而在战略实施中获得企业上下高度的参与和支持。由于完成表格是项有挑战性的工作，这使得企业能严格考察每一项竞争因素，从而发现那些竞争中所蕴含的假设，竞争中的企业往往无意中把这些假设当做是理所当然的。

4. 通过超越传统竞争范围的思维，可以找到打破常规的战略行动，重新构筑市场边界，开创新的市场。发现和开创市场机会的过程不是预测和占卜行业趋势，也不是试验企业经营者偶然想到的一些疯狂的新业务的试错过程。相反，它是企业经营者以一种全新的方式重新构建市场状况的有序过程。通过重新构建现有的行业和市场边界，他们就可以将企业从打破头的竞争中解脱出来。

5. 要超越现有需求，就要先考虑非客户，然后才是客户；先考虑共同点，再考虑差异化；先考虑整合，然后才是进一步细分。企业应按照购买者的效用、价格、成本、适用性这样的顺序来构建他们的战略。

思考与练习

1. 战略布局图的作用是什么？
2. 如何确定公司的新的竞争重点要素？
3. 如何构建新的市场边界，开创新的市场空间？

主要参考文献

1. [韩] W·钱·金，[美] 勒尼·莫博涅. 蓝海战略 [M]. 北京：商务印书馆，2006

2. 肖淑红. 中国体育产业价值链管理模式研究 [M]. 北京：中国教育文化出版社，2005

第七章 体育产业的价值网分析

【本章提要】对体育产业从价值工程网的角度进行了一般性分析，对体育产业的功能、成本、价值进行分析，对体育产业结构进行了探讨，同时，对体育产业价值系统构成、价值链框架进行了分解，为以后各章学习打下基础。

第一节 体育产业的价值工程分析

众所周知，意甲、英超、NBA 等都是体育产业成功的典范，高水平的体育运动技能“表演”、健身娱乐及体育技能培训服务，就是体育产业的两大支柱，体育产业就是要不断创新，给消费者提供最佳的“表演”和服务的功能与成本比值——价值。

价值工程通过对某对象的功能与成本系统分析，不断创造出提高价值的方案，以最低成本实现顾客所需功能，去获取最佳经济效益。研究价值链首先要对体育产业价值点上的价值、功能、成本形成有所认识。

一、体育产业的功能、成本分析

在价值工程中功能定义为：某一事物具有的满足使用者需求的功效能力。体育产业的功能就是体育产业具有的满足用户需求的功效能力。产品满足用户的需求通常取决于两方面的因素：功能载体具有的客观物质性和使用者对此物质性感到满足程度的主观精神性。体育产品的这两方面尤为突出，在管理中要充分考虑。

功能创新是指通过改变或利用体育产业这一事物的特性，在满足用户的需求上创造新的功效能力。因此须把握 3 个要点：功能创新的出发点是满足用户的需求；着力点是改变或利用体育产业的特性；而最终是创造新的功效能力。

价值工程的功能创新着重在体育产业特性与使用需求之间的连接上突破，要从体育的本质功能上去挖掘，比如体育的本质功能有学者说是人的自然化，也有的概括为是促进人的全面发展，具体表现为健身功能、娱乐功能、教育功能、促进人的社会化、人的自我实现、追求卓越、审美享受等，体育产业的功能创新就是要不断挖掘体育潜在的特性去满足顾客需求。如竞赛表演业为观众提供了娱乐享受、追求卓越、审美享受等功能。健身娱乐业为顾客重点提供了健身功能等。再比如在体育赞助中，赞助商可以说是体育中介公司的用户，他们有自己的赞助原则，中介公司就应满足他们的需求，搞功能创新。如一些国际企业的赞助策略是：即全球化运动项目、保证电视转播及报纸等传媒充分报道、名称简洁、独家赞助、保持连续性和正确的受众目标。国际奥委会于1985年正式委托国际体育娱乐公司（ISL）推出的TOP计划，让所有奥林匹克大家庭的成员们认识到一个统一的销售权，能够大大增加所有成员的收入，应该说这是一项大胆而又富有创新的策略，同时满足了这些知名大企业的需求。可见，如果能与专门技术及好的管理理念相结合，极有机会实现创新的目标。

成本是指为获得对象的功能而须支付的费用，又称为取得功能的成本。在体育产业产品价值的创造中，更应提倡的是“设计成本”的概念。传统的观念认为：成本是生产过程的结果之一，是产品完成后核算出来的。设计成本的观念则认为：生产过程的方案是人设计的，因此，成本是可以预先设计出来的。现代市场经济的激烈竞争，迫使企业要不断节约成本，由此有必要把适应市场竞争的成本指标下达给产品设计师。如赛事的设计，应当把成本作为一个设计参数，看作与性能指标有着同等意义的参数去进行赛事活动、赞助方案、场地设施、赛程赛制等各方面的设计。

二、体育产业价值分析

价值是功能与费用之比，体育产业价值就是体育产业所具有的功能与获得该功能的全部费用之比。只有通过市场，这个价值才能得到检验和实现。以下对基于价值链的顾客价值、产业组织价值、产品价值构成分析。

（一）顾客价值

产业组织价值活动的核心在于为顾客创造价值。顾客价值是指顾客从体育服务中获得的一组利益与他在评估、获得和使用该服务时引起的预计费用之间的差额。顾客购买服务目的在于期望获得物质或精神上的收益。为此顾客付出了代价，它包括顾客的购买费用、使用费用等。顾客价值的大小与顾客的利益需求、顾客预计支出的费用有关。它不仅关系体育产业组织的产品能否引发顾客购买欲望，而且也决定了顾客对体育产业组织的满意度与忠诚度。体育产业组织要创造理想的顾客价值，一是为顾客提供优质的产品与服务，有针对性满足顾客内在需求。二是通过合理的产品设计来消除不必要的产品功能，优化生产与服务流程来提高产品与服务质量，降低顾客成本，让顾客获得实实在在的利益。

（二）体育产业组织价值

体育产业组织是由企业所有者、债权人、经营者、员工的“契约”网络组成。体育产业组织从投资者和债权人处获得资金，资产作为资金的具体存在物由经营者管理经营。在体育产业组织经营中，资产其自身不断处于消耗和重置循环，新的增量价值在这一过程中产生。资产价值是企业所具有的资源的货币度量，它是体育产业组织所占有的用货币计量的股权和债权的总和。产权价值是股东对企业的净投入及相应享有权益的货币表示，从本质上讲，体育产业组织价值不仅涉及体育产业组织的过去与现在，更重要的是体育产业组织的未来，是体育产业组织在过去和现在的基础上的赢利能力和发展潜力，它是体育产业组织的已有投资者和有意投资者对组织的一种预期。体育产业组织价值集中体现了体育产业组织价值链创造价值的能力，是产业组织综合素质和产业组织市场竞争力的集中体现。

（三）产品价值

体育产业组织价值链活动的最终输出是产品与服务。体育产业组织投入资源经各种作业加工变化后形成目标市场的产品，在产品上凝聚着价值链活动所创造的使用价值与价值。

（四）体育产业组织价值与顾客价值的关系

体育产业组织追求的是：使客户认可的价值或愿意支付的费用大大超过总体运营成本，在这样的条件下从中获取利润。当我们讨论价值链时，要理解价值是体现买卖双方双赢甚至多赢的概念，只有使产品和服务能够不断满足顾客变化中的价值观，才能持续不断地获取利润（图7－1）。

我们应该看到，顾客价值终究是要通过产品或服务体现出来的。对体育产业来讲，尤其要重视不能把“顾客为中心”与“产品为中心”对立起来，那是得不到“顾客满意度”的。哑铃形管理模式，一头是产品开发，另一头是市场营销。这个市场营销包含了顾客关系的内容，哑铃形的比喻既没有忽视产品，产品依然是哑铃的一个重头，也没有忽视市场。总而言之，在强调“以顾客满意度为中心”时，不要忘记不断加强企业的核心竞争优势，其中也包括了体育产品的不断创新，适应并引导市场需求。如果没有创新的产品，就谈不到使顾客满意，而如果不知道顾客的需求和对什么产品满意，又无法确定企业的产品发展方向，因此，经营的逻辑理念是“以销定产”和“以产定供”的导向关系，就是以顾客需求为导向，决定如何提供服务，由提供服务的量来决定企业内部资源的配置，这个理念必须树立。

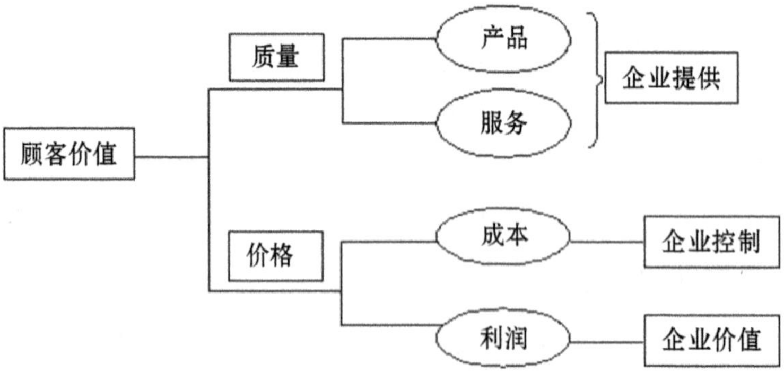

图7－1 产业组织与顾客价值的关系

第二节 基于价值工程的体育产业利益关系管理[①]

在经济全球化的今天，我们首先要深刻认识到体育企业与有关各方的利益关系是企业

① 杜胜利．CFO管理前沿［M］．北京：中信出版社，2003

的重要资源。因此，体育产业价值工程首当其冲面临的是对体育企业利益相关者的利益关系的管理。企业利益相关者通常包括顾客、供应商、竞争者、政府、员工等。从体育企业运营的角度看，一个重要方面是有关确保外部资金流入企业，寻求鼓励企业的各种利害相关者从事有效投资。公司的竞争力和最终成功是集体力量的结果，体现了各类资源所做出的贡献，包括投资者、经理、雇员、债权人和供应商。体育企业应认识到利益相关者的贡献是建立一个有竞争力而且盈利的企业的宝贵资源，因而在利益相关者中建立创造财富的合作是为了企业的长期利益。只有认识到利益相关者的利益以及他们对企业长期的贡献，才能更好地服务于企业的利益。

一、利益相关者的内涵

（一）利益相关者的概念

从 SRI 首次定义利益相关者到现在，经济学家已提出了近 30 种定义。1997 年 Mitchell 和 Agle 归纳了其中的 27 种（表 7－1）。

表 7－1 利益相关者的概念

作者	相关定义
SRI（1963）	利益相关者是这样一些团体，没有其支持，组织就不可能生存。
雷恩曼（1964）	利益相关者依靠企业来实现个人目标，而企业也依靠他们来维持生存。
Ahls 和 Jahnukainen（1971）	利益相关者是一个企业的参与者，他们被自己的利益和目标所驱动，因此必须依靠企业；而企业为了生存，也必须依赖利益相关者。
弗里曼和瑞德（1983）	利益相关者能够影响一个组织的目标的实现，或者他们自身受一个组织实现其目标的过程的影响；另一个较为狭窄的概念是，利益相关者是那些组织为实现其目标必须依赖的人。
弗里曼（1984）	利益相关者是能够影响一个组织的目标的实现或能够被组织实现目标的过程影响的人。
弗里曼和吉尔波特（1987）	利益相关者是能够影响一个组织的目标的实现，或能够被组织实现目标的过程影响的人。
科奈尔和夏皮罗（1987）	利益相关者是那些与企业有合约关系的要求权人（Claimer）。
伊万和弗里曼（1988）	利益相关者在企业中有一比“赌注”（Stake），或者对该企业有要求权。
伊万和弗里曼（1988）	利益相关者是那些人，他们因公司活动收益或受损，他们的权利因公司活动而受到尊重或受到侵犯。
鲍威尔（1988）	没有他们的支持，组织就无法生存。
阿尔卡法奇（1989）	利益相关者是那些公司对其负有责任的人。
卡罗（1989）	利益相关者能以所有权或法律的名义对公司财产或财产行使收益和权利。

作者	相关定义
弗里曼和伊曼（1990）	利益相关者是与企业有合约关系的人。
汤普逊等（1991）	利益相关者的利益受组织活动的影响，并且他们也有能力影响组织的活动。
斯威奇等（1991）	利益相关者的利益受组织活动的影响，并且他们也有能力影响组织的活动。
黑尔和琼斯（1992）	利益相关者是那些团体，他们对企业有合法的要求权；他们通过一个交换关系的存在而建立起来，即他们向企业提供关键性资源，以换取个人利益目标的满足。
布瑞纳（1993）	利益相关者与某个组织有着一些合法的、长期的和稳定的关系，如交易关系、影响活动及道德责任。
卡罗（1993）	利益相关者在企业中投入资产，构成一种或多种形式的“赌注”，通过这些“赌注”，他们或许影响企业的活动，或许受企业活动的影响。
弗里曼（1994）	利益相关者是联合价值创造的人为过程的参与者。
威克斯等（1994）	利益相关者与公司相关联，并赋予公司以意义。
朗特雷（1994）	企业应对利益相关者的福利承担明显的责任；或者利益相关者对企业有道德或法律上的要求权。
斯塔里克（1994）	利益相关者能够或正在向企业投入真实的“赌注”，他们会受到企业活动明显或潜在的影响，也可以明显或潜在地影响企业活动。
克拉克森（1994）	利益相关者已经在企业中投入了一些实物资本、人力资本、金融资本或者一些有意义的价值物，并因此而承担了一些形式的风险，或者说，他们因企业活动而承担风险。
Nasi（1995）	利益相关者是与企业有关系的人，他们使企业运营成为可能。
布瑞纳（1995）	利益相关者能够影响企业，又能被企业活动所影响。
道纳尔逊和普瑞斯顿（1995）	利益相关者是那些在公司活动的过程中及活动本身有合法利益的人或团体。

从表 7－1 来看，企业的利益相关者有不同的定义。大体可以分为 3 类：其中最广泛的定义是指能影响企业活动或被企业活动所影响的人或团体。范围稍窄的定义是指与企业存在直接关系的人或团体，该定义排除了那些与企业不发生直接关系的人或团体，如与企业不发生直接关系的社会成员或组织。第 3 类定义范围最窄，是指在企业中投入了“赌注”或者说专业性资产的人或团体。

一切与企业具有企业契约关系的个人或团体都是利益相关者，即企业契约边界所包围的契约参与者都是利益相关者。因为在一定的专用性资产的“锁定”下，只有企业契约参与者才与企业存在着长期稳定的利益分享和风险共担关系，企业的价值创造与价值分配活动直接影响着他们的效用，同时他们的参与行为也直接影响到企业的价值创造与价值分配活动。而企业契约边界之外的市场契约参与者与企业是一种随机的、或者“脆弱”的契约关系，他们个体对企业的贡献是微弱的，他们个体的“呼声”也是微弱的，他们只有作为一个整体——市场——出现时，才能对企业的行为产生影响。更重要的是，他们是不承担企业风险的。因此，我们赞同将利益相关者直译为下赌注者，认为只有通过专用性资产的"赌注"，并被"锁定"在企业契约的"赌局"中，该行为主体才是利益相关者。按此定义，一切与企业存在交易关系的个人和团体都有可能成为该企业的利益相关者，包括股东、债权人、雇员、供应商、消费者、政府部门、相关的社会组织和社会团体、周边的社会成员等。但要成为真正的利益相关者，必须"下赌注"，必须进入企业契约关系。

可以将利益相关者分为直接利益相关者和间接利益相关者，直接利益相关者是那些对公司投入了专用性资产而这些资产又在企业中处于风险状态的自然人或法人，没有他们的参与，公司就不能作为一个经营主体存在下去，如股东、经营者、职工、债权人、客户、供应商等；间接利益相关者指虽然不与公司发生直接商事关系，但客观上影响公司或受到公司影响，公司必须对其承担一定社会责任的利益主体，如社区、政府、社会团体、新闻媒介等。

（二）利益相关者的分类

从不同的角度可以将利益相关者划分为不同的类型，例如根据契约的性质，或者直接还是间接影响等。本文在此主要讨论两种综合分类方法，一种是弗里曼和米切尔等人的分类方法，一种是《利益相关者公司》对利益相关者的分法。

1. 弗里曼和米切尔的分类

弗里曼从利益关系和权力两个方面进行分析，而米切尔等进一步从"权力"（Power）、"合法性"（Legitimacy）和"迫切性"（Urgency）3 个方面将利益相关者分为 7 类：同时具有 3 种属性的"权威"（Definitive）利益相关者；同时具有两种属性的"关键"（Dominant）、"从属"（Dependent）和"危险"（Dangerous）利益相关者；只具有其中一种属性的"蛰伏"（Dornant）、"或有"（Discretionary）和"要求"（Demanding）利益相关者。

2. 大卫·威勒和芬玛丽亚·西兰琶的分类

表 7－2　大卫·威勒和芬玛丽亚·西兰琶对利益相关者的分类

	主要	次要
社会	主要社会利益相关者 • 当地社区 • 供应商和业务伙伴 • 客户 • 投资者 • 员工和管理人员	次要社会利益相关者 • 政府和文明社会 • 社会和第二世界 • 压力集团和工会 • 媒体和评论家 • 贸易团体 • 竞争对手
非社会	主要非社会利益相关者 • 自然环境 • 非人类物种 • 人类后代	次要非社会利益相关者 • 环境压力集团 • 动物利益压力集团

3. 纽包尔德和卢夫曼的分类

纽包尔德和卢夫曼 1989 年将主要利益相关者划分为 4 类：向企业投资的利益相关者、管理企业的经理、企业内部职工、经济界。经济界包括客户、供应商及其他经济因素。

上述每一种群体均有其各自的业绩标准，影响着各自的目标。纽包尔德和卢夫曼提出了各自的业绩标准（表 7－3）。

表 7－3　纽包尔德和卢夫曼对主要利益相关者的分类

利益相关者	投资的市场回报率
	投资的市场价值
	股利的稳定性
经理	销售增长率
	资产增长率
	利润的稳定性
职工	职工总数
	劳动密集型程度
	工资增长率
	工资与利润增长的比率
经济界	利润水平相当于运用资本比率
	产出增长比率

二、几种重要的利益相关者

集中讨论几种重要的利益相关者：包括投资者、员工和管理人员、供应商和合作伙伴、竞争者、顾客和政府。其中，由于政府的职能设计和在现实生活中作为企业社会福利责任的监督者的角色，因此，我们可以将其作为企业外社会责任的代表。

（一）供应商和合作伙伴

过去，企业通常把与供应商之间的关系看作单纯的交易，选择的标准是最优的价格和最低的价格。但是近年来，企业逐渐意识到，在竞争日趋激烈的环境下，竞争优势的获得和效率的提高需要更多地依赖稳定的供应关系，而这正是在利益相关者的理论下与供应商之间应当建立的关系。

在以上认识的指导下，零售商和制造商把商品和服务的供应商开始更多地看作是自己经营活动的延续。当然，供应商并不是唯一的业务伙伴，可以建立合作伙伴的企业还包括批发商、特许经营商和存在资源互补和战略合作的其他机构。

1. 战略伙伴关系的形成和作用

在建立合作伙伴时，可能需要解决许多的差异和误解，因此企业应当综合考虑各种因素，坚持互利和透明的原则，通过一定的方法如访谈、问卷等促进双方的了解，最终促使合作伙伴的价值观趋于一致。

汤姆·查德威克和拉加·恭帕尔总结了有助于建立成功的供应商伙伴关系的因素。

他们还根据对设在英国的8个跨国公司的研究，包括IBM、飞利浦和摩托罗拉，指出了伙伴关系采购可以带来以下好处：有助于改善投入的质量和最终产品、有助于降低与买方关系的总成本、有助于提高为客户服务的质量、极大地减少采办过程中的风险、有助于提高技术优势、有助于减少买方产品进入市场的时间、有助于提高竞争地位。

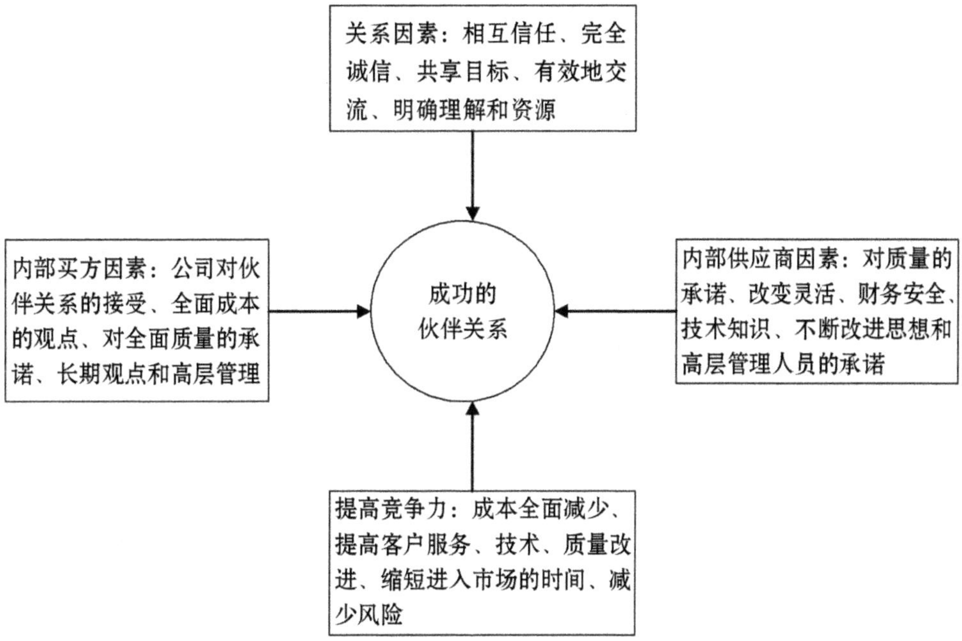

图7－2 成功的合作伙伴关系要素的总结

2. 价值链重构

随着竞争的加剧，企业逐渐发现单凭自己的力量很难把价值链上的所有环节都做好。从20世纪90年代开始，理论界提出了企业过程再造、价值链重构和核心能力理论，为企业建立持久的竞争优势提供了理论根据。其中价值链重构是指通过对价值链的识别，分析企业的关键环节并通过强化使之成为优势环节，根据实际情况选择或放弃非关键环节，并与有优势的企业实行横向联合。

价值链重构是一种基于系统观念对企业在价值链中位置的重新思考，它通过提高整个价值链，发挥企业优势以改变竞争基础的方式来提高企业价值。例如美国人民捷运航空公司是经济实惠型的，它所建立的价值链成本比主干线航空公司低达50%。在这种理论的指导下，一些著名的公司如IBM、惠普、微软、宝洁等公司都与相关企业建立了长期合作关系，尤其是在虚拟运作与建立动态战略伙伴关系方面。全球性价值链管理已成为一种新的竞争战略。

（二）竞争者

环境的恶化与人们观念的改变的结果是，越来越多的企业为了获取最大利益，开始寻求各种方式进行合作研究，甚至与竞争对手合作也在所不惜。在这种情况下，一些有远见的企业家提出了以合作求竞争，共同将利益蛋糕做得更大，从而使双方都受益的战略思路，并积极将这一思路付诸实施（当然，合作竞争的观念并不是仅仅指的竞争者，还包括客户和供应商等，但是在此主要应用合作竞争的理论讨论竞争者之间的合作）。

竞争合作理论的基本观点是建立竞争合作关系的各当事人在合作的基础上提高他们市场的竞争力，获得更多的利益，从而组成某一方面的合作团队。在这样的基础上的合作竞争具有 3 个基本要素：利益、亲密关系和合作远景。

1. 利益是指通过合作竞争建立伙伴关系能够为合作的双方带来具体的有成效的好处。它是合作竞争战略得以实施的基本前提。利益来源于以下 3 个方面：减少重复和浪费、利用彼此的核心能力、创新的契机。

2. 亲密关系是指合作双方相互深层次的信赖以及专注于共同利益的亲密合作。亲密关系在相互依赖、信息共享和合作团队意识 3 个方面展现出来。

3. 合作远景是指合作竞争的战略伙伴关系之间关于未来合作成就蓝图及其共享的理念。确定合作远景时，需要注意以下几个问题：合作远景的切实可行性、合作远景的阶段性、合作远景要有实践步骤、远景以及实现远景的途径是动态的。

4. 合作关系的切入点。利益、亲密关系和合作远景在建立伙伴关系中，并不要求固定的先后顺序，而应当根据实际情况选择任一要素作为合作的切入点。

5. 合作竞争关系可以有不同的切入点，但成功的伙伴关系中必须同时具有这 3 个要素。

（三）顾　客

从亚当·斯密以来，顾客一直被认为是至高无上的上帝，而现代的竞争更将顾客推向了前所未有的高度，其中定制化、顾客参与设计等都是顾客利益受到重视的一种表现。但是，把商品和服务投入市场并进行销售涉及许多重要的商业和道德选择，因此，在利益相关者的基础上讨论顾客问题也是非常重要的。

1. 顾客影响

消费者有时也会影响公司的治理。克莱因和阿莱弗茨（1981）就清楚地指出了企业与顾客之间的默契合约关系。他们把企业向顾客传递的质量信息变为声誉投资，并形成企业的商誉或者说“品牌资产”。企业只要承诺不降低产品质量，就可以在市场上与顾客无限次重复交易，从而获得正常的投资收益。而顾客则把品牌资产的投资看做是对产品质量的隐含保证，并愿意支付一个差价以弥补建立和维护品牌资产的费用，并给企业带来正常的盈利。

但是消费者对公司的影响更多的是通过普遍的消费观念变化带来的市场反应。近年来，环境和道德问题已经成为企业需要重点考虑的问题，而企业的这种变化在很大程度上正是受到了消费者的影响，如绿色消费。而根据 1993 年的一项调查，60% 的美国人愿意购买那些支持某些特殊的社会事业的公司的产品，约有 48% 的美国人赞同“通过基金会或非营利性机构向一项事业捐款”的企业行为。

2. 与顾客沟通的原则

正如前面提到的，顾客相对于其他利益相关者一直被企业作为重点考虑的对象，而市场研究人员也更善于促进与客户之间的交流。为了保护顾客的利益，国家和国际行为准则都对这些员工的行为进行了限制。但是，不可否认，广告业有时也会因短期的投机行为而损害沟通的长期性和真实性。为了改善这种状况，大卫·威勒和玛丽亚·西兰琶提出了如下涉及不同程度的诚信问题的 10 条原则。

（1）真实：提供给客户的信息应当清楚、明确，不具有误导性，不过于夸张。

（2）透明：任何相关信息都不应因疏忽而遗漏，特别是客户的权利和感情可能会受到伤害的信息。

（3）积极宣传：卖方应当通过有效标签和客户可以得到的资料宣传产品或服务的所有的有关特征。

（4）对话：客户应当能够对公司的各个方面，包括产品和服务积极和消极的方面，提出置疑和评价。

（5）保护：客户应当得到保护，免受已知和未知的风险，尤其是对于儿童和弱势群体。

（6）公平：制订价格应当是非榨取性和明确的；存在市场垄断的地方不能产生欺诈现象，特别是必须品的提供和服务。

（7）自主：客户应当被看作有权利的个体或实体。

（8）诚实：不管对购买者有什么明显而直接的好处，客户都不应该因贿赂或欺诈购买假冒伪劣产品。

（9）尊重：应当尊重客户的权利和感情。

（10）补偿：客户必须有权要求对有缺陷的商品和服务进行立即补偿的权利。

（四）政府和社区

正如上面所说，我们假设政府和社区是与企业外部性和社会责任相关的利益相关者的代表。因此，对政府和社区问题的讨论就意味着对企业社会责任的讨论，这是一个过于复杂的问题。因此，我们将政府和社区的问题简化成两个方面：政府和社区行使政治权利的立法和经济权利的税收。

威尔士王子企业领导人论坛发表的一篇文章指出社区、政府和非政府组织与企业之间的关系将成为企业创造财富、可持续发展和良好管理的最重要的动力。大卫·威勒等认为，对大多数企业而言，从利益相关者角度考虑政府和文明社会，应该解决以下 4 种关系：政府和管理者之间的关系、企业与企业所在社区的公众组织之间的关系、企业与代表相关部门利益的国家和国际非政府组织之间的关系、与舆论和影响声誉的其他机构之间的关系，如学术机构和媒体。

由于我们假设政府和文明社会是与企业外部性和社会责任相关的利益相关者的代表。因此，对政府和社区问题的讨论就意味着对企业社会责任的讨论，这是一个非常复杂的问题。为简化问题，我们结合大卫·威勒的观点，首先讨论政府和文明社会如何对企业施加影响，然后再考虑企业如何影响政府行为、社区和舆论。

1. 政府和文明社会对企业的影响

西方经济学通常认为政府的主要经济职能包括：提供法律和社会框架、维护市场中的公平竞争、为必要的公平进行收入再分配、资源再配置、稳定经济。

从实际情况来看，政府除了可以通过立法如公司法等手段对企业行为进行约束外，还通过对宏观经济政策的调控，操纵产业政策和国民经济周期，或者进一步通过政府无息或低息贷款，给予固定资产补贴或税收优惠等方法影响企业行为。其他政府部门，尤其是一些行业机构，则往往通过制订行业标准和技术标准影响企业行为。

2. 企业对政府和舆论的影响

威尔士王子企业领导人论坛发表的一篇文章指出社区、政府和非政府组织与企业之间的关系将成为企业创造财富、可持续发展和良好管理的最重要的动力。

从实际情况来看，企业一方面借助自己日益增长的影响力影响政府和立法行为，另一方面则通过公共关系和宣传等手段引导舆论，改善公共形象。大卫·考顿认为美国企业影响政治的现象可以追溯到20世纪70年代初期。到80年代中期，波音公司等大公司每年都会提供大量的政治经费赞助，其中大部分用于支持现任的政治家，大约有一半与国防有直接关系。

3. 公共关系

公共关系简称公关，是指一个企业或团体为了适应环境的需要，争取社会各界的理解、信任和支持，树立企业或团体的良好信誉和形象而采取的一系列活动。它通过与企业利益相关者包括供应商、顾客、员工、股东、社会团体等建立良好的合作关系为企业的经营管理营造良好的环境。1991年，美国前50名公关公司的周转额为170亿美元。到20世纪末，在美国，公共关系行业就业的人数比记者还多。对企业而言，公共关系的目的不是追求短期的、既得的销售量的增加，而是着眼于企业在社会中的良好信誉和长远利益。

4. 税收和税收筹划

从利益相关者的角度来看，税收可以看做是政府和文明社会参与企业收益分配的一种形式。因此，企业有责任缴纳应缴税款。这种收益分配的特殊性在于政府通过税法对企业的纳税行为进行了规范和强制性管理。企业对税负进行管理的一种重要工具是税收筹划。税收筹划是指纳税人在税法许可的范围内，通过对经营、投资、理财等活动的合理筹划和安排尽可能地取得节约税收成本的税收收益，从而实现税后利润的最大化。这种管理工具具有两个特点：一是在不违反税收政策法规的条件下进行税收优化选择；二是符合政府的政策导向。

三、体育产业利益相关者分析

体育产业主要包括竞赛表演业、娱乐健身业、体育咨询、培训业、体育信息业（数字化体育产业）。以最终顾客群看，他们分别提供观赏性服务、参与性服务、体育知识技能以及体育信息产品（图7－4）。

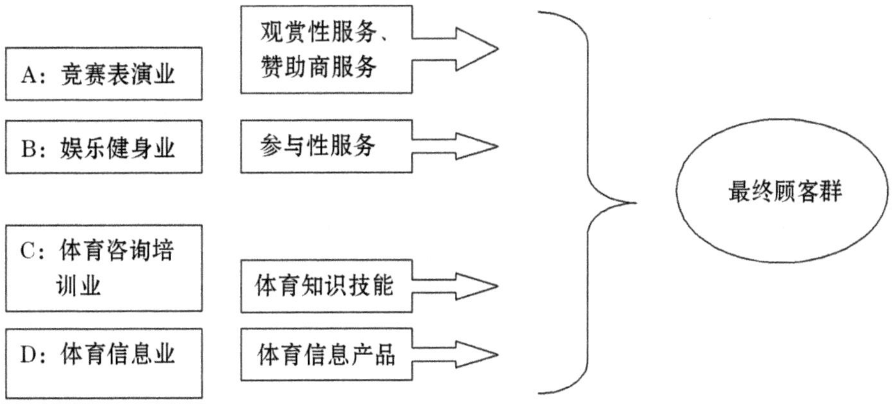

图 7－4　体育产业产品类别

体育商品化就是在其市场运作和交易过程中，包括体育资讯、服务、比赛、表演、体育锻炼活动及相关设施等，由卖方提供的产品服务使买方获得等值物的交易现象。从价值活动的观点来看，体育商品的提供者可以区分为：体育用品批发零售、大众传播、体育设施服务、经纪公司，以及职业运动组织。他们提供体育商品所进行的价值活动各不相同。体育服务业提供的产品可以归纳为 6 类：个人体育用品装备、体育资讯、体育场地设施、体育技术指导、体育比赛或表演、以及体育赛事权利。不同的主体提供不同的服务，将构成不同业务环节的供应链和价值链（表 7－4）。

表 7－4　产品服务类型与最终消费者类型交叉矩阵

		最终消费者类型					
		关心者	现场观赏者	媒体观赏者	购买收藏者	实地参与者	学习者
产品服务类型	信息产品						
	标志产品						
	赛事权利						
	场地服务						
	技能培训						
	健身指导						
	观赏性服务						
	赞助商服务						

体育产业的价值链就是一个或多个交叉点组合而成的。

事实上在产业竞争中，企业的价值链附属于一个更庞大的体系之下，这个庞大的体系即是所谓的价值体系或价值网。价值体系包含满足企业价值链的上游供应商（提供价值链所需原料、零件、设备和采购等服务）、完成价值链活动的营销渠道与最后的客户。当然，由价值链提供的产品又成为客户所在价值链内的物料，并纳入客户的生产管理系统。

在我国体育产业领域，存在着不同的利益主体：政府、体育主管部门、体育项目管理中心、职业体育联盟、各类协会、职业俱乐部、娱乐健身俱乐部、运动员、中介公司、媒体、赞助商、体育消费者等。实际上，在买卖双方关系上看，并没有固定不变的定位，完全取决于提供体育服务的内在特性，他们谁都可能是买方，同时谁都又可能是卖方。在今天迅速变化的竞争环境里，每个利益主体的角色在价值链中的位置不再固定，体育产品的提供，是在一群代理人（包括所有的利益主体）中重新安排角色及他们之间的关系，以动员新的联合体去创造价值的过程，他们组成了一个价值网，形成了一个动态联盟关系。我们用复杂系统论来看待他们的关系，用信息系统设计中模块化的观点来分析各类产品可能的买方。

竞赛表演业的产品提供商是竞赛表演公司。不管赛事的承办单位是谁，它在价值链上的位置就是一个服务提供方。从目前中国现状看，赛事运作基本可以分为两大类：体育组织自行开发、运作和委托体育经纪公司开发、运作。自行开发的一般成立市场开发部、营运部等称呼的组织，这个组织实际与赛事拥有权的项目管理中心之间可看成是一个内部市场关系，同体育经纪公司与体育组织之间的关系基本性质一样。我们统称为竞赛表演公司，它在提供体育产品过程中与政府、体育主管部门、体育项目管理中心、职业体育联盟、协会、职业俱乐部、运动员、媒体、赞助商、体育消费者都存在利益关系。

具体到一个健身娱乐企业来看，它是由许多非常琐碎的业务环节组成的，而且每一个环节都至关重要，构成了一个供应链。每个环节都可以采用一些科学的管理方法和技术在进度控制、费用控制、时间控制、风险管理上进行管理，对每一环节充分开发，健身娱乐企业的供应链包括多种角色，如教练、合作伙伴、资源供应商等，内部环节上有总经理、运作经理、市场经理、人事经理、行政人员、媒体协调人员等，这将形成一个合作竞争的局面，体现协同商务的特征。

娱乐健身企业、竞赛表演企业自身的价值链是否完善，是其能否持续发展的根本所在。

第三节　体育产业价值系统构成分析

一、体育产业理想价值系统及特点描述

据复杂适应系统理论，现代科学的管理模式强调机制设计、委托代理关系，而且系统要素是活的、主动的，具有自身利益和目标，能够积累经验和学习的。实际上明确了价值链的动态性和合作性特征。

（一）战略中心转移

在快速变化的环境里，价值创造的基本理念也在发生着变化，价值的传统思想是建立在产业经济的假设和模型上的。根据这一观点，每个公司在价值链上占有一席之地。在上游，供应商提供投入，然后公司在投入上增加价值，再交给价值链的下游，即顾客（包括其他公司和最终消费者）。这种观点认为，战略从根本上是公司在价值链上正确定位的

艺术，包括选择正确的商业、正确的产品和市场细分、正确的增加价值的活动。今天，全球竞争、不断变化的市场和新兴技术使创造价值的新方式不断涌现。公司、顾客和供应商可以得到更多的机会，更多的机会也意味着更多的不确定性和更大的风险。根据过去的情况来预测已经变得不可靠了。一直被认为是外部因素的已经成为公司关键市场变化的关键推动力，而原来不相关部分的公司进入本行业，则使游戏规则突然发生变化。在这样一种易变的竞争环境中，战略分析的中心不再是公司本身，甚至不再是整个行业，而是整个价值创造系统。(图 7－5)

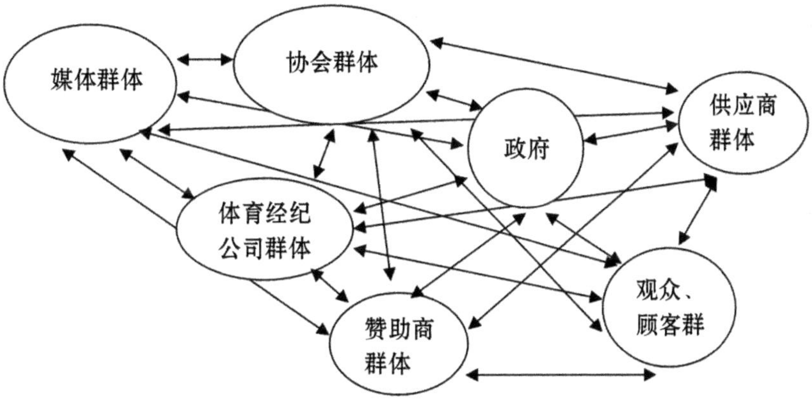

图 7－5　价值系统各利益主体关系示意图

图 7－5 中的各利益主体的不同关系组合形成不同的价值系统，提供不同服务的体育产业组织由不同的群体形成价值网。

(二) 合作性

在这个系统中，不同的经济角色共同合作来创造价值。他们的关键战略任务是，重新安排新的价值群中各角色的作用和他们之间的关系以动员新的联合体和各个角色去创造价值。他们的潜在战略目标是在公司的能力和顾客之间创造一种不断改进的和谐。是对复杂的商业系统进行的连续设计和再设计。当前，企业之间的竞争不再是一个企业对一个的竞争，已进一步发展成为一组企业的供需链与竞争对手的供需链之间的竞争，对供需链上每一个经济实体的核心竞争实力和优势进行整合，产生任何单个企业所无法产生的效果，可以称之为合作竞争。在合作伙伴中不仅有客户和原料供应商（赛事的原料供应商为项目管理中心)，还应包括：协作单位、分销中心、运输公司、国际体育机构、增值网络服务等。产品研制开发单位、员工或合伙人、法律或管理顾问、各种专家人才也都应当作为合作伙伴，这是知识经济环境下必须建立的观念。因此，必须从供需链管理的概念出发，改变企业的经营战略。要着眼于建立企业与供方和需方互信、互利、互补、互助、互通、风险共担的合作伙伴关系和共存的联合体，把团队精神扩展到一个企业的外部，发挥联合体中每一个成员的优势和特长，以整合各个企业有限的资源去迎击无限的市场机遇。合作伙伴之间的关系除了有必要的法律约束外，各个成员的信用和自律尤其重要，要特别强调商业道德，规范商业行为。

二、以主体企业分解的价值网络图

产业价值链是各个企业价值链交织在一起的价值网，不是各个企业的简单相加，一个企业价值链可能是整个产业价值链的一部分，也可能跨越整个产业价值链，要解剖产业价值链，必须以某个企业的角度对此分析。(图 7－6)

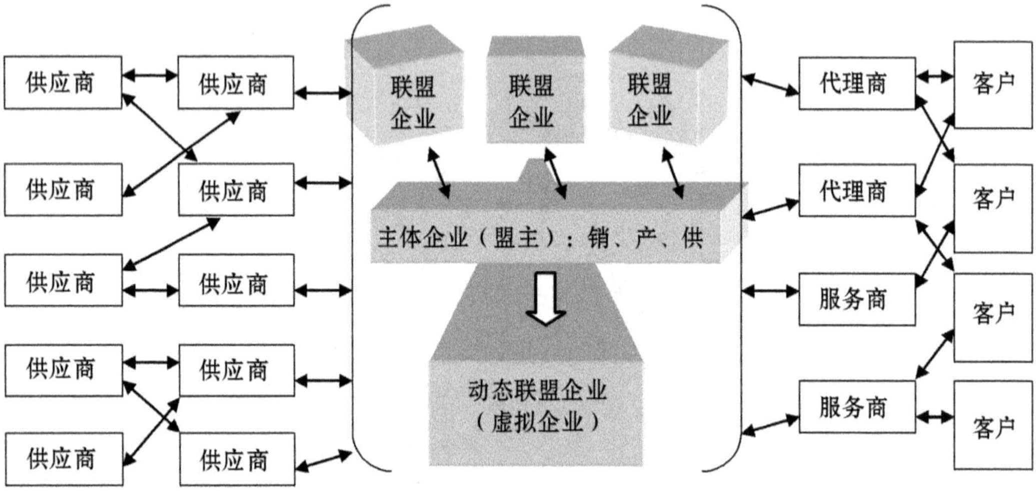

图 7－6 以主体企业分解的价值网络图

公司要解决企业外部或公司外部 4 种人的关系。外部 4 种人有客户、债权人、政府、社会公众，内部 4 种人有股东、董事、经理、职工，这是 8 个利益体。管理的实质就是协调这内外 8 种人的利益关系，保持一种利益的平衡，这样企业管理才能稳固下去。侵害任何一种人的利益，企业管理都是不成功的。价值链管理模式是在充分考虑这 8 种人利益上形成的。

总之，体育产业就是在这样一个价值系统中发展壮大，将形成以运动竞赛表演业、娱乐健身业为主营业务的上、中、下游紧密结合的产业价值网，推进体育产业一体化运作。

第四节 基于价值链的体育产业价值管理理论

任何行业中任何公司的运作都是从原材料供应商那里获得基本原材料以生产产品，直至送到最终用户手中可用产品的生产过程，即一整套价值创造工序之间相互联系的过程。每家公司只是其一部分，其运作应放在价值创造工序的整个价值链中来考察。作业链的形成过程同时就是价值链的形成过程。作业的转移同时伴随着价值的转移，最终产品是全部作业的集合，同时也表现为全部作业的价值集合。企业或组织提供给顾客的价值的大小、是否及时等很大程度上取决于价值链上各个作业的关系及它们的协调程度。价值链是分析企业竞争优势的根本，它紧紧与服务于顾客需求的“作业链”相关联。

一、价值链分析

（一）价值链管理的概念和种类

1. 价值链管理的概念

价值链管理理论是管理学界近年来倡导的理论。价值链的概念是1985年哈佛商学院的波特教授在其所着的《竞争优势》一书中提出的，近20年中获得了很大的发展，并被当今先进管理思想者所采用，已成为研究竞争优势的有效工具。其含义是：从价值形成过程来看，企业从创建到投产经营所经历的一系列环节和活动中，既有各项投入，同时又显示价值的增加，从而使这一系列环节连接成一条活动成本链。价值链理论认为，企业的发展不只是增加价值，而是要重新创造价值。在价值链系统中，不同的经济活动单元通过协作共同创造价值。价值链管理是当前国际企业管理的重要方向，也是国内企业富有潜力的应用领域。

价值链管理是一种战略管理方法，强调协调价值链上诸多联系。这些联系超越了传统的客户——供应商联系，发展到包括分享计划、库存、人力资源、信息技术系统，甚至公司文化。价值链管理的本质是提高整个价值链的行为，通过一种系统的标准化方法，来检查每一个环节，看整个价值链的速度、确定性及成本效益是如何得到最大的提高。价值链是一种战略决策方法，最初是用于企业竞争优势的研究，着眼点是企业的价值增值过程，目标是企业如何从价值链各个环节寻找自己的竞争优势根源，从而达到成本、产品歧异化或目标集聚的竞争战略。

2. 基本价值链的构成

构成企业价值链的9种活动可以划分为两类：基本活动和辅助活动。前者包括内部后勤、生产经营、外部后勤、市场和销售以及服务，后者包括采购、技术开发、人力资源开发和基础设施。

（1）内部后勤：接收、存储和分配的各种活动，如原材料搬运、仓储、库存系统、车辆调度等。

（2）生产经营：将投入转化为最终产品形式各种活动，如机械加工、包装、组装、设备维护等。

（3）外部后勤：集中、存储和将产品发送给买方的各种活动，如产成品库存管理、原材料搬运、送货车辆调度、订单处理和生产进度安排等。

（4）市场和销售：提供一种买方购买产品的方式和引导他们进行购买的各种活动，如广告、促销、销售、报价、渠道选择、渠道关系和定价。

（5）服务：提供以增加或保持产品价值的活动，如安装、维修、培训、零部件供应和产品调整。

（6）采购：购买用于企业价值链的各种投入活动，而不是外购投入本身。投入要素除原材料外，还包括机械设备、办公设备及建筑物等。

（7）技术开发：改善产品和工艺的各项努力。不只限于研究开发，它包括价值链过程中的各种创造及改良活动。

（8）人力资源开发：包括设计所有类型人员的招聘、雇佣、培训、开发和报酬等各种活动。

（9）基础设施：企业的一般管理活动，包括总体管理、计划、财务、会计、法律和质量管理等。它是对整个价值链而不是单个活动起辅助作用。

3. 价值链的种类

我们已经提到过，价值链之间存在着联系，这种关系被称为联结。这种联结不仅在企业内部存在，企业与上游的供应商和下游的客户之间以及行业内的价值链之间也存在联结。按照企业内部价值链所包含的价值活动的范围大小以及联结关系的不同，可以将价值链分为企业外部的价值链和企业内部的价值链。

企业外部的价值链是指与企业具有紧密联系的外部行为主体的价值活动，主要包括行业价值连、供应商价值链和购买商价值链。行业价值链是指从最初原料到最终产品到达消费者手中的价值链。企业内部的价值链一般可以按照组织层次分为企业价值链、各业务单元的价值链和各业务单元内部的价值链，其中企业价值链一般是指上文所说的基本价值链。

（二）价值链分析的内容

1. 企业外部价值链分析

企业外部价值链分析的基本步骤是确认行业价值链、供应商价值链和购货商价值链，并尽量将成本和收益分配给价值作业，找出每个作业的成本动因，进行成本效益分析。在以上分析的过程中，应重点关注企业与上下游之间联结是否合理。

通过分析，可以帮助企业明了自己在行业价值链中的位置，发现与上下游之间不必要的成本环节，改善与供应商和客户的关系，实现双赢的结果。由于行业竞争力分析可以揭示上下游之间联结的紧密程度，因此这种分析也可以为企业提供通过整合方式降低成本决策所需要的信息。

（1）与供应商的联系。管理好和供应商的联系的目的在于使公司和它的供应商都获利。在这方面要寻找降低成本、提高价格或者两者兼而有之的方案。

（2）与顾客的联系。与顾客的联系是与和供应商的联系同等重要的。

2. 企业内部价值链分析

由于企业内部存在着许多不同的价值链，因此在进行企业内部的价值链分析时，应先找出基本的价值链，即企业价值链，然后进一步将其分解为单独的价值作业。这个工作完成后，才能将该作业创造的价值、发生的成本以及所需的资产分配给这些作业，在此基础上对这些作业进行评估。在这个过程中需要重点注意各业务单元之间联结的合理性。

在进行企业内部价值链分析时，应根据需要从不同的角度对作业进行分类。其中一个重要的环节是从价值角度考虑作业，将其分为增值作业和不增值作业。在此基础上，制订消除不增值作业的方法，并通过作业间的良好配合即“协调”或者工作流程的重组、工作质量的提高即“最优化”降低成本。

价值链分析明确认识到在一个公司内部各个单独的价值行为并不是独立的，而是相互依赖的这一事实。为提高效率，公司可能想分析生产过程与公司内部价值链的联系。总体目标是以最短的时间和最小的费用将供应商的原材料经过生产制造送到顾客手中。

波特认为，如果要分析企业内部资源，企业必须要考虑其资源是怎么使用的，这就要求企业确定采用什么标准来衡量资源的利用。在这方面，效率和效益是主要指标。

资源利用效率的衡量标准。效率指资源不管用在什么地方都要用得其所。下列是一些常用的效率指标。

（1）利润率。利润率是效率的一种广义衡量标准，比较适合于商业性企业。利润率往往与其他财务标准，如存货周转率、应收账款周转率等一起使用，标明某些资源的利用效率。

（2）营运资本。审视营运资本的使用情况能够说明财务资源从战略角度方面是如何使用的。这里需要特别保持低水平的营运资本，避免营运资本过多的低效率运作。

（3）劳动生产率。劳动生产率标准主要涉及企业中的人力资源是否得到有效的利用。具体指标包括每个职工的生产率、缺勤和迟到的程度，每个部门的相对规模以及直接职工对间接职工的比率。

（4）收益率。这一指标主要用于原材料和能源为主要成本的企业。

（5）生产能量利用程度。这个标准主要用于间接费用为主要成本的企业。

资源利用效益的衡量标准。资源利用效益的衡量标准主要涉及的是，企业的资源是否用于实现企业目标。效益标准主要有以下几种。

（1）资本的使用。资本使用的分析包括：企业的资本结构组合的变化，收益率的适合程度，筹措资金用于计划内投资项目的难易程度。

（2）人力资源的使用。人力资源的使用包括人力资源的灵活性、劳动安排的性质、工作小组的规模、控制系统的种类、关键时刻领导的能力，以及企业内部竞争和合作的程度。

（3）财务系统的使用。主要涉及成本系统的适合程度、与战略要求的一致程度、编制预算的方法以及评估投资的方法。

（4）营销与推销资源的使用。具体指标包括：广告费用占销售额的百分比、销售人员的人均销量、推销成本占销售额的百分比，以及广告的效益性等。

3. 竞争对手的价值链分析

竞争对手价值链分析的目的是通过价值链对比，明确企业的相对竞争地位和成本情况，帮助管理者客观地评价自身在竞争中的优势和劣势。企业还可以通过与竞争对手对比确定是通过协调还是最优化来降低成本。此外，对于企业的薄弱环节可以通过向竞争者学习达到改进的目的。

分析竞争者的价值链是成本对比分析的起点，但在实际分析过程中，企业往往难以获得直接的信息。一般的做法是企业通过获得公开的数据，或者通过买方、供应商和其他人从侧面进行了解。另外一个比较系统化的方法是采取标杆瞄准的方式进行。

（三）流程再设计与重塑价值创造核心

现代企业已经或正在打破以往供应商、制造商和顾客的传统联结方式。每个企业必须通过能够对最终顾客增加价值的网络培养他们自己的竞争与合作机制。一方面激烈的竞争迫使公司在一些关键领域进行合作，另一方面为了获得总体价值链中的份额又不得不与其他公司进行竞争。

管理层应洞悉价值创造的机制和环节，做出正确的过程管理和流程创新的决策。在这一过程中，需要明确公司的核心竞争力是什么，如何建立，存在什么障碍，什么环节是公司与战略合作者的双赢价值环节等？过程的哪些环节在创造价值？哪些环节在破坏价值？管理层不得不回答以下问题。

企业需要在何处加强能力？成功的企业通过利用与生俱来的能力创造价值进行竞争——换句话说，也就是通过掌握其他竞争者缺乏而顾客需要的知识或技术进行竞争。分析这些方面有利于了解组织的核心竞争力。

企业应于何处寻求成本优势？在那些竞争者具有同等或更强实力的领域，无论这一领域基础如何，竞争优势的唯一来源在于成本。分析这些领域有利于明确合理化、服务共享或外购能够在何处创造具有竞争力的价值。

企业应在何处扩大经营规模？为了抓住市场发展机遇，企业必须在世界范围内迅速发展，这使得公司不能通过日常经营形成新的竞争力。分析这些方面有利于公司形成建立战略联盟的理念。

为了整合公司核心价值创造活动，管理层需要明确以下基本问题：公司的顾客是谁？公司未来的供货商是谁，如何与其建立战略联盟？如何简化核心过程，并降低其成本？外购的非核心过程是什么，如何外购？

1. 要重新审视你的顾客

对于一项业务来讲，本质上有两种增加价值的方式：减少现金流出量或增加现金流入量；减少成本或增加收入。你能够通过降低成本增加的价值，从数学计算上来看，仅限于现有成本的100%。实际上，节约最多只能达到40%，但是收入在理论上却可以无限制增长。顾客——作为收入的来源——随着全球市场的成熟变得越来越稀缺。因此目标变成通过从现有顾客花费中获得更大的份额以实现利润最大化。同时拥有顾客信息就是拥有财富。利用像大型数据库这样的新技术，公司管理人员可以利用大量的集成信息，从研究如何收集信息转移到如何利用信息为公司经营服务。

2. 从买卖关系变为合作关系

购买决策是建立在直接与公司长期战略目标相联系的标准之上的，只有在恰当的时机，使用恰当的方式利用恰当的信息，才能做出这样的决策。公司可以建立真正合理的采购数据库，这一数据库涵盖了以下3个方面的内容：供货商——他们是谁，谁拥有他们，他们公司的从属关系是什么，他们的位置在哪里，在他们每处的花费是多少？购买者——公司的哪一个部门或单位是购买者，他们在哪一个国家，每一个购买单位的花费为多少？材料和服务——采购了什么，设计哪些供给市场，每种商品的花费是多少。

3. 简化核心过程，并削减其成本

随着公司逐渐走向成功，变化不断产生，事情变得日益复杂。由于管理面临着太多选择、太少时间，过程的官僚化成为趋势。这时，管理层如何指导公司简化核心过程，并削减其成本变得日趋重要。

4. 选择外购

几乎没有任何一个公司可以在业务的每一方面都达到国际水平。通过外购，你可以把公司业务集中于你做的最好的方面，而对于你的非核心业务，你可以借助其他在这一业务上具有国际领先水平的公司。

二、价值链管理与共享服务和外包

（一）共享服务的概念

共享服务实际上是一种内部外购活动，共享服务可以导致外购或完全被由第三方供货者提供的外购服务代替。共享的服务包括各部门各流程的集中化。并入共享服务中心的职能通常是依赖于处理流程的职能，例如，应付账款、总账和工资。非财务职能也可以进行有效处理，例如，人力资源和采购职能。它的优势包括降低成本等，但更重要的是它为财务人员节省出时间用于其他具有价值附加值的工作。在降低成本和增加更多价值的压力下，共享服务代表了一个使财务职能从“记分员”转变成“商业合伙人”的关键模块。

（二）外　包

1. 外包的概念和思想

“外包”（Outsoureing），英文一词的直译是“外部寻源”，指企业整合利用其外部最优秀的专业化资源，从而达到降低成本、提高效率、充分发挥自身核心竞争力和增强企业对环境的迅速应变能力的一种管理模式。

企业在内部资源有限的情况下，为取得更大的竞争优势，仅保留其最具竞争优势的功能，而把其他功能借助于整合，利用外部最优秀的资源予以实现是十分必要的。企业内部最具竞争力的资源和外部最优秀资源的结合，能产生巨大的协同效应，使企业最大限度地发挥自有资源的效率，获得竞争优势，提高对环境变化的适应能力。

“外包”这种管理模式是工业经济时代已经形成的社会分工与协作组织在当今知识经济条件下的发展与演化。早在20世纪20年代，美国福特公司就开始了在产品零部件标准化基础上形成流水作业线，生产出具有规模效益的T型车的生产组织实践，并实现了零部件供应的外部化。发展到20世纪下半叶，标准化、全球化的组装生产模式已普及到全球。从工业时代的全球化的协作生产到知识经济时代的战略性外包是一个不断演进的、从量变到质变的连续过程，这种变化有其产生的必要性和必然性。

战略管理理论的发展为建立外包模式提供了指导思想。以资源为基础的理论是现代企业战略管理主导理论，该理论认为企业的竞争优势是由其能力所决定的。一家公司的能力的差别是特殊能力与一般能力的差别。特殊能力也叫核心竞争力，其最重要的特点是竞争对手无法仿制，或仿制起来难度很大。不可仿效这种特征的战略意义在于核心能力使企业处于竞争优势的地位。一个企业要想可持续地发展，必须发现并创造自己的核心能力，这种由核心能力所产生的竞争优势就是绝对优势。

2. 外包的问题及对策

外包是一把双刃剑，运用得当能提高企业的核心竞争力，反之，则会产生弊端。如业务外包在减轻企业对相关业务运营压力的同时，将增大企业责任外移的可能性，公司有可能丧失对外包的控制，进而影响到公司整个业务的发展。此外，可能会影响到员工的情绪和企业的凝聚力，并在一定程度上影响企业研制新一代产品的能力。因此，并非所有企业都能开展职能外包，西方开展职能外包的企业多是同业中的佼佼者，有强大的技术体系和品牌优势为支撑。目前，职能外包战略已成为欧盟企业提升核心竞争力的重要手段。

外包一般可以减少企业对业务的监控，但它同时可能增加企业责任外移的可能性。所以企业必须不断监控外企业的行为并与之建立稳定长期的联系。全球业务外包也有它的复杂性、风险和挑战。国际运输方面可能遇到地区方面的限制，订单和再订货可能遇到配额的限制，汇率变动及货币的不同也会影响付款的正常运作。因此，全球业务外包需要有关人员具备专业的国际贸易知识，包括国际物流、外汇、国际贸易实务、国外供应商评估等方面的知识。

企业难以管理失控的辅助业务职能。企业可以将在内部运行效率不高的业务职能外包，但是这种方法并不能彻底解决企业的问题，相反这些业务职能可能在企业外部变得更加难以控制。在这种时候，企业必须花时间去找问题的症结所在。

信息技术没能跟上时代的发展步伐，信息滞后仍是影响企业业务外包的重要因素。所以，企业必须建立好自己的信息系统，并加快推进信息工作现代化，特别是充分利用互联网，使自己的商业经营融入全球信息网络。这样，才能为业务外包创造条件。

由于条块分割、信息基础设施落后、信用差等原因，实施外包管理模式在我国较为困难，但它为我国企业管理的变革提供了重要的思路，特别是解除企业生产柔性差、市场需求反应迟钝、贪大求全的弊病有重要参考意义。另外，外包并无固定模式，其经营艺术有赖于不断地尝试与探索。但至少有一种理念是不变的，那就是合理配置有限的资源，运用最强的优势最大限度地提高企业的竞争力。

本章小结

1. 企业利益相关者（Stakeholders）是指受企业行为影响或可影响企业行为的任何个人、群体和组织，通常包括顾客、供应者、竞争者、政府、社区、所有者、员工等。企业与利益相关者的关系是客观存在的，没有了这种关系，企业也就不复存在了。

2. 过去，企业通常把与供应商之间的关系看做单纯的交易，选择的标准是最优的价格和最低的价格。但是近年来，企业逐渐意识到，在竞争日趋激烈的环境下，竞争优势的获得和效率的提高需要更多地依赖稳定的供应关系，而这正是在利益相关者的理论下与供应商之间应当建立的关系。在以上认识的指导下，零售商和制造商把商品和服务的提供者开始更多地将供应商看做自己经营活动的延续。

3. 从亚当·斯密以来，顾客一直被认为是至高无上的上帝，而现代的竞争更将顾客推向了前所未有的高度，其中定制化、顾客参与设计等都是顾客利益受到重视的一种表现。但是，把商品和服务投入市场并进行销售涉及许多重要的商业和道德选择。

4. 价值链分为企业外部的价值链和企业内部的价值链。企业外部的价值链是指与企业具有紧密联系的外部行为主体的价值活动，主要包括行业价值链、供应商价值链和购货商价值链。企业内部的价值链一般可以按照组织层次分为企业价值链、各业务单元的价值链和各业务单元内部的价值链。

5. 企业外部价值链分析的基本步骤是确认行业价值链、供应商价值链和购货商价值链，并尽量将成本和收益分配给价值作业，找出每个作业的成本动因，进行成本效益分析。在以上分析的过程中，应重点关注企业与上下游之间联结是否合理。

6. 企业内部价值链分析的一个重要的环节是从价值角度考虑作业，将其分为增值作业和不增值作业。在此基础上，制订消除不增值作业的方法，并通过作业间的良好配合即

“协调”或者工作流程的重组、工作质量的提高即“最优化”降低成本。

7. 共享服务实际上是一种内部外购活动，共享服务可以导致外购或完全被由第三方供货者提供的外购服务代替。共享的服务包括各部门各流程的集中化。

8. “外包”（Outsourcing）一词的英文直译是“外部寻源”，指企业整合利用其外部最优秀的专业化资源，从而达到降低成本、提高效率、充分发挥自身核心竞争力和增强企业对环境的迅速应变能力的一种管理模式。

9. 体育产业的功能就是体育产业具有的满足用户需求的功效能力。产品满足用户的需求通常取决于两方面的因素：功能载体具有的客观物质性和使用者对此物质性感到满足程度的主观精神性。体育产品的这两方面尤为突出，在管理中要充分考虑。

10. 体育产业的竞争战略，依靠单一要素的优势并不能实现，要在发展过程中，形成整体优势。政策法律、科学技术、教育、企业体制、金融投资、运行机制、市场规范、人才、知识、资金、基础设施优势要素构成整体优势的战略平台，促进体育产业的迅速发展。

思考与练习

1. 举例说明什么是体育产业的功能创新？
2. 体育产业的替代品有哪些？谈谈你的看法。
3. 找一个你熟悉的体育产业实体，并分析其利益相关者都有谁？

主要参考文献

1. 杜胜利．CFO管理前沿［M］．北京：中信出版社，2003
2. 肖淑红．中国体育产业价值链管理模式研究［M］．北京：中国教育文化出版社，2005
3. 迈克尔·波特．竞争优势［M］．陈小悦译．北京：华夏出版社，1997

第八章　娱乐健身业的价值提升策略

【本章提要】主要介绍娱乐健身业的价值创新战略，并详细阐述娱乐健身业提升价值的运营策略，包括娱乐健身企业连锁和特许经营策略、娱乐健身企业服务策略、娱乐健身企业促销策略、娱乐健身企业价格策略等，从健身娱乐业的功能、成本入手，提升价值。

第一节　健身俱乐部提升价值策略——价格策略

本章中提到的娱乐健身企业是指娱乐健身业中的各个市场主体，比如，网球俱乐部、高尔夫俱乐部、保龄球馆、健身俱乐部、瑜伽馆、体育舞蹈工作室等等，都通称为娱乐健身企业。“工程”一词的广义概念在管理中是指“完成一项任务”，价值工程就是提升价值的任务，娱乐健身业中的价值工程，是对该行业的市场主体而言，其提升价值的相关工作环节、相应活动、相应策略及问题的探讨。

在对健身俱乐部进行价值工程活动时，最核心的问题是弄清其成本、价格的构成及影响因素，从而分析其合理性，并确定改进方案。

其中，价格决策是一个重要的问题，因为价格决定了健身俱乐部的收益，直接影响到价值的提升，是价值工程的重要分析内容。同时影响着俱乐部在市场上的竞争地位，一个良好的价格决策会给俱乐部招来大批消费者，从而实现俱乐部经营收入大幅度增长。俱乐部经营的产品与生产企业、流通企业不同，它经营的是一种特殊的服务产品，所以健身俱乐部产品的定价也呈现出不同于其他行业的一些特点，需要考虑娱乐健身行业产品自身的特点、市场的需求状况及市场竞争发展环境等多种因素，结合实际情况采取各种不同的定价方法，从而提升健身俱乐部价值。

一、健身俱乐部价格制订的影响因素

娱乐健身业营销人员在制订产品价格时要考虑许多因素。这些因素从性质上可以归纳为两大类：一类是可控因素，即营销人员在定价时有能力控制的因素，包括娱乐健身企业的经营成本、娱乐健身企业定价的利润水平目标、娱乐健身企业的产品、娱乐健身企业的经营整体战略等。另一类是不可控因素，即指那些对娱乐健身企业的价格制订有影响，但营销人员又无法控制的因素，包括市场需求、市场供给、行业竞争、市场发展环境等。（图 8－1）

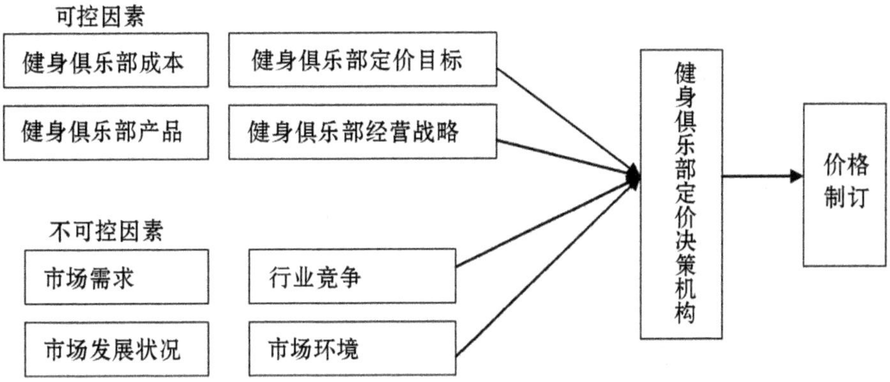

图8－1 健身俱乐部价格制订依据示意图

(一) 根据娱乐健身行业竞争状况及企业的竞争能力来制订价格

市场竞争状况直接影响着娱乐健身企业的定价。在娱乐健身业经营产品差异较小、市场上存在着多个竞争者的情况下，娱乐健身企业在价格方面的活动余地也相应缩小。同行业其他经营者，特别是档次、规模比较相近的经营者之间的价格水平往往会相互产生较大的影响。价格如高于竞争对手，则消费者数量减少，营业额降低，无法吸引高层需求；价格如低于竞争对手，一个非常可能的后果便是会引发同行业的价格大战，结果是“数败俱伤”。所以，行业竞争状况对娱乐健身企业的定价影响力很大，作为娱乐健身企业应客观地评估自身的竞争能力高低，并根据自身竞争能力优劣制订出可行的企业价格方案。

对一个娱乐健身企业而言，竞争能力的第一个衡量的依据是本企业市场经营能力，如营业额的稳定性、营业利润率、市场占有率等。第二个衡量的依据是本企业在同行业中的排名和影响。经过比较，就可以明确本企业的竞争能力。在对本企业的行业经营环境和竞争能力进行分析的基础上，就可以制订出具体的俱乐部定价水平及目标。总而言之，娱乐健身企业价格的制订必须充分考虑到企业的生存和发展，并且能增强企业的竞争力，使所制订的经营价格能令自己的娱乐健身企业在竞争中不断扩大市场占有率，增强知名度。

在现实的健身俱乐部经营过程中，通常会有一些俱乐部为提高市场占有率而竞相降价，进行低价竞争，最终由于过度的低价竞争而导致整个行业平均利润下降，甚至是无利可图，这是一个令人遗憾的客观事实。这些企业不懂得经营的目标并不是无限地扩大企业规模和市场占有率。有时，有特色或有能力的企业可根据产品状况、消费者档次和市场环境，把维持已有市场占有率作为定价目标。在这种情况下，企业采取稳定价格或适当提价、提高服务、增加娱乐健身产品功能等方式同样可以达到利润目标的实现。所以应走出这种价格策略与经营上的误区。这是从价值工程角度看娱乐健身业经营的重点提示，也就是娱乐健身企业管理重心从重物质向重价值的转变。

(二) 根据娱乐健身企业成本状况来制订价格

成本是确定娱乐健身企业产品价格的重要依据，它决定了价格的最低限度。制订产品价格的有关人员必须掌握娱乐业健身产品成本的特点和构成，密切关注影响成本变动的相关因素，以便随时采取相应的价格措施和策略，并且应努力地探索与发现降低和控制企业成本支出的途径。

娱乐健身产品成本包括投资成本和经营成本两部分，它是向消费者提供娱乐健身服务时所发生的所有费用的总和。它包括整个娱乐健身企业销售的饮料、茶点等物品的购进费用，营业费用，营业税金，财务费用，娱乐企业的建筑、装修费用，设备的购置费用以及为提供周到的娱乐健身服务所支出的管理费用等，这就是娱乐健身企业定价时首先要考虑的因素。

1. 娱乐健身企业的经营成本

娱乐健身业产品的经营成本核算可划分为固定成本和可变成本两部分。固定成本是不受产品营业量影响，并在一段时期内保持不变的那些成本。如健身设施设备的折旧、员工的工资、维持设备正常运转的水电及耗用品的成本等；变动成本则是随着娱乐健身企业营业量的变化的那部分成本。如娱乐健身业的经营用品（餐巾纸、毛巾等）、饮料、人工费用等。

对于娱乐健身企业，它的经营成本具有以下几个明显的特点。

（1）固定成本一般大于可变成本

在娱乐健身企业中，最大的投入是设施与设备，不管经营状况如何，这些设施设备的折旧每天都要发生，而且定期的保养和维护也不可停止，这造成了企业固定成本比较高；另外，组成娱乐健身产品的服务部分是靠员工提供的，这些员工的工资、福利费等也是固定需要支付的，这表明娱乐健身企业经营的产品成本中的大部分是相对固定的。固定成本是娱乐健身业中比例最高的成本。

（2）可控制成本高，不可控制成本低

在娱乐健身业的经营过程中，经营产品的成本像采购费用、加工费用、保管费用等环节均可以通过内部的管理制度而加以控制。大多数的营业费用项目，除折旧和大修理费用外，也可以依靠严格的管理来实现支出的降低。所以在娱乐健身业的经营成本结构中，可控制的成本所占的比例较高。

（3）受市场变化的影响较大

在娱乐健身企业经营过程中，其成本状况受市场变化的影响较大。原料成本和营业费用中大部分受物价指数和通货膨胀率变动的影响，例如当物价上涨时，各种经营产品与项目的成本、水电费、燃料费、经营用品、员工工资水平都要发生相应的提高，这就需要娱乐健身企业的定价决策人员能根据相应的变化及时调整自己企业的价格策略，从而有效地适应变化的发生。

2. 娱乐健身企业的投资成本

娱乐健身企业投资成本主要包括经营场所的建筑或租赁费用支出、经营设施的购置、经营场所的装修等。娱乐健身企业投资成本的高低往往对其经营产品的价格有重要的影响，如一个娱乐健身企业的总体投资水平较低，则其门票、酒水及服务的费用也相应较低。反之，为了收回投资，在价格上也要进行相应的提高。

总之，在娱乐健身企业价格的制订过程中，有一个应坚持的基本原则是：价格必须能抵偿其投资及经营成本，并在此基础上获得较好的利润水平。

（三）根据娱乐健身市场需求状况及水平来制订价格

任何娱乐健身产品都必须经过市场运营，被消费者认可、消费后才能实现企业的利润及经营的目标。所以，在娱乐健身企业进行定价时必须要考虑到目标消费者的需求状况及支付能力。若定价太高，则易使消费者认为价格与娱乐健身企业所提供的娱乐产品及项目价值不相匹配而失去消费者，进而使娱乐健身企业失去获利的机会。若定价太低，又不足以补偿娱乐经营中成本及费用开支。一般来说，应从以下几个方面来衡量娱乐市场需求状况及消费水平。

1. 调查了解消费者对娱乐健身项目价值的评估状况

娱乐健身项目的价格取决于消费者对其价值的评估。消费者评估一般的考核点如下。

（1）该俱乐部的环境状况如何

俱乐部经营设施高档、装修豪华、环境高雅，则消费者认为娱乐健身产品价值高，价格定得高一些可以接受。

（2）娱乐健身产品的内容和功能如何

娱乐健身产品内容丰富、项目的功能满足消费者多方面消费需求，价格可相应定高一些。

（3）娱乐健身企业的服务质量如何

娱乐健身企业的服务员工素质高、能提供高质量的服务，消费者认为价值高，愿意支付高一些的价格。

2. 调查了解消费者的支付能力状况

不同类别的消费者对娱乐健身活动价值的认识程度是不一样的，这主要是因为生活水平的差异导致支付能力不同而造成的。不同的目标消费者群体对娱乐项目消费的能力不同。例如收入高、经济条件好的消费者工作高度紧张，对娱乐消费、环境及服务内容要求高，愿意支付较高的价格来享受高质量的服务。而一些学生及工薪阶层因支付能力有限，只愿选择经济实惠的娱乐项目。制订娱乐健身价格时应适应消费者的支付能力。

（四）根据娱乐健身企业产品周期来制订价格

娱乐健身产品同样存在着生命周期，在生命周期的不同阶段有不同的特点。相应的价格策略也应配合着娱乐健身产品的生命周期来加以制订。

1. 导入期的娱乐健身产品

娱乐健身产品在导入期阶段，最重要的经营目标是要尽力让消费者了解娱乐健身产品、引起消费者的注意，所以此时应以让利的方式来销售产品，比如半价或打折的促销手段等。经营者可以在加大广告宣传力度的前提下，以优质的服务和良好的保障措施来吸引消费者，以此换得消费者的青睐。等到消费者广泛接受与认可，已经到了一个新的发展阶段时，例如每天都有相当固定的消费人数，再回到原来价格。

2. 成长期、成熟期的娱乐健身产品

成长期的娱乐健身产品可以维持一个稳定而适当的经营价格，偶尔也可以运用促销手段，再度吸引消费者的注意，成熟期的娱乐健身产品的主要经营目标是最大限度地获取利润，此时期的价格策略与成长期相同，但要经常注意观察，并着手准备开发或经营新的替代产品。

3. 衰退期的娱乐健身产品

已步入衰退期的娱乐健身产品，俱乐部必须尽快地收回投资或将损失降低到最低程度。为此，可以运用低价策略吸引尽可能多的消费者前来消费。

（五）根据市场发展情况及市场环境来制订价格

任何一个市场的发展过程均可分为4个阶段，即初期缓慢增长阶段、快速发展阶段、高峰稳定阶段及衰退下降阶段。不同的市场发展阶段要求制订不同的相应的经营价格。例如，当娱乐业健身产品投入一个正处于初期缓慢增长阶段的市场中时，定价人员应首先对竞争产品的质量进行比较分析，并相应地制订较低的价格，这样才有可能在市场中确立其竞争优势。另外，经营的环境因素也是影响娱乐健身企业定价的一个重要因素。

（六）根据娱乐健身企业定价目标来制订价格

娱乐健身企业的定价目标为定价者指明了价格制订的方向。定价目标一般与企业的营销计划目标直接相关，而营销计划目标又与娱乐健身企业的经营总目标相关，在某些情况下，定价目标可能是由娱乐健身企业的总体经营目标直接转化而来。例如一个娱乐健身企业有优良的服务、精彩的促销手段、符合大众需求的经营项目及大众化的经营理念，它的总体经营目标是追求长期利润的最大化，那么这个总体的经营目标会直接导致娱乐健身企业定价目标将围绕着“如何在长期内获得最大利润”这个根本的出发点而制订。

一般而言，一个娱乐健身企业的定价目标可以分为以下4类：成本导向定价目标、利润导向定价目标、竞争导向定价目标、消费者导向定价目标。

（七）根据娱乐健身企业整体经营战略来制订价格

一个娱乐健身企业的总体经营战略是为了实现该企业经营的总目标而制订和策划的各部门总体行动计划方案。一切经营的子计划、子策略都应与整体的经营战略保持一致，不能相互冲突。所以在进行娱乐健身企业的定价决策时，一定要考虑到该娱乐健身企业总体经营战略的要求。

以上是影响娱乐健身企业定价的主要因素。作为对娱乐健身企业进行价值工程分析的人员，必须充分地了解这些因素，才能制订出既适合市场经营和竞争环境，又能保证成本的回收和获利，并兼顾消费者的实际需求与喜好的价值创新方案。

二、娱乐健身企业定价的基本方法

娱乐健身企业和其他行业相比，在很多方面具有共性，又在一些方面存在着自己的个性特征。娱乐健身产品的价格不能随心所欲制订，它的价格的高低要受市场需求、成本费用和竞争情况这3个方面因素影响，而成本费用是定价的基础。所以，应以成本为基础来制订其基本的价格，作为最终价格的参考。

因此，不是所有的产品定价方式都适用于娱乐健身企业。它的实用定价方法并不多，常用的方法主要有以下几种。

（一）目标收益定价法

目标收益定价法是根据经营者在一定时期的预期利润，首先确定一个目标收益率，再根据要消耗的总成本和目标收益量来确定产品价格的方法。在实际运作中，主要有以下几种具体的方式。

1. 全部成本定价法

全部成本定价法是以娱乐健身企业的完全成本为基础，加上一定比例的利润和税金制订出的价格方法。娱乐健身企业成本在前期的场地装修、设备投入中占比例较大，需要按一定方法进行分摊。营业成本中主要以维修费用、人工费及管理费为主，这种方法为简单成本定价法。

（1）计算方式：销售价格＝全部成本/（1－目标利润率－税率）

（2）优点：此种方法计算简便易行。成本资料一般比较齐全，以成本为基础定价比较方便。当行业中都采用此种方法时，如果成本和利润率都比较接近时，价格竞争会被大大减弱。能使消费者感到价格公平，同时娱乐健身企业也能在补偿其成本后，有合理盈利。

（3）缺点：此方法忽视了市场需求和竞争因素的影响，当需求量大时，难以获得丰厚的利润。只重视单位完全成本，而忽视了产品成本的结构。难以使资源合理配置，发挥更大效益。忽视了娱乐健身项目的使用次数对单位成本和利润的影响；难以明确间接费用的分摊。

2. 目标利润定价法

目标利润定价法是指按照与投入的资本成一定比例进行利润附加的定价方法。

（1）计算公式：销售价格＝销售成本÷（1－目标利润率）

（2）目标利润率确定要考虑的若干因素

在市场经济条件下确定娱乐企业的目标利润率应主要考虑以下几个因素。

①满足娱乐健身企业正常发展对资金的需要。

娱乐健身企业发展主要靠自身积累，目标利润率水平的制订必须满足企业正常发展对资金的需要。

②给股东的报酬。

一般情况下，给股东的报酬——股息应高于银行存款利息。经营风险大的企业的报酬率应高于风险小的企业。

③考虑通货膨胀等其他因素的影响。

3. 成本系数定价法

此方法用于娱乐健身企业定价的关键是考虑两个因素。其一是娱乐健身企业成本计算。其二是确定一个合理的成本率。即：销售价格＝销售成本/成本率。

4. 倒向分析定价法

倒向分析定价法是从娱乐健身企业经营者的角度出发，综合考虑营业费用及合理的负担后计算出最低平均价格。即：最低平均销售价格＝（估算的营业总支出＋投资收益额）/一年内的使用次数。

与投资成本回收法相比，利用倒向分析定价法更合理，但是由于营业支出、投资收益及使用次数都是估算的。如果假设不合理，将会导致较大的偏差。因此，该方法适用于短期娱乐价格推算。

（二）竞争导向定价法

在娱乐健身业激烈竞争的局势下，价格是增强竞争能力、扩大市场销售量的有效手段。以竞争为导向的定价方法就是密切注视和追随竞争者的价格，以达到维持和扩大市场占有率和扩大销售量的目的。这种方法是以主要竞争者的价格水平为定价基础，当竞争者变更价格时娱乐健身企业经营者也变更价格，尽管市场需求因素和成本因素依然如故。其价格水平可能与竞争对手持平，也可能略高或略低于竞争对手的价格。

娱乐健身企业竞争定价策略影响因素完全依赖于当时市场中的重要竞争要素，谁能提供顾客最需要的服务要素，谁就可以拥有比竞争对手更高的价格，在此特别指出，本书不同意将娱乐健身业竞争要素固定化，它是随环境发生变化的，因顾客的不断变化的需求而变化。

1. 需求导向定价法

需求导向定价法是娱乐健身企业经常在实践中运用的另一种重要的定价方法。运用这种方法的关键是要估计在不同价格水平上的需求量状况，并把注意力集中在同即定销售目标相关的价格上。

在一般的情况下，市场对于娱乐健身业产品的需求量同定价的高低呈现反方向的变化，即娱乐健身产品价格高则需求量小，价格低则需求量大。但是，不同类型的娱乐健身项目和产品具有的需求特征也不尽相同，所以可以针对不同的需求特征来决定相应的价格制订方法。

2. 消费者导向定价法

这种方法是指依消费者的感受价值而不是娱乐健身产品的成本来定价。在娱乐健身企业定价时主要考虑消费者的意愿和能够接受什么价格。通常要首先调查消费者愿意接受的价格水平，以消费者愿意支付的价格为出发点，然后反过来调整娱乐产品的品种及成本，使娱乐健身企业获利。但这种方法操作起来很难，需要一系列的试验才能确定消费者的感受价值，所以采用较少。

三、娱乐健身产品定价的常用技巧

灵活的定价技巧是娱乐健身企业针对具体情况定价的科学性与艺术性相结合的体现。针对不同的娱乐健身产品、消费者、经营条件、消费数量及不同的经营方式而灵活地变动价格，是保证娱乐健身企业价值提升的极为重要的手段。一般来说，娱乐健身业中经常使用的定价技巧可以包括以下几项。

（一）折扣折让定价法

娱乐健身企业为达到鼓励消费者增加消费数量和消费额的经营目标，可以采用折扣折让定价法。一般是当消费者的消费达到一定数量或金额之后给予其折扣优惠。消费量越大、金额越多，折扣比率也就越高。

1. 娱乐健身企业折扣折让定价适用情况

娱乐健身企业采用折扣折让定价的适用情况通常有以下几种：

（1）累积型数量折扣

即当消费者在一定时间或者一定次数之内消费达到一定数额，则给予折扣优惠。这种方式的主要目的在于鼓励消费者在本娱乐健身企业长期消费，成为固定的忠实消费者。

（2）非累积型数量折扣

即当每次消费达到一定数量或金额后即给予折扣优待。例如一次消费金额满200元，退款20元，相当于打9折消费。这种方式的目的在于鼓励消费者一次性大量消费，从而有利于降低企业的经营成本，加速资金的回收及周转，增加盈利水平。

（3）团体消费折扣

为促进娱乐健身产品及项目的消费量，娱乐健身企业常常对大批量进行娱乐消费的消费者给予价格折扣。例如商务团体消费、旅行团娱乐消费等都会给予相应的优惠价格。

（4）消费时段折扣

娱乐健身企业通常在周末或晚间达到营业高峰。为鼓励清淡时段消费者前来消费，通常在清淡时段内给予价格折扣。

2. 娱乐健身企业折扣折让定价法的制订

娱乐健身企业采用折扣折让定价法的依据是消费者在娱乐健身企业进行消费的数量及折扣率。

（1）确定消费折扣的起点

即消费者在本娱乐健身企业消费的金额或次数达到何种程度才可以享受到折扣折让价格。折扣折让价格的起点应是使娱乐健身企业有一定的盈利的消费量，而且有利于鼓动消费者购买和消费。如果起点过低，则加重了企业的成本，减少了利润，对企业不利。

（2）划分折扣的档次

在折扣档次的划分时，应注意适中的原则，如果划分太少则会限制大量消费，而且使大多数消费者难以明白折扣的具体运作方式，增加娱乐健身企业对折扣折让定价的管理控制难度。

（3）各档次折扣率的确定

每个档次的折扣率根据档次之间数量和收益的差额来确定，从而体现出各档次之间的差别。

这种定价技巧在实际使用中的频率很高，是一种被娱乐健身经营者普遍使用的定价手段，从效果上来看，这种方法对于延长娱乐产品的生命周期以及吸引和培养忠实消费者均有一定的帮助。

实例：某俱乐部的定价实施方法如表8－1。

表8－1 某俱乐部的定价实施方法

项目	会员	不记名/副卡会员	非会员宾客
游艇	免费1小时/每天	30美元/小时	45美元/小时
领航费	30美元/小时	50美元/小时	65美元/小时

项目	会员	不记名/副卡会员	非会员宾客
健身房	免费	15 美元/小时	15 美元/小时
保龄球	免费 5 局/每天	10 美元/3 局	15 美元/3 局
高尔夫练习	免费 1 小时/每天	20 美元/小时	25 美元/小时
网球场	免费 1 小时/每天	10 美元/小时	15 美元/小时
天然泳场	免费	5 美元/小时	5 美元/小时

（二）差别定价法

差别定价法是一种“依消费者支付意愿”而制订价格的定价方法。主要运用于：建立基本需求，尤其是对高峰期的娱乐服务最为适用。缓和需求的波动，降低娱乐服务的易消失性所带来的影响。

1. 差别定价法的主要依据

具体而言，在娱乐健身业中差别定价的形式主要有以下几个方面：价格/时间差别、消费者支付能力差别、娱乐产品的品种差别、地理位置差别。其中，最为常见的是利用时间差别作为定价技巧。因为消费者的娱乐消费需求受时间影响较大，一般在周末（周五、周六）需求量大。为鼓励消费者的平日消费，限制周末消费人数，一般在消费高峰期实行高价，在平日或非营业高峰实行平时价。许多保龄球馆采用的便是这种策略的应用。如果这种策略运用得当，可以使娱乐设施均衡利用，获得较好的经济效益。

2. 使用差别定价法存在的问题

一项调查结果显示：差别价格是最为通用的一种定价技巧，约有 58% 的调查对象表示使用差别定价法。但是，使用这种方法也有一些问题存在。

（1）消费者可能延缓进行娱乐消费，一直等到差别价格实施的时候再进行消费，从而使黄金时段的消费者数量下降而导致整体利润受到影响。

（2）有的消费者会认为采用差别定价的娱乐健身产品及服务质量会较正常价格水平下的产品及服务差，从而不愿进行消费。

由于以上的原因，有些娱乐健身企业经营者不愿使用这种方法，而干脆就采用单一价格制度，不论时间、地点或支付能力，对所有的消费者在任何情况下均采用相同的价格。

（三）吸脂定价法

这种方法是指在一个新的娱乐健身产品或项目推出后，对其制订一个大大高于成本的价格进行销售与经营。其目的在于立即取得丰厚的市场回报，从中获取高额的利润。这种定价策略的着眼点是要在极短的时间内立即取得厚利，收回投资，而对能否提高市场占有率并不十分关注。

这种方法通常适用的情况有以下几种：娱乐健身企业需要迅速收回投资时；娱乐健身企业需要迅速获得大量利润，以改良经营的产品与项目，或有竞争者进入市场，娱乐健身企业须支持各种竞争性的活动时；需要增强高档娱乐健身产品的定位时；娱乐健身产品或项目处在介绍期，企业希望通过高价策略多获得利润时；娱乐健身企业重视利润，希望保持较高的利润率时；娱乐健身产品生命周期过短，需要高价策略帮助在短期收回成本时；娱乐健身产品由于技术原因、政策原因或资金原因等只能由少数企业经营，不易被模仿、复制或有专利保护时。

需要注意的是：这种价格政策由于能使娱乐健身企业获得高利，因而会很快吸引竞争者，从而产生激烈竞争，导致价格下降。另外，在使用这种方法时，还要注意不要违背国家反暴利经营的规定。

实例：某高尔夫球场经营者“吸脂定价”战略的运用

高尔夫球这个休闲娱乐项目在传统观念上一向被认为是一项高级的活动，它所定位的目标市场的特征通常是经济支付能力较强的人群，他们希望并且可能以较昂贵的代价获得领潮流之先的享受，注重个人生活的品味及质量，有较为固定的时间留给自己进行相应的娱乐活动。

对于高尔夫球项目来说，它的运动场地要求足够大，而且对场地地形、地面等条件均存在一些特殊的要求，另外对气候也有一定的要求，所以国内很少有投资者能够有实力投资开办一个真正的高尔夫球场。已经有许多消费者从各种渠道了解到了高尔夫球的各种知识，一些高收入阶层的消费者对这一项目怀有向往之情。在这种情况下，某娱乐健身企业认为这一领域存在着较大的商机及经营的潜力，投巨资建造了一个高尔夫球场。项目推出时，根据这一娱乐项目的实际情况向这一高档目标市场采用“吸脂定价法”策略，以增强这一项目高级形象的定位，并且争取尽快地收回部分投资，使企业的经营风险和贷款利息费用降低；同时使消费者享受到领导时尚的乐趣，为自己平添一种尊贵感，满足了他们显示和维护个人身份的需要。

（四）短期优惠定价法

这种方法是指在娱乐健身项目的经营中以相对较低、足以吸引消费者的价格来把消费者引入娱乐场所，然后在场所内再进行各种单项收费。或者以低价将消费者引入，在他们了解、熟悉和喜爱上娱乐健身产品后再逐渐地提升价格。这种方法的目的在于快速而有效地提升市场占有率，也就是说，此种定价策略以提高市场占有率为最主要的目标，而销售的利润退为次要的目标。

这种方法通常在以下的情况下适用。

1. 娱乐健身企业要扩大市场，让无法支付高价的消费者成为实际娱乐产品的消费者时。

2. 娱乐健身企业采用低价以使消费者增加消费量时。

3. 娱乐健身企业以此作为先发制人的竞争策略，夺取市场占有率时。

4. 娱乐健身企业要阻止实力不足的竞争者进入市场时，这种扩大市场的定价政策，可让娱乐健身企业在竞争压力最小的情况下，获得大量最忠实的消费者。

5. 娱乐健身企业开发出新的项目后，要通过让消费者进行尝试消费来迅速地提升知名度时。

（五）渗透定价法

渗透定价法是指娱乐健身企业开发新的娱乐健身产品或项目时，一开始就将其价格定得很低，目的是为了使新产品或项目迅速地被消费者接受，从而能迅速打开和扩大市场，尽早在娱乐健身消费市场上取得领先地位，而且可以有效地防止竞争者挤入市场，以便使自己长期占领市场。市场渗透定价法用于竞争性大而且容易模仿、目标消费者需要的价格弹性大的娱乐健身新产品或项目。

第二节　健身俱乐部提升价值策略——连锁和特许经营策略

一、娱乐健身企业连锁化经营

当今的中国娱乐健身业，许多俱乐部都在扩张，搞连锁经营。连锁经营一般是指经营同类商品或服务的若干个店铺，以一定的形式组成一个联合体，在整体规划下进行专业化分工，并在分工的基础理论上实施集中化的管理，从而使复杂的经营活动简单化，谋取规模效益的运作方式。作为价值分析人员要对这个策略的一般知识有所了解。

（一）娱乐健身企业连锁化经营的优势

1. 共享效益

娱乐健身企业连锁化经营共享效益主要体现在以下几个方面。

（1）企业形象

连锁娱乐健身企业采用统一的企业形象，具有比其他独立企业较高的知名度，其娱乐健身产品和项目更容易进入其他独立企业不宜触及的市场。消费者比较容易信任和接受，进而有较高的消费意愿。所以，一个娱乐健身企业一旦创立了良好的企业形象，便能使所有的连锁店都共享由此带来的效益。

（2）广告宣传

广告对企业经营的重要性是人人皆知的，但并不是每一家企业都有能力支付巨额的广告费用，尤其是独立经营的小规模的娱乐健身企业，一般都没有能力在大众传播媒介做广告宣传。而连锁娱乐健身企业的广告宣传一般都由总部统筹负责，费用由各连锁店分担，所以连锁娱乐企业规模越大，就越有能力进行广告宣传。连锁娱乐健身企业庞大的经营规模为进行广泛的广告宣传提供了条件，整体的广告宣传大大减少了费用，并能使每一家连锁店由此而得益。

（3）经营服务

连锁娱乐健身企业为各连锁店提供一系列经营服务，如统一采购、集中配送、资金融通、财务指导、店面设计、陈列指导、业务培训等等。对于总部来说，只要设计出一套标准化的模式就可以普遍应用，这大大降低了设计费用。对连锁娱乐健身企业来说，由于总部能提供良好的技术服务，简化了连锁娱乐健身企业的经营，从而能使连锁分店实行简单化的经营。

2. 扩张效益

娱乐健身企业连锁化经营的扩张效益主要体现在以下几个方面。

（1）广泛地吸引合作者

由于连锁经营具有统一的企业形象、良好的企业信誉、广泛的经营网点以及巨大的营业额，所以能广泛地吸引供应商和投资者，并积累大量的资本，这就为连锁经营业务的扩张奠定了坚实的基础。

（2）较低的投资风险

由于连锁经营所追求的是整体经营规模，单位经营规模不必求大，无论在创立、改组及经营风险等方面都比大规模的单体经营具有更强的适应性和简便性，所以其规模的扩张也比较容易。同时，各家连锁分店的投入期比较短，甚至一进入市场就可能立即被消费大众所接受，此外，由于连锁分店以连锁娱乐健身企业总部的经营服务为后盾，经营的成功率较高，投资风险较低。

3. 整合效益

娱乐健身企业连锁经营的整合效益主要体现在以下两个方面。

（1）提供统一的消费模式

连锁经营能为消费者提供标准化的娱乐健身产品和服务，从而为消费者建立了统一的消费模式。

（2）整合企业的市场行为

连锁娱乐健身企业可以把分散的店铺组成一体，用统一的质量标准、服务水平以及价格管理准则等去指导、监督和调控所属企业的市场行为，使其趋向公平、合理、规范和有效，从而提高了市场组织化程度，增强了消费者的信心和满意程度。

（二）娱乐健身企业连锁店的形态

1. 直营式连锁｛RC｝

这种方式是指连锁店铺的一切设备、资金、人员等等经营要素均由连锁总店自己筹措和运作。这种方式在各连锁分店的控制和掌握方面明显比其他的方式有利，但受总店人力、资金的限制，不易迅速扩张。

2. 自愿式连锁（VC）

由于直营式连锁的发展会使连锁娱乐健身企业在某一地区或某一城市占有很大的市场区间并具有经营上的优势，例如它们可以进行统一的采购，从而可以取得供货商较优厚的折扣减让，还可以实施统一的广告宣传为自己“借势造名”，从而更好地为消费者所熟知等等，这些均使处于同一竞争空间内的小的娱乐健身企业受到连锁经营的压力。为了生存和对抗直营式连锁，志同道合者在自愿的基础上进行联合经营扩展，以保持自己的竞争能力，从而形成了另外一种连锁经营的形态——自愿式连锁。

3. 特许式连锁（FC）

这种连锁形态是指拥有相当知名度或特殊的服务和项目、人力资源、甚至资金融通等条件的娱乐健身企业，以自己为中心找寻加盟者，在双方互利的基础上形成的由加盟者加入而组建的连锁娱乐健身组织。在其内部，加盟者对于经营管理上的有关问题只有建议权，而实际决定权则在连锁总部。

需要指出的是：对于上述的这些娱乐健身企业的连锁形态，不管属于哪种类型，则必须具备：统一的招牌；统一的装潢；统一的广告；统一的服务；统一的采购；统一的价格；统一的培训；统一的娱乐健身产品和品质。

二、娱乐健身企业特许经营概述

特许经营（FRANCHISING）作为一种营销的手段，自出现以来，已从最初的快餐、时装行业发展到零售、饮料、汽车租赁、地产、速印、娱乐、化妆品、生产资料等众多行业之中，产生了一系列的国际著名的品牌，如麦当劳、肯德基、西武、屈臣氏、耐克等。特许经营商们通过特许经营的形式实现了低成本扩张，而加盟商则获权经营一种早已获得成功的产品或项目，从而也获利匪浅。《大趋势》的作者约翰·托斯比特认为特许经营是“至今最为成功的营销观念”，无论世界上哪个国家和地区，也无论在何种经济环境和文化背景下特许经营都能发挥巨大的作用。

（一）娱乐健身特许经营的特征和运作方式

特许经营的基本特征是特许经营体系由相互独立的法律主体构成，并用特许经营合同来规定各方的权利和义务。

1. 特许人与受许人

构成特许经营体系的相互独立的法律主体分别称为特许人和受许人。

（1）特许人是指特许经营的主导企业，它拥有品牌、娱乐健身产品，以及成熟的经营模式和经营管理技术。

（2）受许人是指特许经营权的接受者。根据特许经营合同的规定，从事特许店的经营业务。

表 8－2　特许经营中特许人和受许人的相互关系

受许人应提供的要素		特许人应提供的要素	
精力	资本	管理	经营诀窍
经营计划	经验	培训	特许计划
选址	意愿	专有娱乐产品或项目	企业名称使用权
对分店的经营		营业指导	

2. 娱乐健身特许经营的基本运作方式

从特许经营权转让的内容来划分，特许经营的形式一般分为以下两种。

（1）产品形式的特许经营

即特许人向受许人转让产品的生产制造权和经销权，并提供专利、生产技术或商业经销技术，对受许人的经营管理活动并不做严格的具体规定。

（2）商业形式的特许经营

即特许者不仅向受许者提供商品，而且还提供一整套营业系统及相应的经营管理技术。特许者对受许者在统一的经营模式和运作规范方面有相当严格的要求，受许者必须按特许者的规范要求来开展经营活动。应用这种形式进行特许经营的典型业态是快餐店、便利店以及服务行业。它们的一般特征是：经营规模较小，投资额较少，可以广泛布点。因此成为一种能吸引众多投资者的有效方式。娱乐健身企业特许经营主要采用的是这种形式的特许经营。

3. 娱乐健身企业特许店的投资形式

从娱乐健身企业特许店的投资形式来看，特许者一般采用以下 3 种形式。

（1）新建特许店

即在有发展潜力的地区开设新的特许经营店铺。这是娱乐健身企业开展特许经营最广泛采用的一种方式，其投资形式有 3 种。

①由受许人自行解决店铺、设备及所需的资金。特许人只提供娱乐经营产品、店铺名称以及经营管理技术的援助。

②特许者购买特许店所需的经营设备和用具，出租给受许人，店铺及资金由受许人自行解决。

③特许人拥有店铺的所有权，向受许人出租店铺、设备及经营用具，资金由受许人自行解决。

（2）出售直营店

即特许人把自己所拥有的直营连锁店卖给受许者。这是一种常见的做法。特许者出售直营店有两个目的：一是集中财力开拓新的业务；一是通过利益关系的调整，改善经营业绩。

（3）转换其他店

即由特许者居中介绍，让受许人购买一家由其他经营者转售的店铺，既包括系统内的特许店，也包括系统外的其他单体店。

（二）娱乐健身企业特许经营的资金计划

1. 娱乐健身企业特许经营的费用支出

特许者向受许者的收费一般主要包括以下 3 项。

（1）品牌授权金

这是指受许者为获得特许经营权而在开业之前支付给特许者的定额费用。其额度可由特许者决定，也可以由双方协商决定。这笔费用不能退回，除非特许者有严重的违约行为。

（2）定期权利金

这是受许者在营业过程中按一定的标准向特许者定期支付的费用。权利金可按年度、季度、月度等支付给特许者；权利金的额度可按特许店的营业额或毛利额的一定比例来计算。

（3）保证金

为确保受许者履行特许经营合同，特许者可要求受许者交付给特许者保证金。保证金在合同期内不计息，在合同期满后，若不再续约，特许人应将保证金按原值退还给受许人。受许人如有违约行为，特许人可以扣除部分或全部保证金，并可以要求受许人补足保证金。

2. 娱乐健身企业特许权组合的销售

娱乐健身企业特许人可以多种方式组织其特许权组合的销售，下面是几种常用的方式。

（1）监管

这种方法是指娱乐健身企业特许人向受许人提供完全装备好的营业场所，受许人马上就可以开始经营。在这种情况下，特许人与受许人签订的合同中包含所提供的这些服务，而受许人需为这些服务支付费用。这些费用在经营期间应一直被支付。特许人的特许权定价中还应包括标高服务费用的部分。这个标高的部分可以包括首期特许费，但特许人不能想收多少就收多少费用。费用水平应同特许人为受许人提供的服务所带来的附加价值相适应。如费用不合理，特许人可能要承担以下风险。

①该价格将妨碍潜在的受许人加入特许体系。

②该价格可能使受许人得不到合理的投资回报。

③银行或其他信贷机构可能会根据这些情况而得出结论，从而不给予受许人资金上的支持。

④特许体系的长期发展前景可能会受到损害。

（2）娱乐健身经营设备组合

特许人可向受许人提供一些设施方面的规格标准或计划，以便受许人在找到营业场所之后，对场所进行装备。受许人可能要求特许人提供营业所必须的一整套设备组合，因此特许人可加一部分价，以便弥补其把设备组合到一起的费用和管理费用。

（3）娱乐健身经营设备租赁

有些特许人与受许人签订租赁协议，而不是出售设备，这样可以降低初始特许权组合的费用。这种办法可通过两种途径实现：其一是由租赁公司租给受许人设备，特许人从中获得一定的佣金。二是特许人直接将自己所有的设备租赁给受许人，同时向受许人收取租金。

（4）特殊娱乐健身设备的购买

在娱乐健身经营的内容与某些特殊设备密切相关时，受许人有义务从特许人那里购买一些新设备或重要设备，在设备销售中特许人也可获得一定利润。

3. 娱乐健身企业特许经营的其他费用支出项目

（1）营业场所的出租

特许人如能以更有利的条件租赁到房屋，则可以以更高的租金转租给受许人，从中获取利润。特许人也可以在直接拥有某些适合娱乐健身经营场所的情况下，将这些场所出租给受许人。受许人为此付出租赁费用。

（2）娱乐健身经营用品的销售收入

即在娱乐健身企业进行特许经营合同的订立时，在合同中规定受许人应从特许人那里购买娱乐健身经营的用品。

（3）广告基金

大多数特许制度的广告和促销花费由特许人和受许人双方或一方负担。当特许人承担广告和促销义务时，有3种处理费用的方法。

①特许人可以按营业收入的百分比收取广告基金。这笔基金花费在广告和促销活动上，特许人通过这种方式对于娱乐健身企业的广告和促销活动进行完全的控制。

②特许人在其收取的特许费中已经包含了广告基金，并保证把这些费用的一定百分比用于广告及促销活动。

③当特许人需要进行大量广告和促销活动时，不向受许人收取广告基金，在这种情况下受许人从中受益，免除了广告费用的支出。

由此可见，当双方在特许经营合同中规定广告费用的支付采用前两种方式时，作为受许人还需增加一笔相应的开支——广告基金。

三、娱乐健身企业特许经营权的购买

（一）娱乐健身经营者加入特许经营的利益与风险

许多统计资料都显示，投资特许店要比自己独立经营一个同类型的企业店铺有更高的成功率。据一份资料显示，在美国，每年约有30%～35%的中小型企业在经营的第一年内倒闭，但是在所有的特许经营投资中，只有不到5%的连锁店在第一年内倒闭。从总体上来说，这是因为特许店的投资者可以利用特许经营企业成熟的经营模式和经营管理技术，从而避免了企业在初创期的许多经营风险，所以特许经营有它自身强大的优势。但任何事物都不是绝对的，特许经营亦然。在享受利益的同时，作为一个特许经营投资者同样存在一定的风险。

1. 娱乐健身经营者投资特许店的利益

（1）有较高的品牌知名度

特许店一般有比其他独立企业有较高的品牌知名度，可以让娱乐健身产品或项目更容易进入其他独立企业不易触及的市场；由于品牌的高知名度，消费者就比较容易信任及接受，进而有较高的消费意向。

（2）较低的进货成本

特许店经营的娱乐健身产品和项目具有较高的附加价值，因为经营规模大，所以易在娱乐健身经营用品的供应商那里享受采购折扣，因而能大幅度地降低成本，从而有利于娱乐健身特许店的经营。

（3）具有广告优势

勿庸置疑，广告是企业成功的一个很重要的因素，通过广告宣传，企业的形象才能很顺利地进入每个消费者心中。而加入娱乐健身特许经营企业可以获得广告宣传上的支持，从而迅速地提升知名度，利于娱乐健身特许店创造出好的经营业绩。

（4）娱乐健身特许经营企业可以提供经营技术与训练服务

娱乐健身特许经营企业除向特许店提供开业前的技术指导和业务训练外，还会在特许店日常经营过程中向其提供经营指导，以及对经营者和员工的服务知识和技能的训练。在开业前，由于特许经营企业提供技术指导与训练，可以提高娱乐健身特许店员工的整体服务水平和素质，从而更加有利于店铺的经营。

（5）可以得到娱乐健身特许经营企业的财务指导

特许店除了保存自己的帐务记录外，还需向娱乐健身特许经营企业提供月度或年度的财务报表。为了避免和防范个别特许连锁店在财务管理上发生问题，娱乐健身特许经营企业会派出专业人员帮助特许店整理帐务，或者要求附近比较成功、有经验的连锁店去支援出现问题的店铺，让整个连锁网发挥团队合作的功能。

表 8－3　娱乐健身企业特许经营双方可获得的利益

特许人可获得的利益	受许人可获得的利益
• 无需增加资本投资即可进行扩张 • 有助于提高特许娱乐健身企业在当地的知名度， • 让其娱乐健身产品和服务被消费者更为广泛地接受 • 受许者将分摊娱乐健身特许经营企业整个促销、公关及宣传广告费用 • 可将一些费用支出转移到受许者一方 • 可以定期从受许者处收取权利使用费 • 向受许人提供娱乐健身经营产品及其他物品是有利可图的 • 可以通过特许经营协议控制特许店的服务及经营的质量 • 按照协议，可以从受许人的经营收入中提取一定百分比的资金作为管理费用	• 可以得到良好的管理经验、培训和决策支持 • 受到拥有自己业务的激励，并受益于特许人持续的协助 • 可以减少进入娱乐健身市场的风险 • 可以得到大量的广告服务和促销活动支持 • 可能在以低价促销为主体和内容的活动中得到低息的贷款 • 可以得益于整个体系在大批量购进货品时的谈判能力，从而取得低价位的货品 • 得益于整个特许组织的名声，享有较好的信用，更易于筹措资金，并能从总部得到财政援助 • 可以在经营店铺选址上获得帮助 • 有助于受许人保持在同业中的竞争力

2. 娱乐健身经营者投资特许店的风险

从事任何一项投资都会有风险存在，娱乐健身经营者在投资特许店时可能会面临的问题以及可能存在的风险有以下几个。

（1）已付出的权利金无法索回

在娱乐健身企业进行特许经营投资的过程中，由投资者付给娱乐健身特许经营企业的品牌授权金和其他购买娱乐健身经营设备及器具的费用是无法退回的，除非娱乐特许经营企业有严重的违约行为，投资者才能依据有关法规，通过法律途径索取全部或部分的赔偿。在一般情况下，如果投资者想结束经营，只能以原有的经营设备及器具或店铺转卖给他人或娱乐健身特许经营企业。这是娱乐健身经营者投资特许经营店铺时所面临的最大风险。

（2）娱乐健身特许经营企业有权终止表现不良的娱乐健身特许连锁店的经营业务

娱乐健身特许经营企业通常可以以特许店无法履行合约上的要求为理由，来终止表现不佳的特许店的合约。例如，特许店无法付出定期权利金，无法达到合约中规定的最基本营业额，或是无法达到娱乐健身特许经营企业所要求的服务水平时，就可以以任何一种有利于它的法律途径来终止它与娱乐健身特许店的关系，并收回特许店的经营权。

（3）娱乐健身特许经营企业对特许店的限制

在投资合约上，娱乐健身特许经营企业会有许多规定要求特许店遵守，而且这些规定通常会包括许多细节，如店铺的管理、员工的制服、店面的设计与维护、娱乐健身经营用品的采购及对特许经营企业的付费方式等。投资者在签字之前，务必对所有的规定作全盘的了解。

（4）特许店铺过度依赖娱乐健身特许经营企业会导致业务衰退

特许店虽然依附于娱乐健身特许经营企业，但它还可以主动地去争取业务发展的机会。许多特许店由于过度依赖特许经营企业，加上沟通不良，很容易因为延误时机而丧失很多盈利的机会。

（5）恶性连锁反应的影响

娱乐健身企业特许连锁经营体系内部各家连锁店之间的利益是相互影响的。良好的形象能使每个连锁店铺受益。相反，连锁企业的形象无法维护或破坏时，则全部的连锁店都会受到影响，致使生意一落千丈，这就是恶性连锁反应。恶性的连锁反应可能造成连锁店短期的亏损。长期而言，也可能对整个娱乐健身品牌的形象造成伤害，使得连锁店失去原有的市场。

表8－4　娱乐健身企业特许经营双方面临的风险

特许人面临的风险	受许人面临的风险
• 远距离对受许人进行控制，耗费人力、物力 • 可能需要对受许人的资本投资和购货提供信用担保 • 必须推行必要的员工培训和监察制度，以保证受许人的娱乐服务符合标准 • 对受许店铺没有所有权	• 必须放弃进行重大管理决策的自由 • 必须接受特许者的供货价格，即便在别处可以获得更为合理的价格 • 利润必须按照协议与特许人共享 • 一些娱乐健身特许经营企业的特许使用费较高，支出负担大 • 易受体系中其他店经营状况的影响

（二）娱乐健身经营者投资特许店应注意的事项

1. 对自己要有客观准确的评估

投资娱乐健身特许经营连锁店首先要考虑的就是自己的主客观因素是否合适，例如自己的业务能力、组织能力、配合能力、教育程度和专业知识等。其次再考虑自己的财务能力及愿不愿意去承担投资的风险。

2. 对娱乐健身经营环境要有一个正确的评估和了解

任何一种形态、任何一个经营内容的企业都面临着同样的一个问题，就是经营的外部环境——市场的状况如何。对于一个娱乐健身特许经营的投资者而言，考察娱乐经营的市场环境可以说是一项至关重要的工作，因为它在很大程度上决定着投资的行为是否会付诸实现。以下是对市场环境进行评估时常用的一些问题：

（1）您对所要投资经营的娱乐健身产品或项目的消费者是否有足够的了解？客观存在的成本状况如何？利润是多少？目前的消费者有多少？潜在的消费者有多少？

（2）您所要投资经营的娱乐健身产品或项目在消费过程中有无危险？如果发生危险

时，会导致您歇业吗？有没有法律来保障您？

表8－5 娱乐健身企业特许经营者自我评估表

问题	答案 是	答案 否
• 您是不是愿意贡献您的时间，全力投入娱乐健身特许连锁店的经营，把这项投资作为毕生的事业？		
• 您有没有牺牲假期做长时间工作的决心？您有没有一个支持您工作的体力？		
• 您能不能承担创业初期的成本支出和暂时没有收入的经济压力？		
• 您有没有娱乐健身经营的经验？您有没有一个值得信赖的人来帮助您？		
• 您愿不愿意牺牲一些经营上的自由，服从娱乐健身特许经营企业的规定？		
• 您是不是有特殊的专业能力来帮助您从事娱乐健身特许连锁店业务？		
• 您是不是有某些弱点，而它们可能会影响您经营娱乐健身特许连锁店？		
• 您对您要投资的特许连锁店的地理环境是否非常熟悉？您知道附近区域的消费者的生活形态和收入状况等有关情况吗？		
• 您的资金是否足够？您有没有适当的资金来源可以提供您在周转上的需要？		
• 如果您是与朋友共同投资一个连锁店，你们的工作、资金及利润分配是否得当？你们的合作关系有没有以法律为依据？		

（3）国家或地方政府对您将要经营的娱乐健身产品或项目有没有限制性的规定？目前的有关法律是否正在修订中？

（4）在您的经营区域内有多少家竞争店？他们的营业情况如何？您有没有能力加入这个市场创造更多的利润？这个市场是否已经饱和，有没有多余的空间可以创造利润？

（5）目前的经营市场会不会有所改变？它的未来发展是否稳定，未来对这个娱乐健身项目或娱乐健身产品的需求如何？

（6）您的开店地点是否适合要经营的娱乐健身项目或产品？经营区域内的治安问题如何？您的娱乐健身企业周围有无足够的停车空间？

（7）您的经营区域内的人口及住户数是多少？他们的生活习惯和消费习惯及收入水平又是如何？

（8）您是否知道在您的娱乐店铺经营区域内是否有新的公共建设项目即将进行？未来发展情况如何？会有哪一类投资将要进入？会不会影响您的营业？到时候将如何应变？

3. 娱乐健身投资者要对娱乐健身特许经营企业进行详细的评估

娱乐健身投资者通过对自己的实力及经营市场环境的评估，可以大致确定是否要进行娱乐健身特许经营连锁店的投资。接下去应该开始收集相关的娱乐健身特许经营公司的资料来选择合适的特许经营企业。通常娱乐健身特许经营企业会向投资者提供一些基本的经营资料，在这种情况下，投资者可以利用公开的资料来测算特许经营企业的经营业绩。以下是评估一个娱乐健身特许经营企业时应注意的一些方面。

（1）该娱乐健身特许经营企业的背景和经验是什么？企业负责人和主要的管理人员背景和经历如何？

（2）该娱乐健身特许经营企业发展的详细历史。

（3）该娱乐健身特许经营企业为特许经营作了哪些准备工作？

（4）该娱乐健身特许经营企业具有哪些特许经营的经验或知识？

（5）该娱乐健身特许经营企业在开始出售特许权之前，进行了多少试点经营？

（6）在把该娱乐健身特许经营企业建成特许组织的过程中，投入了多少现金？

（7）如何使受许人相信，该娱乐健身特许经营企业已经进行了正确的市场调查，获得了充分的知识？该娱乐健身特许经营企业有处理和解决日常问题的经验吗？请提供有关试点经营的详细情况。

（8）该娱乐健身特许经营企业为什么决定进行特许经营，而不采取扩张直接经营的方式发展此项业务？

（9）该娱乐健身特许经营企业今后 5 年的预计增长率是多少？

表 8－6　娱乐健身特许经营中受许人提升价值应面对的问题

项　目	问　题
特许经营费用	它是多少？ 它用于什么？ 个人能负担吗？ 它的部分或全部能收回吗？ 它必须多次支付吗？
经营的区域范围	它有多大？ 它受保护吗？ 它是排它性的或选择性的？ 它被保护多久？
最低限额	最低限额是多少？ 它以什么为基础？ 它会变动吗？ 当最低限额不能实现时，会发生什么情况？
业务终止	在什么情况下娱乐特许经营企业能取消协议？ 特许权能出售吗？特许权能否以盈利的价格出售？ 在什么情况下娱乐特许店铺能够自愿地取消特许协议？
促销计划	娱乐特许经营企业有促销计划吗？ 娱乐特许店要为促销计划负担部分费用吗？ 如果要负担，需要的花费是多少？
经营产品返利	在什么情况下允许娱乐店铺将娱乐健身经营的产品退还给总部？
业务记载	总部所涉及的业务记载的要求是什么？ 娱乐健身特许店铺必须将报表上报给总部吗？ 总部将定期检查账目吗？
价格	总部对于娱乐健身产品、项目或服务的经营价格有任何要求吗？
其他	娱乐健身特许经营企业还对娱乐健身特许店有什么其他要求吗？

（10）该娱乐健身特许经营企业如何应付特许组织网络的增加？计划如何扩张网络和发展基础结构？

（11）该娱乐健身特许经营企业影响和策划特许网络的发展和扩大，并与受许人打交道的高级经理人员是哪些？

（12）该娱乐健身特许经营企业现在有多少受许人？他们的姓名与地址？一年前有多少受许人？在过去的两年之内，有多少受许人被中止合同或主动中止合同？

（13）该娱乐健身特许经营企业挑选受许人的原则和方法是什么？

（14）该娱乐健身特许经营企业最近的审计帐目的副本。

（15）能否证实该娱乐健身特许经营企业为下一年的经营活动做好了财政安排？

（16）该娱乐健身特许经营企业的开户银行？受许人能否从该银行取得调查所需资料？

（17）该娱乐健身特许经营企业早期的受许人对于企业的意见和评价如何？

四、娱乐健身企业特许经营合同

特许合同是一个相当重要的文件。因为特许经营本身就是一种契约关系，合同对于特许人和受许人都是至关重要的。另外，在特许经营的发展过程中，必然会遇到许多法律上的问题，而规定双方权利和义务、解决争议和纠纷的文件正是双方所订立的特许经营合同。

（一）特许经营合同订立的目的

可以说，合同是特许经营这种业务发展形式的基础。只要开展特许业务，就必须制订一个特许合同。制订特许合同的目的通常有以下几点。

1. 为了获得特许人提供的特许权组合。特许分店的经营并不是简单地使用特许人的标记，而是要使用特许人提供的全套经营技术，从标识、店面设计到具体的服务技术等一系列内容。这些内容中包含有特许人的工业和知识产权，受法律保护，不能随意使用，必须通过契约形式，有偿授权，明确双方的权利和义务。

2. 为了维护特许人和受许人双方各自的利益，对特许人来说，所授权的内容是特许制度的根基，是体系得以发展的依据。如何对之进行适当的保护，就成了一个至关重要的问题。

对受许人而言，进入特许体系以后，自己的命运和整个体系的发展息息相关。而且受许人更为关注的是，特许人收取多少报酬，各种娱乐经营用品、材料等能否及时提供，各种服务是否有保证，因此双方为了维护各自的利益，都有必要制订特许合同。

（二）娱乐健身企业特许经营合同的内容

娱乐健身企业特许经营合同是规定特许者与受许者权利义务关系的书面文件，是建立娱乐健身特许经营体系的核心。一般应包括 7 项基本内容。

1. 双方的身份特征及法律地位

主要是为了明确双方的名称、法人代表、地址、法律行为的责任关系。

2. 受许人的权利

主要包括使用由特许人所拥有的标识、装饰及其他特别的象征符号、获得专属的营业区域保护以及享受由特许者提供的免费的或附加费用的各项相关服务的权利。

3. 受许人的义务

维护统一的营业特征、接受规范的作业标准和管理办法、保护特许者的商业秘密。

4. 特许人的权利

对受许者的经营限制、对受许者日常经营活动的监督、要求受许者定期报告经营情况、向受许者收取特许经营权使用费等权利。

5. 特许人的义务

签约之前向特许经营权申请人提供完整、准确的信息资料。签约后到正式开业前向受许人提供选址、培训、设备及采购、陈列、营业现场管理等一系列的服务。开业后继续向受许人提供各项服务，如娱乐经营用品配送、营业指导、广告促销、经营分析等。

6. 经济利益关系及各类款项的结算明确配送娱乐经营用品、设备的货款及其他费用的项目、用途、计算方法和支付方式。

7. 特许经营合同的期限、变更、终止、转让、续展、仲裁等条款。

（三）娱乐健身企业特许经营合同中重要内容分析

1. 区域限制

（1）合同中应写明特许人授予区域独占权，即在该区域内不再有其他受许人或特许人自己经营业务。

（2）特许人不将其标识或特定的娱乐产品交于受许人所在区域的第三方使用。

（3）受许人应被限制在特许经营合同中指明的区域进行经营活动，即不得去他处经营。

（4）在特许人的同意下，受许人可以改换其经营场所。特许人在接受受许人的变换地点申请时应及时进行回答。

（5）禁止受许人去授权经营区域外吸引消费者前来进行娱乐消费，但不得要求受许人拒绝向主动前来的区域外消费者提供娱乐服务。

2. 竞　争

（1）为了保护特许人的权利，或特许体系的整体形象和声誉，受许人不得直接或间接卷入在某一区域的相似经营活动，这种经营活动将面临着与体系内的其他受许人或特许人本身的竞争。此条款在合同终止后 1 年有效。

（2）为了保护特许人的权利或特许体系的整体形象和声誉，受许人不得接受竞争对手的财务资助，以避免竞争对手对受许人的经营行为施加影响。

3. 经营诀窍

特许人为了保护其经营诀窍，可对受许人附加下列义务。

（1）在合同期间和合同中止以后，不得为除开发特许权以外的目的使用经营诀窍，但当此经营诀窍成为常识以后则不在此限。

（2）在合同期间和合同中止以后不得向第三方泄露此经营诀窍。

（3）要求受许人的员工保守经营诀窍的秘密，受许人应告知其员工忠于职守。

4. 其他方面

（1）受许人须促使特许人明确指出受许人独立经营者的地位。

（2）为了保护特许人的权利或特许体系的整体形象和声誉，受许人需要为体系的广告活动做出贡献，并只有在经过特许人认可的方式下开展自己的广告活动。

第三节　健身俱乐部提升价值策略——服务策略

一、娱乐健身企业服务策略的内容和流程设计

娱乐健身企业是典型的服务业，无论从自身盈利的需要出发或是从其承担的社会职能出发，都应满足消费者的服务需求。近年来，由于消费者生活水平的提高以及各种不同的娱乐健身业的兴起，迫使娱乐健身企业经营者不断强化各种服务，形成差异化的经营。

搞清业务流程，提升价值，从业务流程角度明确服务策略内容和流程设计的相关知识体系，分析健身企业价值提升要素，明确业务流程是价值工程的重要任务。

（一）娱乐健身项目服务流程设计

在每一种娱乐健身项目营业之前，娱乐健身企业经营者都有必要事先筹划、设计好这种项目的运转方式，从而使服务人员和消费者充分了解这种娱乐健身消费在该娱乐场所中如何进行、需经过哪些环节、看哪些手续和规定。这就是娱乐健身项目服务流程或消费过程的设计，它对防止娱乐健身企业的收入流失十分有益。

1. 娱乐健身服务流程设计工作的内容

（1）确定娱乐健身服务内容

娱乐健身企业经营者必须在接待消费者前事先规定每项娱乐健身活动为消费者提供的服务内容。

①确定主体服务的内容，即服务过程中的基本内容。这一部分内容是娱乐健身业对消费者的基本承诺，是娱乐健身消费者对某一娱乐健身消费的主要期望。一般情况下，娱乐健身服务过程中的这部分内容不轻易改变，如球馆中提供球具的服务、游泳馆中的淋浴、更衣服务等。

②要设计和确定娱乐健身企业在某项娱乐健身消费中将提供的辅助服务。即根据企业和市场的具体情况规定主体服务以外的附加服务内容。例如在健身服务过程中，当消费者在休息厅休息、等候服务时，为消费者提供免费卡拉 OK 和茶水、小吃的服务。辅助服务不像主体服务那样是消费者进行某种娱乐健身活动的主要期望内容，它可以视企业的具体情况在不同的时期灵活地增减变动。

（2）确定娱乐健身服务提供方式

同样的娱乐健身服务内容用不同的服务方式提供会产生完全不同的效果。娱乐健身服务方式妥当与否直接影响着消费者对娱乐健身经营的满意程度，影响着娱乐健身企业在消费者心目中的形象，也影响着娱乐健身企业营业收入和利润水平高低。所以确定一种切实可行的娱乐健身服务提供方式是非常重要的服务流程设计内容。

例如，同样是水吧服务，消费者到吧台付现款购买饮料的自助服务方式与请消费者先就座，从迎接开始到最后结账都由服务人员代为办理、提供一切方便的服务方式，会给消费者在消费过程中带来完全不同的感受，使其对娱乐健身企业所提供的产品作出完全不同的评价，由此决定了这两种企业的同种产品在实际经营中，会呈现出两种不同的价格定位。即消费者会认可后一种服务方式制订的较高服务收费水平。

通常，娱乐健身服务方式的设计包括以下几个方面：各种服务提供的时间，各种服务环节提供的地点，各种服务提供时所要用的工具、器具或道具，各种服务提供时服务人员应采取的态度，各种服务提供时服务人员应使用的语言，各种服务提供时服务人员应使用的动作。

2. 娱乐健身服务流程设计的原则

（1）娱乐健身企业经营者必须通过市场调研深入了解消费者需要，并根据消费者的普遍要求设计服务的内容和方式。

应该明确的是，消费者是否需要是衡量一项服务内容、一个服务环节及一种服务方式是否应该存在的最终标准。

（2）娱乐健身服务过程的设计必须最大限度地方便消费者。

这包括消费程序的设计应尽量减少娱乐健身活动前及活动结束后的手续环节，避免消费者履行过多的复杂手续（如每参加一项娱乐健身活动都需经历排队——交钱——开票——活动的过程）。在设计服务方式时要从让消费者方便为出发点，研究每一种服务应在什么时间、什么地点、什么情况下提供最合适。

（3）由于娱乐健身活动具有享乐性的特点，所以消费者在娱乐健身场所期望得到的是身心的放松和精神上的享受。这就要求娱乐健身企业在进行服务过程的设计时，不仅要方便消费者，而且必须考虑到尽量给消费者舒适的感觉和尽量多的精神享受内容，如高标准的礼仪设计和周到入微的服务设计等。

（4）服务流程是以娱乐健身企业的某个特定的服务内容和过程为对象而制订的。这些标准与娱乐健身企业的档次必须符合，只能提高而不能降低。

（5）要实现服务过程的连续化作业。制订服务流程时，必须考虑到服务过程的系统化。这些服务程序必须互相衔接，如领位的服务人员必须把消费者“交”给值台的服务人员，使消费者感觉到始终有服务人员在“照顾”自己，如果衔接不上，可能会招致消费者的抱怨和不满。

3. 常见娱乐健身项目服务过程设计

（1）保龄球馆服务流程设计

当消费者到保龄球馆进行娱乐健身时，首先要到总服务台买局，预先说明预计的消费量并预先交费。买局后，消费者要按球馆提供的鞋号参考图样向服务台索取合适的球鞋，将贵重物品放入稳定贮物箱保管或交服务人员代为保管，然后等候服务人员开设球道。在消费者进行娱乐的过程中，球道服务员要负责帮助消费者选择和寻找合适的保龄球，必要时为消费者讲解打球的方法和规则，为消费者记录成绩，处理常见设备故障。同时，球道服务人员还要为消费者提供饮料服务。在采用先打球后收费的球馆，由球道服务人员代消费者与收银台联系进行结帐服务。

（2）台球、网球等球类娱乐项目服务流程设计网球场、台球场、壁球场等球类娱乐项目的服务流程基本类似。主要可分为下列几步。

①消费者前来打球时，服务人员应主动上前问好，为消费者提供更衣柜钥匙、毛巾及打球用品。

②当消费者来到球场时，服务人员主动上前迎接，然后为消费者填写运动登记表，并为消费者提供租用的球和球拍，然后引导消费者进入球场。

③消费者打球时，球场服务人员在球场附近侍立，随时注意场上情况，根据消费者的要求提供服务。当消费者向服务人员招手时，服务人员应跑步到消费者跟前，询问其要求。

④消费者需要陪打或教练服务时，陪打人员应认真服务。

⑤消费者打球间歇时，服务人员应适时提供面巾、酒水、饮料服务。

⑥当消费者打球结束时，服务人员检查设备是否完好，为消费者结帐。

⑦主动向消费者告别。

（3）健身俱乐部服务流程设计

服务设计对于健身俱乐部来说有着举足轻重的作用。目前，健身俱乐部所提供的服务同质化趋向明显，顾客的价值没有充分体现出来，许多健身俱乐部也缺乏认识，将工作重心放在了招聘优秀的教练和会籍顾问、降低价格等之上，忽略了对于自身服务的优化和创新。在深入了解会员需求的基础上，通过对自身提供的服务进行创新和优化，创造出与竞争对手所不同的价值曲线，通过满足潜在消费群体，或者被竞争对手放弃的消费群体，或者竞争对手现有消费群体中需求未被满足的群体的需求，从而赢得客户，赢取竞争。

需要指出的是，每一种核心能力都是将一系列的活动有机组合起来形成体系的最终表现。这个体系是由健身俱乐部内部积累的学识，按照一定的规律整合资源而形成的，这一规律即是以“提升顾客价值”为指导思想，以“最低的成本取得最优的功能”为标准。图 8 – 2 为顾客与健身俱乐部接触流程图。

二、娱乐健身企业服务员工配置策略

娱乐健身企业员工的配置策略，一是指满足娱乐健身经营活动所需要的工作人员的配备，包括管理人员和服务人员；二是指根据娱乐健身项目进行分工定岗，即岗位的选择，安置合适的人选。员工是一个企业最重要的资产，只有做好适当的组织编制及员工配置工作，才能有效地运用娱乐健身企业的人力资源，充分发挥每个员工的能力。

（一）娱乐健身企业员工配置原则

1. 节省人工成本原则

娱乐健身企业的劳动力使用，需要使每个岗位的每个员工得到最大限度地利用，这就需要科学地安排劳动力，避免劳动力过剩。

2. 保证服务质量原则

服务质量是娱乐健身企业经营的基础，为保证达到服务操作标准，需要达到最低限度的员工数量和基本的岗位安排。

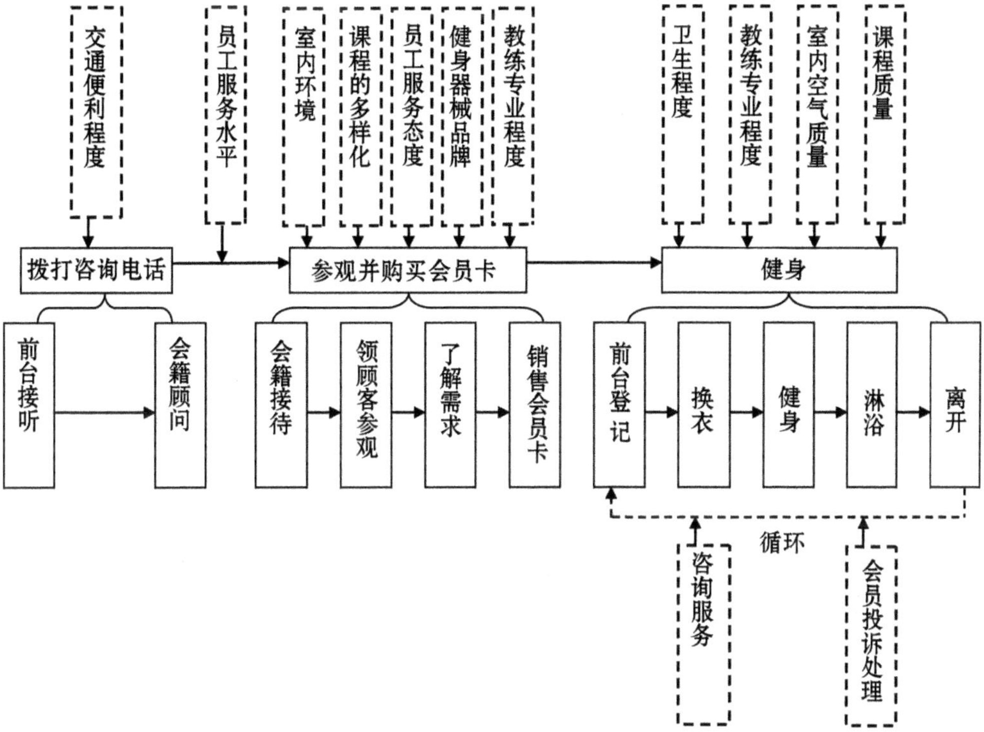

图 8－2　顾客与健身俱乐部接触流程图

3. 正式员工与兼职员工相结合配置原则

娱乐健身企业是个淡旺季十分明显的行业，因经营时间和周期的不同，对员工配置应分正式员工和兼职员工。正式员工是每个岗位保证经营需要的最基本的员工，而兼职员工是在娱乐健身企业营业高峰时间需要临时增加的员工。在其他行业工作的职员或学生晚上可以到娱乐健身企业从事临时性的工作。这些工作岗位主要集中在服务第一线。

（二）娱乐健身企业员工编制的影响因素

1. 营业时间的长短

一般情况下，娱乐健身企业的营业时间较为灵活。有的项目从早到晚全天营业，例如健身房、游泳池；有的项目可能是从下午到第二天凌晨营业，例如有的保龄球馆；还有的项目每天 24 小时营业。各娱乐健身企业或娱乐健身项目每天的营业时间都不尽相同，有的项目排 1 个班次，有的项目排 2 个班次，有的项目需排 3 个班次。营业时间是影响编制的因素之一。

2. 消费者流量的大小

根据消费者流量能够推算出某个项目及某个岗位劳动量的大小，从而进一步推算出该岗服务员工的数量。例如两个同样规模的俱乐部，由于消费者流量差异很大，所使用的服务员工数量也会不同。消费者流量也是影响编制的因素之一。

3. 营业季节的淡旺

很多娱乐健身项目具有明显的淡旺季特点，例如游泳池，特别是室外游泳池以及北方的室外网球场地等，其淡季和旺季的客流量差异就特别大。不同季节使用的员工数量也会不同，因此可以采用弹性编制。

4. 服务人员素质和服务水平的高低

这也是决定娱乐健身企业人员配置的一个重要的影响因素。如果员工的职业素质较好、服务技巧熟练，必然能更好地完成岗位的要求，节省岗位的人力资源耗费。

5. 有关政策规定

制订编制属于劳动管理工作。在做这项工作时，首先要贯彻执行劳动法。

6. 娱乐健身企业服务内容和档次状况

很多娱乐健身项目因娱乐健身企业自身条件的差异，在提供的服务内容上将会有区别。服务内容与岗位和人员配合是成正比的。另外，服务规格越高，提供的服务越多，所需服务的员工就越多。

（三）娱乐健身企业制订员工编制的方法

依据流程等各个环节制订员工编制，这是价值工程活动的重要工作内容。

1. 职务分析定编配置法

（1）实施步骤

①确立娱乐健身企业各经营部门必要的工作岗位。

②将这些必要的工作分配到组织内的成员。

③根据分工结果制订编制和职务，并明确职务的内容。

④通过工作量的测定和工作时间的计算来设定岗位的员工定额。

（2）编制方法

①根据服务内容分析的定额配置：此法是将各部门的所有服务项目内容依流程图分析，按各项服务执行阶段记录一个月内的服务总时间，从而计算出此服务需要多少人员。

②与同业比较进行配置：可以与本娱乐健身企业相同规模的同业进行比较，调查其组织和员工编制。

③服务作业标准化计划配置：利用服务作业标准化计划掌握作业分担状况，将全部服务人员分担的工作相连接，而形成一个职务分配表，依此可算出所需要员工数。

【小资料】某网球馆的服务员工配制确定（表8－7）

某网球馆根据自己经营服务的需要设置了如下服务岗位：迎宾岗、开单收款岗、换鞋引导岗、更衣室服务岗、球场服务岗、陪打员岗、休息室服务岗、浴室服务岗、按摩服务岗、商品部岗。然后再根据需要确定每个岗位的服务人员数量，进而制订出该球馆的人员编制。

表8－7

岗位名称	编制人员数量（人）
迎宾	2
开单收款	4
换鞋引导	4

岗位名称	编制人员数量（人）
更衣室	2
球场服务	10
陪打	4
饮料服务台	2
休息室	2
浴室	4
按摩	4
总计	38

另外，该网球馆每周营业 7 天，每个员工每周工作 5 天，每天工作 8 小时，那么每个固定岗位需要的人员数量系数为：（8 小时 ×7 天） ÷ （8 小时 ×5 天） =1.4

则该网球馆的员工编制所需的实际数量为：

38 人 ×1.4 =53.2 人≈53 人

2. 公式定编配置法①

应用下面公式可以较快地求出某娱乐健身项目所需员工的编制数量。这些公式计算的结果不一定都是准确的编制，在实际应用时应根据娱乐健身企业的具体情况加以修正。还要说明的一点是，这些公式是按每天 1 个班次计算的，如果需要 2 个或 3 个班次营业的话，则需在公式后面再乘以相应的班次数。

（1） 保龄球馆员工编制公式：球道数 ×0.6 +2

例如：某保龄球馆共有球道 10 条，需要分白班和晚班 2 个班次作业。则其员工数量近似可定为：员工数 = （10 ×0.6 +2） ×2 =16 人

（2） 台球厅编制公式：球台数 ×0.35 +2

例如：某台球厅共有球桌 20 个，则每个班次所需要的员工数量可以设定为：员工数 =20 ×0.35 +2 =9 人

（3） 游泳池员工编制公式：水面积（M^2） ×0.03 +2

例如：某游泳馆的水域面积为 100M^2，则游泳馆的服务人员数可定为：员工数 =100 ×0.03 +2 =5 人

（4） 健身房员工编制公式：设备台数 ×0.14 +2

例如：某健身房有设备 24 台，则该健身房员工数应近似地定为：员工数 =24 ×0.14 +2 =5 人

（5） 网球场员工编制公式：场地数 ×1.4

例如：某网球场有网球场地 6 个，则员工数应近似地定为：员工数 =6 ×1.42 =8 人

需要说明的是：上面列出的公式后面都加上一个数，例如加 1 或者加 2，这个加数是个修正值，例如保龄球馆，无论是较大的或较小的球厅，都必须设置服务台岗，这个岗位的工作主要为发放球和球袜等，这个岗的编制数量受球道的制约较小，换句话说，无论球

① 屈云波，陈海鹏．娱乐业营销［M］．北京：企业管理出版社，2000

馆大小，这个岗的服务员人数是差不多的，因此公式中就加上这个修正值2。其他项目的情况与此类似。

用公式法制订编制所计算出的数值是个近似值，但它简便快捷，有一定的参考价值。

第四节 健身俱乐部提升价值策略——促销策略

娱乐健身企业所满足的需求是消费者的一种寻求休闲与享乐的高级消费需求。这种需求与人类的许多其他基本需求相比，是范围较小、较不稳定的需求。剩余收入较少的人难以产生这种需求，而拥有足够剩余收入的人也有可能不选择娱乐健身消费，而将剩余收入用于购物、储蓄及其他方面。因此，娱乐健身企业的产品销售及利润的实现就特别需要采取相应的促销活动。通过种种强大、巧妙的促销方式和手段来达到说服消费者、吸引他们进行娱乐健身消费、增加娱乐健身企业收益的目的。实际上是价值工程活动的一个方面，也是通过提升产品功能价值为顾客需求提供更合理的消费的一种价值提升策略。

一、娱乐健身企业促销活动概述

【小资料】一个娱乐健身企业在经营过程中实施的促销活动

某俱乐部是一家新开业的娱乐健身企业，为了尽早打开市场让娱乐健身消费者熟悉并光顾自己的企业，创造了一系列精彩的促销活动计划。

1. 抽奖活动：在消费者消费之时，让其在专门设计的帐单背面填上自己的姓名、地址，每两周举办一次公开抽奖活动，奖品为酒品、酒具以及消费抵用卡。通过这个活动，消费者可以赢得奖品，娱乐健身企业可以就此机会收集消费者资料，双方皆大欢喜；

2. 向经常惠顾的客人赠送会员徽章，每月定期召开联谊会；

3. 不定期地举办时装表演、画展以及邀请知名人士做一天经理等活动，以招徕消费者。

通过实施以上一系列的活动，该俱乐部迅速为消费者所熟知，到此光顾的消费者也越来越多。

由上述资料我们可以看出：娱乐健身企业的促销活动是促进或刺激自己所经营娱乐健身产品的销售额上升的一系列行动。通过一些有附加值的活动的设计，它的根本目的在于促使目标消费者尽快接受新的娱乐健身方式或认知了解娱乐健身场所，保持利润高峰期的良好销售状态或在需求较弱时刺激需求重新回升。要想确定适合娱乐健身企业使用的促销方式，必须首先了解娱乐健身企业区别于其他行业的一些经营特点，这样才能做到有的放矢，从而使促销发挥更大的威力。

（一）娱乐健身行业的特性①

娱乐健身业和其他的一些行业相比较，具有明显的不同，它呈现出鲜明的个性特征，

① 肖淑红．中国体育产业价值链管理模式研究［M］．北京：中国教育文化出版社，2005

主要表现在：

我们以健身会所为例，来看一下常见的流程，“客户进入会所——购买健身娱乐服务——客户离开会所”等活动。流程的起点是客户走进会所开始，终点是客户离开。整个流程的主体由作为货币持有者和商品需求者的某客户和拥有健身娱乐服务产品的会所及员工——供应者组成，他们共同完成这个过程。流程和这样几个概念有关：一系列活动、输入和输出。具体到企业的业务流程而言，包括“顾客需求”、“顾客满意”以及“输入输出”之间的价值增值过程。(图 8－3)

图中锯齿状的“客户需求”表明多样性，心状的“输入输出”表明用心设计的增值过程，笑脸状的“顾客满意”表明企业获利的源泉。

可见，业务流程是共同行使职能的一组活动。业务流程以顾客特定需求为起点，由为顾客服务的工作活动组成，最终使顾客满意。它与顾客是不可分离的——对顾客的关注为业务流程提供了目标。

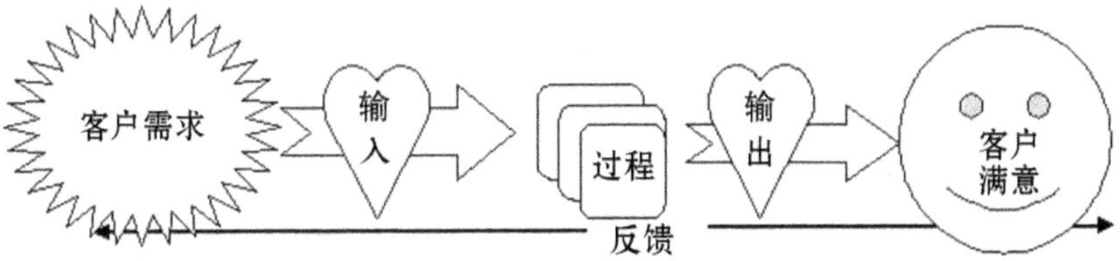

图 8－3　业务流程示意图

业务流程具有两个重要特征。

1. 面向顾客，包括组织内部的和组织外部的顾客。

2. 跨越职能部门、分支机构或子单位的即有边界。

这两个特征是价值链实施的重要内容。

娱乐健身业就是要以市场为导向，打造有价值的服务流程。

娱乐健身企业的体育服务特点决定了他们更应该重视下列这个转换图：

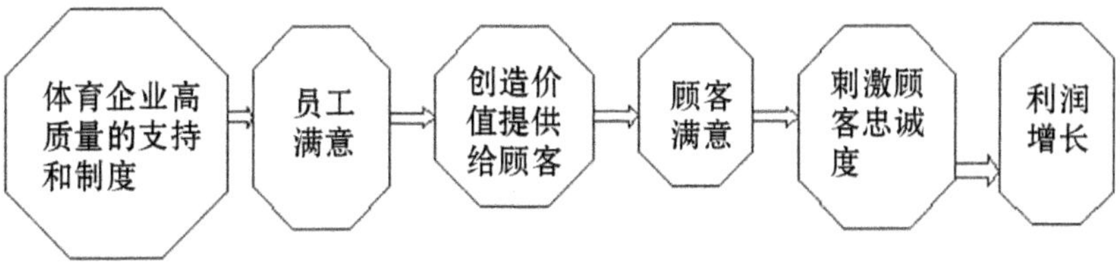

图 8－4　满意度转换图

娱乐健身业共同特点如下：

1. 娱乐健身业所提供的产品具有瞬时消费的特征，无法储存。

2. 娱乐健身业具有较强的时尚性。

3. 娱乐健身业经营中与消费者直接接触的娱乐服务人员在消费者的娱乐消费过程中发挥着比其他行业更为重要的作用。

不同的经营特点必然会对促销方式及具体的运作产生影响。所以，在娱乐健身企业进行促销策划设计、促销工具选择、促销方案实施等工作时，一定要从本行业的经营特点出发，确保促销目标实现。

（二）娱乐健身企业促销的特点

1. 娱乐健身业促销以调节消费者的需求为着眼点。另外，虽然娱乐健身企业所经营的产品和提供的服务对于消费者而言是即时的、无法加以保存或延时消费的，但娱乐健身企业却可以给消费者提供一种具有延时价值的“资格”。其形式有两种。

（1）预约服务

（2）奖励忠诚消费者

2. 娱乐健身业促销主要针对对象为消费者，而中间商的促销则较为微弱。

3. 娱乐健身业促销中对娱乐企业服务人员开展内部促销是一个重要的组成环节。

（三）娱乐健身企业促销工具选择的检核，也是价值工程活动要审核的内容

在娱乐健身企业选择促销工具时，有许多因素是必须注意的。为了正确选择促销工具，可以从以下8个方面去进行核查和衡量。

1. 促销目标是否准确和清晰

（1）促销活动是否涉及面广泛？是否有能力接触到不同类型的消费者（包括新的和已经存在的消费者），同时也可以完成多个目标下的任务？

（2）促销活动的对象是消费者、中间商还是服务人员？

2. 是否瞄准娱乐健身经营的目标消费者

（1）目标消费者是否习惯娱乐健身企业的这种促销形式？如果不习惯，他们是否认为它不合适？

（2）这种促销是否可以减少娱乐健身产品及服务的购买风险？促销活动的所有条款是否都易懂、易记？

（3）促销向消费者提供的是即时利益，还是延时利益？

（4）消费者为了获得优惠条件，必经付出多大程度的努力？

（5）促销活动的所有条款是否具有灵活性，是否向消费者提供多个选择机会？

3. 是否有利于取得竞争优势

（1）竞争对手最近是否也在使用该工具进行促销？

（2）竞争者对于类似或更优的促销活动产生反应的迅速程度如何？

4. 促销活动的成本效益如何

（1）促销活动预期的最大效果有多大？

（2）促销提供的条款是否可以尽量减少促销费用？

（3）预期的促销费用的准确程度如何？

（4）促销会不会对服务能力给予过大的压力？

（5）在设计促销方案时是否已尽力缩小获利一次以上消费者的数量？

5. 促销活动有没有进行整合

（1）该促销活动能否和营销组合中的其他因素（广告、人员推广、公关等）整合成

一体？

（2）该促销活动是否可以增强娱乐健身企业的广告效果，或是否有利于娱乐健身企业品牌的建立？

（3）该促销活动能否和其他促销活动整合在一起形成一个具有吸引力的事件？

（4）该促销活动是否属于娱乐健身企业成功的营销传统的一部分？

6. 促销活动实施的可行性如何

（1）为了取得促销活动的成功，管理者和服务人员要付出多少努力？

（2）服务人员是否希望促销活动可以促进其经营任务的完成？

（3）企业的经营者能否控制促销活动全过程的费用和时间的安排？

（4）企业的经营者在此之前是否具备类似促销活动的经验？

（5）在促销活动实施过程中和结束后，促销的影响时间有多长？

7. 该促销活动是否便于效果的评估

（1）是否存在评估促销反应的标准，如何评估？例如抽奖的参与人数是否可以反映出促销的正面效果？

（2）是否可用较低的费用对效果进行评估，并与其他同类或不同类的促销活动进行比较？

（3）消费者反应是否集中在促销推出后的很短的一段时期内，是否存在一些不相关的因素降低了评估的精确度，而且增加了其费用？

8. 法律上有否冲突

对这一类型促销活动的制订和实施是否存在法律上的约束？

二、娱乐健身企业的活动促销

活动促销是一种重要的娱乐促销手段。许多俱乐部用很多设计新颖的活动都能吸引大批的消费者，从而给娱乐健身企业带来巨大的经济效益和社会效益，用价值工程审视价值提升问题，从而有的放矢。

娱乐健身企业活动促销策划的检核要点——价值工程审核内容见表 8 - 8 所示。

表 8 - 8 娱乐健身企业开展活动促销的检核要点

检核项目	具体检核内容
活动目标	• 活动的创意能否具体实现？ • 能否借此加强消费者对本娱乐健身企业的深刻印象，甚至慕名而来？
活动策划人	• 委托代理策划时，能否做到意见沟通，达到策划的目的？ • 娱乐健身企业策划时是否能考虑周详？
活动主办人	• 主办者的人选是否已经确定？ • 主办者对活动的内容及预算是否有整体的计划？
活动内容	• 活动的主题是否具有独特性？ • 活动是否能吸引众多消费者参加？ • 活动是否能制造出新闻，成为报界、电视台报导的新闻？

检核项目	具体检核内容
活动过程	• 活动的对象是谁？ • 什么时候举办？ • 由谁裁判？ • 奖品是什么？ • 奖品由谁经办？如何包装？ • 其他相关细节问题的安排？
活动场所	• 活动实施场所是否已经确定？
活动时间	• 活动实施的时间是否已经确定？

（一）娱乐健身企业促销管理步骤

要达到良好的促销效果，必须按照计划、执行、检核的管理循环的要求，依促销管理3步骤来开展促销活动。

1. 设定促销目标

（1）提高营业额；

（2）提高毛利额；

（3）提高消费者数量；

（4）提高单个消费者的消费额；

（5）提高消费频率；

（6）其他。

2. 拟定促销计划

根据欲达成的促销目标衡量经费、媒体、竞争对手状况等因素，并综合各部门的意见，拟定促销计划。

3. 计划执行与检讨

依据促销方案通知各有关部门人员配合执行，并于结束后评估检查。

（二）促销活动的作业流程规划

娱乐健身企业的促销计划通常以年、月为周期来制订，经经理确认后，促销管理的重点就在促销活动作业流程的规划与掌握上。由于娱乐健身企业每月实施的促销活动通常在2～3次之间，时间相当紧凑，所以须依照作业流程执行进度，以防效果不佳。

1. 促销企划立案

娱乐健身企业的营销部门根据促销年度计划的纲要，并研究分析最近经营区域内竞争对手的动态、消费者的生活模式变化、生活水准后，拟定本次促销活动的诉求重点及做法。

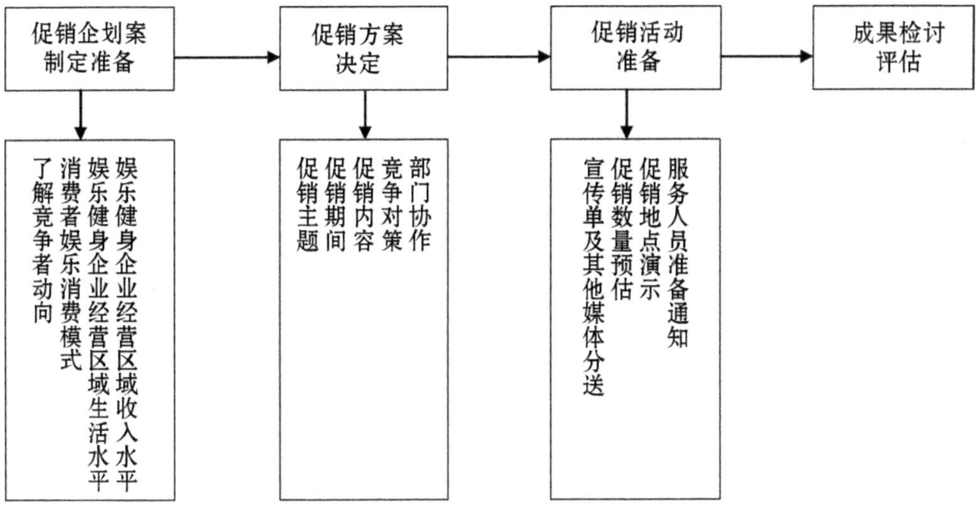

图8－5　娱乐健身企业促销活动作业流程图

2. 促销会议

促销部门为确认促销做法的有效性及获得有关部门的配合推动，应召开促销会议。与相关人员开会讨论，确认下列事项，以确保促销活动实施的成效。

（1）促销活动主题；

（2）促销活动期间；

（3）竞争对手促销活动分析；

（4）促销活动的具体内容；

（5）各部门间的配合活动。

3. 宣传单制作

娱乐健身企业运用的促销媒体很多，可是最常用也最重要的媒体是宣传单。因此，应在确认促销策略和其他具体操作方法后，才能开始印制宣传单。

4. 促销实施

5. 成果检验

（三）娱乐健身企业促销预算设定

娱乐健身企业促销预算通常以两种方式来设定。

1. 营业额比例式

即依照年度营业目标的某个比例（通常是0.8%～1.2%）来设定促销预算，再依各月的营业目标分配到各月。

此种方法的优点为简单、明确、易控制，缺点为缺乏弹性、未考虑促销活动的实际需求、可能影响促销效果。

2. 逐案累积式

即依照促销年度计划设定的促销活动，逐案累计需求经费。此种方法的优点是以促销活动为主导，可充分表现促销的诉求重点。缺点是促销费用支出较大，若未达到预期效果，将影响营业效益。

（四）娱乐健身企业促销活动效果评估

促销效果的评估是娱乐健身企业营销中的重要工作内容。因为促销活动这项提升娱乐健身企业经营业绩的工作要长期不断地进行下去，就必须有促销活动的总结。通过总结评估本次促销活动的效果、成功、不足、经验和教训，来指导下一次促销工作。一般来说，娱乐健身企业促销的效果评估可以采用以下的方法进行。

表 8－9　娱乐健身促销活动经费支出计划

促销费用项目名称	预计支出数额	实际支出数额	说　明
经营成本：			
食品、酒水			
其他			
用品费用：			
材料费			
用具、用品			
装饰品			
道具借用			
宣传费用：			
报刊、电视广告			
印刷品广告			
纪念品费用			
其他			
活动奖品费用：			
公关费：			
同行			
新闻界			
其他			
利润			
支出			
总计：			

1. 前后比较法

比较开展促销活动前和进行促销时的营业水平，进行促销效果测评。一般会出现以下几种情况。

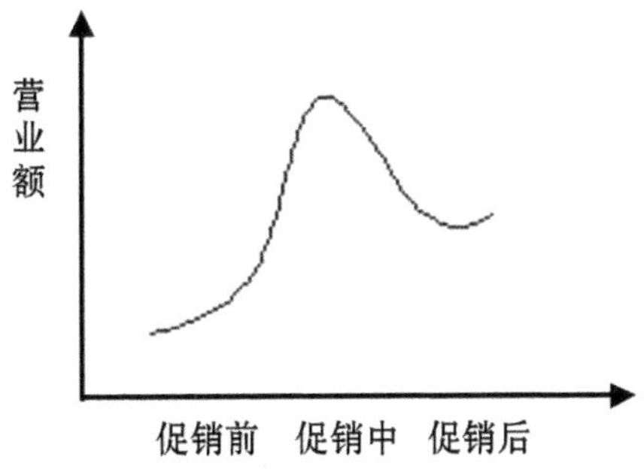

图 8 -6　促销前、中、后比较图

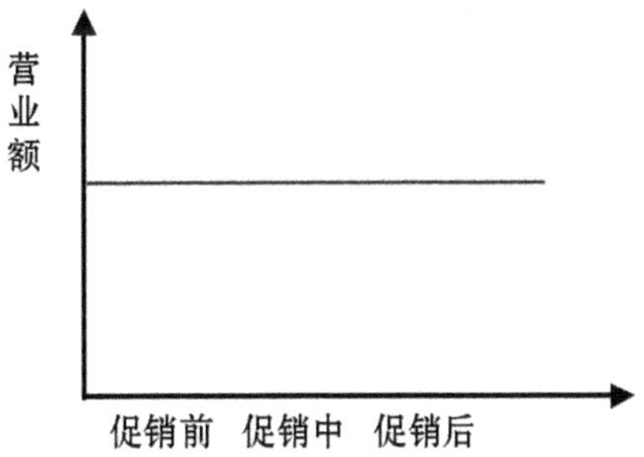

图 8 -7　促销前、中、后比较图

图 8 -6 促销效果良好。

图 8 -6 是娱乐健身企业经营者所希望的情形。它表明在采用促销活动后消费者被吸引前来进行娱乐消费，增长了营业额，取得了预期的效果。在促销活动结束后，由于在促销期间娱乐健身企业建立了良好的形象，即知名度与美誉度均提高，故仍使该娱乐企业的营业额有所增长。该次促销活动不仅在促销中，而且对今后均有积极影响，十分成功。

图 8 -7 没有促销效果。

图 8 -7 表明该促销活动对于娱乐健身企业的经营没有任何帮助，而且浪费了促销费用，显然是得不偿失的。

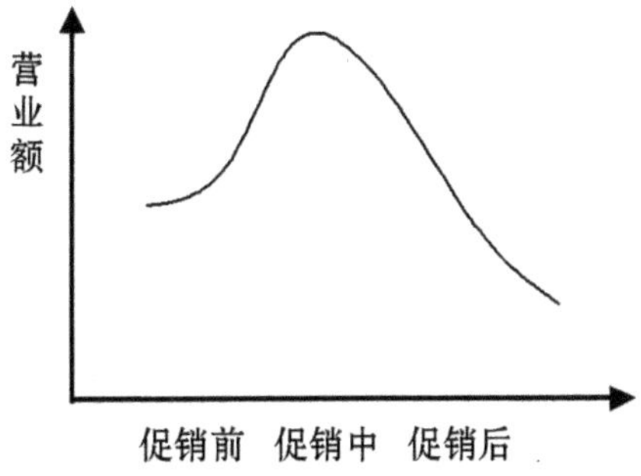

图 8 -8　促销前、中、后比较图

图 8 -8 促销效果差。

图 8 -8 是促销活动引起了不良后果的一种表现，是娱乐健身企业经营者最不愿意出现的一种情形。本次促销活动虽然在进行过程中提升了一定的营业额，但由于促销活动管理混乱，或设计不当，或出现某些意外情况损害了娱乐企业自身的美誉度，从而使该活动结束后的营业额不升反降，促销活动适得其反。

2. 消费者调查法

娱乐健身企业可组织有关人员抽取合适的消费者样本进行调查，向其了解促销活动的效果。如询问有多少消费者记得娱乐健身企业进行了促销活动、他们对该活动有何评价、是否从中得到了利益、对他们今后的娱乐健身消费地点场所选择是否会有影响等，从而了解评估娱乐健身企业所进行的促销活动的效果。

3. 观察法

这种方法简便易行，而且十分直观。它主要通过观察消费者对促销活动的反应，如消费者在限时折价中的踊跃程度、消费者在优惠券发放后的回报度、参加抽奖式竞赛的人数等，对娱乐健身企业所进行的促销活动的效果作相应的了解。

促销结束后的检查有助于提高活动的绩效评估。应组织营业、管理、营销部门有关人员就促销活动的实施效果与目标差异进行分析，检讨得失，为改进下次促销活动提供参考依据。一般来说，如果促销实施的绩效在目标的95% ~105%之间，算是正常的表现；若是在目标105%以上，则算是高标准的表现；若是在目标95%以下，则有待在今后加以改进与提高。

最后，需要指出的是，对于一个娱乐企业来说，在竞争日趋激烈的情况下促销费用有逐渐上涨的趋势。可是不一定多花钱便能取得好的效果，只有通过对消费者行为的了解、竞争对手状况的分析以及种种可能会影响消费者娱乐消费行为的因素的掌握，然后再依据这些资料拟定完整的促销计划并配合良好的管理方法，才能达到促销的最终目的——不断地提升娱乐企业的营业利润。

【案例讨论】超越俱乐部的启示：围绕品牌经营进行价值创新

定位：超豪华的健身俱乐部。消费市场定位在那些忙得没有时间吃饭的高级执行官员、经常出差的商人、单身汉及一些追求时尚并能为最好的服务付费的人，这真是一个伟大的构想。超越俱乐部是为精英们服务的（向特定的客户群提供最一流的服务）。并且名声在乘坐喷气式飞机度假的富人阶层中和出差的商人中迅速传开。在创办之初，公司就赢得了健身俱乐部中的顶级的名声，全世界都开始知道超越俱乐部是高档的超豪华俱乐部中最好的。

但是近来，公司的利润正在缩减。会员的老龄化可能会给未来的公司扩张带来问题。而且，新的、更高档的竞争对手正在挑战超越公司的定价策略：即囊括所有项目的统一的高价位，他们提供按消费者需求的项目比例计价的各种服务组合。

超越公司还面临另一个层面上的竞争。在过去的10年中，公司通过在著名的普林坦普斯饭店设立一些小型的俱乐部来提供服务。现在，普林坦普斯饭店的主要竞争者克拉克连锁店也提供类似的健身设施，克拉克在全世界有250家饭店，而普林坦普斯只有35家。

总部位于曼哈顿的费特沃斯俱乐部是最近成功的新健身俱乐部之一，公司的新宣传活动很明显是冲着超越公司来的。他们的宣传口号是这样的："当然，你能负担得起，但为什么要为没有使用的东西付钱呢？"这是直接对着超越公司的包含所有项目的单一价格会员策略而来的。

超越俱乐部的入会费是600美元，会员费是每年2300美元，食物和饮料另算，价格与纽约市较好的休闲馆相当。费特沃斯俱乐部的入会费是800美元，但此后，公司提供不同的服务组合，每年的会员费根据每个会员所选择的服务组合而定。例如，每年1000美元会费的服务包括无限制的使用各种设施，但工作人员提供协助要按小时额外计费；每年1500美元会费的服务包括使用各种设备，提供各种健身训练和按摩治疗。

超越俱乐部的销售员工接受的培训是将这家健身俱乐部定位于同类产品中最好的：一

个价格包括所有的服务。专家提出的变革措施：降低年会费，但提高一次性入会费，同时提供团体公司折扣，以及根据不同的服务组合定出不同的价格。这个变革认为至少有1/3的会员从未使用过俱乐部的所有服务。不管收入有多高，谁会为从未使用过的按摩付钱呢？

超越的管理者想改变定价策略，开办档次较低的俱乐部，那超越的名声就会处于危险之中。公司面临着艰难的选择，必须弄清如何将超越公司的健身俱乐部带入新的发展阶段。

问题讨论：作为价值工程团队，你接到了这个任务，请为其提出新的战略重点。

本章要点

1. 在对健身俱乐部进行价值工程活动时，最核心的问题是弄清其成本、价格的构成及影响因素，从而分析其合理性，并确定改进方案。其中，价格决策是一个重要的问题，因为价格决定了健身俱乐部的收益，直接影响到价值的提升，是价值工程的重要分析内容。

2. 俱乐部经营的产品与生产企业、流通企业不同，它经营的是一种特殊的服务产品，所以健身俱乐部产品的定价也呈现出不同于其他行业的一些特点，需要考虑娱乐健身行业产品自身的特点、市场的需求状况及市场竞争发展环境等多种因素，结合实际情况采取各种不同的定价方法，从而提升健身俱乐部价值。

3. 娱乐健身业营销人员在制订产品价格时要考虑许多因素。这些因素从性质上可以归纳为两大类：一类是可控因素，即营销人员在定价时有能力控制的因素，包括娱乐健身企业的经营成本、娱乐健身企业定价的利润水平目标、娱乐健身企业的产品、娱乐健身企业的经营整体战略等；另一类是不可控因素，即指那些对娱乐健身企业的价格制订有影响，但营销人员又无法控制的因素，包括市场需求、市场供给、行业竞争、市场发展环境等。

4. 当今的中国娱乐健身业，许多俱乐部都在扩张，搞连锁经营。连锁经营一般是指经营同类商品或服务的若干个店铺，以一定的形式组成一个联合体，在整体规划下进行专业化分工，并在分工的基础理论上实施集中化的管理，从而使复杂的经营活动简单化，谋取规模效益的运作方式。作为价值分析人员要对这个策略的一般知识有所了解。娱乐健身企业连锁化经营的优势：共享效益、扩张效益、整合效益。娱乐健身企业发展特许经营应坚持的原则是：规范原则、开放原则、互利原则、渐进原则。

5. 由于消费者生活水平的提高以及各种不同的娱乐健身业的兴起，迫使娱乐健身企业经营者不断强化各种服务，形成差异化的经营。搞清业务流程，提升价值，从业务流程角度，分析健身企业价值提升要素，明确业务流程是价值工程的重要任务。

6. 娱乐健身企业员工的配置策略，一是指满足娱乐健身经营活动所需要的工作人员的配备，包括管理人员和服务人员；二是指根据娱乐健身项目进行分工定岗，即岗位的选择，安置合适的人选。员工是一个企业最重要的资产，只有做好适当的组织编制及员工配置工作，才能有效地运用娱乐健身企业的人力资源，充分发挥每个员工的能力。

7. 娱乐健身企业的产品销售及利润的实现就特别需要采取相应的促销活动，通过种种强大、巧妙的促销方式和手段来达到说服消费者、吸引他们进行娱乐健身消费、增加娱乐健身企业收益的目的。实际上，是价值工程活动的一个方面，也是通过提升产品功能价值，为顾客需求提供更合理的消费的一种价值提升策略。

8. 娱乐健身行业的特性：(1) 娱乐健身业所提供的产品具有瞬时消费的特征，无法储存；(2) 娱乐健身业具有较强的时尚性；(3) 娱乐健身业经营中与消费者直接接触的娱乐服务人员在消费者的娱乐消费过程中发挥着比其他行业更为重要的作用。

思考与练习

1. 娱乐健身企业定价的基本方法有哪些？
2. 娱乐健身企业特许经营双方面临的风险是什么？
3. 从事价值工程活动时，娱乐健身企业活动促销策划的检核要点包括什么？

主要参考文献

1. 屈云波，陈海鹃. 娱乐业营销［M］. 北京：企业管理出版社，2000
2. 肖淑红. 中国体育产业价值链管理模式研究［M］. 北京：中国教育文化出版社，2005

第九章　赛事管理中的价值工程

【本章提要】从价值工程的角度来审视竞赛表演业，整个赛事管理的过程即是价值提升的过程，通过对赛事流程的分解和探讨，分析其价值形成过程以及工作环节，并对竞赛表演业价值链管理进行阐述。

第一节　对赛事的基本认识

一、从不同的视角分析赛事

审视赛事的视角有 3 种：政府视角、旅游视角、企业视角。

（一）政府视角

赛事中政府担任了多重角色，包括——规划和实施赛事战略、提供基本设施和支持服务、投资、赞助赛事、申请许可单位、约束机构、根据法律和条例的协调机构。

政府的赛事战略：定义政府的角色；确认赛事的影响和收益；确认现有赛事的产品和不足；编制和调整赛事的资产组合列表；建立合适的优先权，资金规划和评估程序；协调利益相关者和支持服务；在商机和旅游之间建立关系。

（二）旅游视角

1. 赛事旅游定义：是以吸引游客、促进其他行业发展、塑造形象以及推动主办地和周边地区发展为方式的对赛事进行的系统性规划、开发和营销。

2. 赛事旅游营销战略目标：创造独特、强大、可信的赛事；建立大规模的有吸引力的赛事；将旅游和膳宿相结合创造旅游产品；与旅游从业人员和组织合作营销赛事产品。

（三）企业视角

1. 企业参与赛事的途径

具体做法：利用公司资源举办内部赛事；外包给专业赛事管理公司举办赛事；赞助现有赛事；与其他公司或组织合作举办赛事。

2. 赛事对企业内部管理的作用

（1）在新的商业实践和趋势下培训员工；

（2）为员工和经销商网络培训新产品和服务；
（3）提高员工士气；
（4）激励员工完成更高绩效的工作和销售业绩；
（5）提供社交机会。

3. 赛事对公司营销组合的作用

（1）增加产品或品牌知名度；
（2）为新产品创立知名度；
（3）改变品牌或公司形象；
（4）改善公司声誉和负面的公众态度；
（5）增加销售和市场份额。

4. 赛事的影响

所有赛事都会造成一系列短期、中期和长期影响。赛事经理的任务是将正面影响最大化并减少负面影响。赛事的影响包括以下几方面：社会和文化方面、物质和环境方面、政治方面、旅游和经济方面等。

（1）社会和文化方面

正面影响：分享体验、复兴传统、建立自豪感、社团的确认、增进参与、引进新思想、开阔视野。

负面影响：社区疏远、操纵社区、负面的形象、恶劣的行为、物质浪费、社会混乱、丧失乐趣。

（2）物质、环境方面

正面影响：展示环境、提供最好的实践模式、增加知名度、基础设施延续、改善交通和通讯、城市复兴。

负面影响：破坏环境、污染、毁坏遗产、噪音扰民、交通阻塞。

（3）政治方面

正面影响：国际声誉、改良形象、促进投资、增加社会凝聚力、行政管理技能的发展。

负面影响：赛事失败的风险、资金分配不当、缺少责任感、负面宣传、丧失社区所有权和控制权。

（4）旅游和经济方面

正面影响：宣传举办地和增加游客、延长停留时间、更高的收益、增加税收、提供就业机会。

负面影响：社区反对旅游、损失真实性、损害声誉、过度开发、物价通货膨胀、机会成本。

二、赛事的流程

（一）业务流程内容

在企业价值链中，有些业务流程是特别重要的，决定着使企业具有独特性或竞争力的因素，可以称之为“主要业务流程”，即波特价值链中的基本活动。其他业务流程是对经营提供基本支持所需要的，它们使经营运作起来，称之为“支持业务流程”，即波特价值链中的辅助活动。

在赛事运作中，主要业务流程如图 9－1。

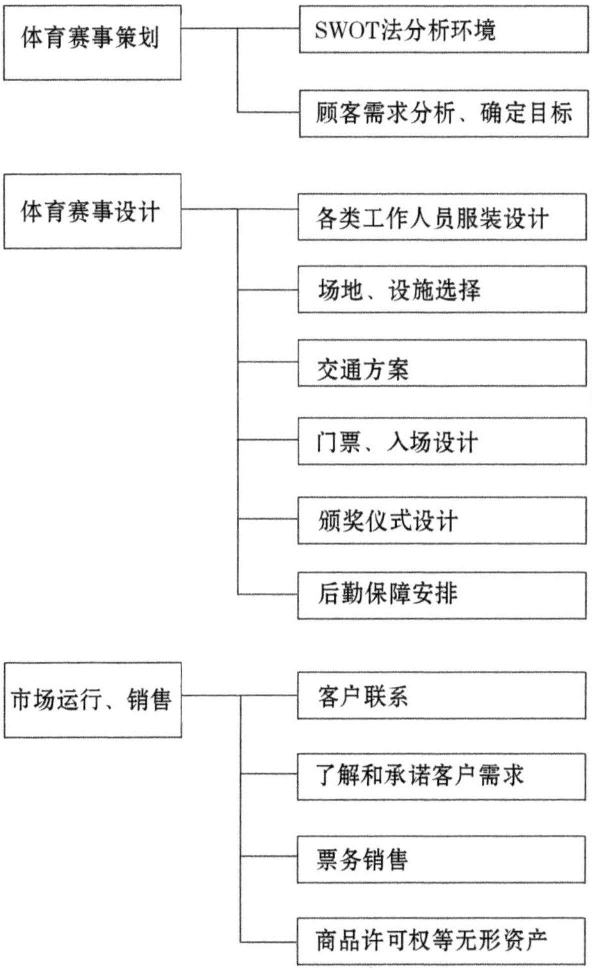

图 9－1　赛事运作业务流程图

支持性业务流程如图 9－2。

(二) 建立以顾客为中心的业务流程

不同企业有不同业务流程。一个业务流程有一项具体的工作去完成，每项工作切记有明确的目标：取悦顾客，包括内部的和外部的。

迈克尔·波特在《竞争优势》一书的前言中开宗明义：“竞争优势归根结底产生于企业所能为顾客创造的价值。”

在赛事管理中，有多少赛事主办者曾认真考虑过顾客价值这个问题？主管必须要问自己这个问题。为了回答这些问题和成功地为客户创造价值，公司必须要采取一套全面整合

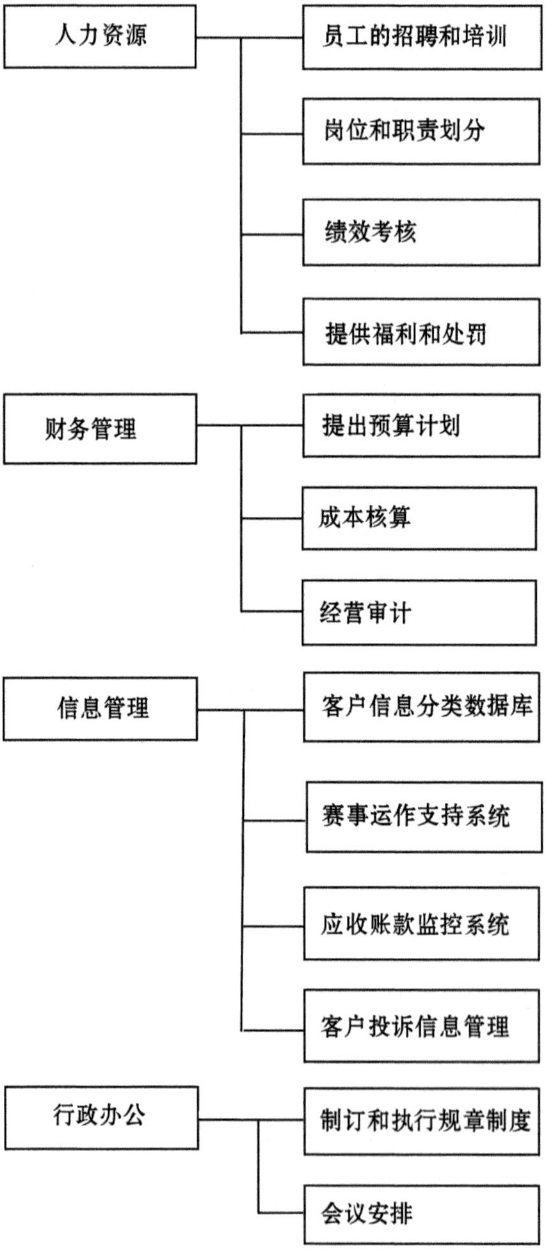

图9-2　赛事管理的业务流程图

的策略。那些缺乏远见的商业理念和公司战略，还有那些旧式的作法已经无法满足这一需求。

公司为客户创造价值，首先应该以顾客价值为中心确立起清晰的业务发展方向，并建立起相关的业务发展目标和发展战略。其次要密切关注客户的需求和期望，要形成自己独特的价值定位；还要管理好公司的关键资源，这包括业务流程、人力资源和信息系统，因为这些资源在为客户提供价值的过程中往往起到关键作用。对企业来说，密切关注客户的需求和期望是理所当然的。公司必须以市场为导向，以客户需求为驱动。

具体到一个赛事来看，它是由许多非常琐碎的业务环节组成的，而且每一个环节都至关重要，构成了一个供应链。每个环节都可以采用一些科学的管理方法和技术如 SWOT 分析法用于赛事策划，在赛事进度控制、费用控制、时间控制、风险管理上采用项目管理方法，对每一环节充分开发，使赛事的运作出现更加完美的结果。赛事的供应链包括多种角色，如运动员、裁判员、自愿者、合作伙伴、供应商等。组委会内部环节上有总经理、运作经理、市场经理、人事经理、行政人员、媒体协调人员等，这将形成一个合作竞争的局面，体现协同商务的特征。各类人员要熟悉他们自己的工作内容和程序，最好受过培训和正规教育或参考一些规范手册，少走弯路。

在流程的设计中，请注意两种观念的截然不同（表 9－1）。

表 9－1　两种不同的观念对照表①

体育为中心的观念	市场为中心的观念
国家观念	个人观念
荣誉观念	服务观念
核心价值观是竞争	核心价值观是合作
组织满意	顾客满意
体育赞助关系取得	合作伙伴关系取得
关注投资	关注利润
规则和规则驱动	快乐、兴趣和娱乐驱动
鼓励参与	鼓励消费
纪律管束	情感自由
领导风格：我是第一	领导风格：人人平等
喜欢框架性任务	喜欢创造性任务
建立社会形象	建立品牌形象
社会稳定的手段	生活方式变化的手段

赛事运作中，赞助商是顾客，那么赞助商满意应是赛事的流程设计的中心之一，从上表看出，如果体育官员和企业主管人员坚持自己观点不肯做出妥协，双方强硬的态度使现有的问题更加复杂。思想观念的差异不但会使双方在体育赞助的目的、利益和运作过程中产生矛盾和冲突，而且最终将导致体育组织和企业在体育赞助的谈判和运作中出现僵局。②

在设计流程时可以采取相应的管理技术来进行，我们在此推荐“5 个为什么?”用以发现本组织流程的问题。（图 9－3）

① 肖淑红．国家体育总局委管课题：中国体育赞助市场研究．2002
② 肖淑红．国家体育总局委管课题：中国体育赞助市场研究．2002

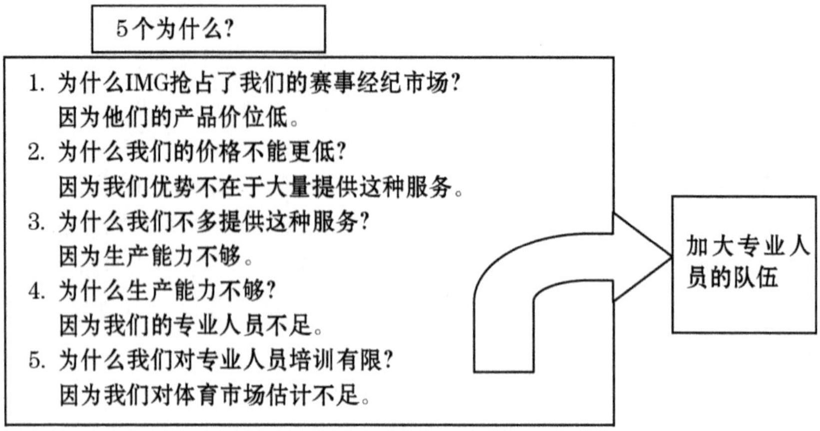

图9－3　5个为什么示意图

第二节　竞赛表演业价值管理分析

一、赛事管理价值创新体系的本质分析

体育赛事的价值链从表现形式上看具有媒体的特征，直接收入是门票、企业赞助、各种形式的广告、转播权及其他收入。赛事的直接产品和服务有：标志产品、冠名权（比赛冠名权、冠杯权、主会场新闻中心冠名权）、门票、场地广告、转播权、专有权（名称、会徽、吉祥物）等。大型赛事还包括组织各类活动，如文体活动、火炬传递活动、礼仪使者选拔大赛、体育用品博览会、资源交易会等，这些都是价值创造的宝贵资源，分别通过拍卖、竞标、市场营销、委托代理推向市场实现价值。

从价值实现的渠道分析，显然，竞赛表演业实现价值的根本在于突出表演的价值，赛事就像媒体的内容制作，本身不能实现价值，要通过提高赛事的观赏性，创造高的收视率。表演的价值就来自观众的注意力，即赛事有人关注就有可能有价值。赛事产品质量的高低，不是仅拿竞技水平的高低来衡量的，首先应该是大批的人愿意关注，然后加上高的竞技水平，这就形成了有价值的产品、高质量的产品。愿意关注就会买门票来看，就会有门票收入。赞助商也是看重观众的人数，所以他们会以场地广告、冠名、冠杯等不同形式给予赞助。媒体同样是为了共同的目的来购买转播权。因此，赛事运营的实质就是创造高关注度的产品，从而提高核心竞争力，获得竞争优势，实现价值转换。

总之，赛事运营价值创新就是围绕观众的满意度来实现价值增值，赛事产品必须具有极强的穿透力、广泛的渗透力和巨大的影响力来赢得观众，然后就会有赞助商的满意、媒体的关注。这个价值创新的理念是每个赛事经营者必须具备的。（图9－4）

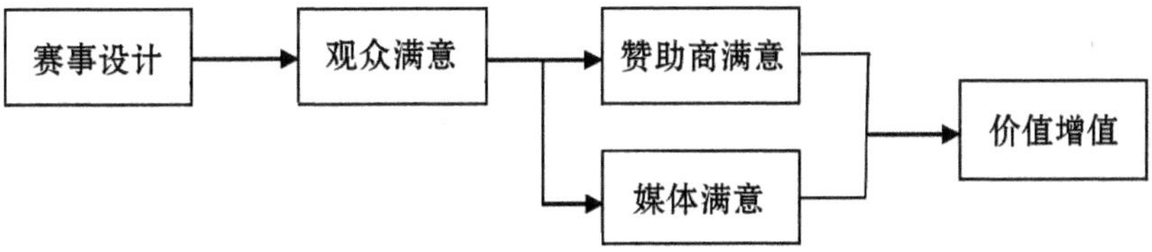

图 9-4　赛事价值增值环节

二、我国赛事运营价值链上存在的不经济点分析

（一）赞助商服务的设计

在图 9-4 中赞助商实际上与观众一样均是顾客，确保赞助商的满意除了有大量的观众群外，还应在赛事设计上要满足赞助商的需求。目前我国赞助方面存在赞助策划手段比较单调、技术落后、缺乏魅力、赞助商的满意度低的问题。

数据中华网提到：从案例中也能看出主办者并不老道，如总认为是“给了企业一次提高知名度和美誉度”的机会等，其实从本质上讲，企业是这次商业性体育比赛的出资者（单靠门票收入必定赔钱），是整个价值链中最关键的环节，宣传应该以企业为主，如在前期和赛场为企业进行相关的企宣或促销活动，门票销售同产品进行捆绑销售等都可采用。

（二）经销商的运作水平

两难情况：经销商的专业化程度对产品的价值挖掘、提升有直接影响。经销商有可能是体育经纪公司，也有可能是赛事所有者的市场开发部，不管是谁，他们要与赞助商、赛事的场馆、场地设施、器材设备供应商发生业务往来，要懂得赛事本身的运作特点，技术要求及赛程赛制的安排，还要了解器材设备的规格，同时必须明确赞助商需求。因此，经销商的非专业性会给赛事本身价值带来损失。

依靠代理商会产生两个问题。（1）在大多数情况下，这使高级管理人员不熟悉他们的核心资产——品牌（公司未来增长的驱动力量），而这种不熟悉使其对宣传工作进行协调变得很困难。这些情况会导致消费者产生误解，内部工作无法协同一致，并且最终将使公司的潜力无法完全发挥出来。（2）大多数代理商的能力、动机和偏好会使他们习惯于单一的方法来推销产品。当然，代理商可以在有关战略和战术上提供很多帮助，但是，在一项创建品牌的全面的、协调一致的工作中，问题的关键是从公司内部建立和控制品牌战略。一个公司必须有一个深入的、结构清晰的品牌定位，以使那些设计并执行宣传计划的人不会错误地向消费者传递自相矛盾、另人迷惑的信息。一个清晰、有效的品牌定位必须是企业上下对这个品牌定位都有恰当的理解和认可，必须使其与企业的发展理念及企业的文化和价值关联系起来。

（三）赛事价值评估缺乏科学性

与国际赛事比较，我国的赛事开发缺乏科学性，急需找出研究赞助价值的通用评估模型等方法。在商业运作中表现出来的问题：服务回报不规范；资源配置效率低、赛事的无形资产价值没有得到充分开发等。“通过第九届全运会对无形资产开发工作实施的研究，证明大型赛事运作要有职业经营者，合理地使用人才；要树立体育产品市场化观念，使竞赛资源与其他的各类资源科学配置，要建立赢利模式”。[①]

第三节　不同赛事的价值链分析

我们可以从时间维度和内容维度将赛事分为3种类型：大型综合赛事，如奥运会；常规单项赛事，如CBA、足球甲A联赛等；一次性赛事，如中巴大战、大师杯网球赛等。这些赛事从价值链管理角度讲，他们的战略、产品线及价值曲线都不一样。所以在此分别研究、探讨每一类赛事的价值链管理的重点环节。

赛事价值链管理就是以赛事为对象的系统管理方法，通过一个临时性的专门的柔性组织对赛事进行高效率的计划、组织、指导和控制，以实现赛事全过程的动态管理和赛事目标的综合协调与优化。

一、大型综合赛事——奥运会价值链管理探析

（一）奥运会的管理理念分析

奥运会与其他两类比，其运作需要建大量的场馆及场地设施，涉及的人多、项目多、利益主体多、不确定因素多，是一个典型的复杂系统。奥运会的运作，作为主办者的奥运会组织委员会必须描述出它的价值网络体系，整理清楚每一条价值链的业务流程，进行功能系统分析，保留升值的部分，去掉不增值的部分，建立合理的组织结构。

（二）奥运会的价值网分析

奥运会的运作充分体现合作竞争的商务特点。在合作伙伴中不仅有客户、赞助商和各类供应商，还包括：协作单位、分销中心、场馆建设、设计单位、运输公司、国际体育机构、增值网络服务等。产品研制开发单位、员工或合伙人、法律或管理顾问、各种专家人才也都应当作为合作伙伴，这是知识经济环境下必须建立的观念。因此，必须从供需链管理的概念出发，制订经营战略。要着眼于建立组委会与供方和需方互信、互利、互补、互助、互通、风险共担的合作伙伴关系和共存的联合体，把团队精神扩展到一个企业的外部，发挥联合体中每一个成员的优势和特长，以整合各个企业有限的资源去迎击无限的市场机遇。合作伙伴之间的关系除了有必要的法律约束外，各个成员的信用和自律尤其重要，要特别强调商业道德，规范商业行为。来自全世界的运动员、裁判员、政府官员、政治家、游客等都是奥运会的顾客。奥运会各个相互关联的活动形成奥运价值链。

奥运价值链包括基本活动和辅助活动两大部分。基本活动包括内部后勤、市场销售、

---

① 刘清早．大型体育竞赛活动无形资产开发及商务运作方式的探讨．2002

外部后勤、生产经营、服务等。基本活动中对奥运会来讲，主要是市场销售（无形资产的开发等）、外部后勤（场馆建设等）。最主要的是生产经营，即奥运会比赛的组织运行，主要是围绕体育比赛而展开的各项活动，包括开幕式、药检、各项比赛、裁判、观众的组织以及闭幕式等一系列活动。这是奥运会必须首先保证完成的核心服务和产品，是对国际奥委会的承诺中最为重要的一部分。

二、一次性赛事——中巴足球之战价值链管理分析

（一）球星是价值创新点

体育明星是竞赛表演业成功的关键要素之一，中巴大战充分运用了这一卖点，本次比赛巴西队以主力阵容出战，包括罗纳尔多、里瓦尔多、卡洛斯、小罗纳尔多等多名征战2002年世界杯的球星都到场并参赛，这是本次比赛的主要价值创新点，它起到了很大的关联效应，世界级球星的魅力确实非同一般，本场比赛除吸引了广州、深圳等珠江三角洲的大批球迷外，在港澳地区也掀起了热潮，香港和澳门均有旅行社组团来广州看比赛。门票、场地广告费和赞助费都取得一定效益。本次门票的价格定为100、300、500、700和900元5个档次，还有高达3.5万元的包厢票。虽然比赛的举办地广东奥林匹克体育场可容纳8万多人，不过根据公安部门的规定，出于安全因素的考虑，本场比赛可以出售的门票只有65000余张。门票1500万元，赞助商400万元，最终净收益为800万元。

赛事主办者要认真分析这次赢利的价值增值点是什么？这种增值如何持续下去，如果不能持续的，将用什么来补充，本次还有哪些价值没有挖掘出来，要认真分析，克服产业现在的不足，创造价值链管理的增值模式。

（二）协同商务的讨论

本次比赛是由广州市足协、广州嘉祺电子资讯有限公司和香港国际文娱管理有限公司3方联手操办起来的，但由于香港国际文娱管理有限公司是国际足联指定的经纪公司，在价值链中他们实际上是经销商，由于中国之队的所有赛事开发权都属于中国足协下属的福特宝公司，那么福特宝公司就是赛事产品的供应商，赛事的运作合作多赢的协同模式特点较其他行业更为明显，需要调动相当规模的相关人力，如警力、志愿者、后勤人员等。需要调动的人力物力之多，甚至出乎了很多人的预料：“初步考虑，比赛当晚，调动将近6000名的警力来维持秩序，与此同时，近3000人来从事各项后勤工作，他们是协作单位。因此，中巴大战在有经销商、供应商、赞助商、协作单位、双方球队组成的价值链上为观众提供了服务产品。

我们知道3种竞争因素之所以能决定产业获利能力，是因为他们关系到企业的产品如何标价、必须担负的成本及在该产业中竞争所需要投入的资本。本次赛事让我们看到，作为供方的福特宝公司侃价实力较强，因为它独有中国之队的赛事开发权，由于制度问题，经销商都不可能通过前向整合来获取这个“原材料”，造成赛事经销商必须以高价格来买入原材料，成本是比赛的冠名权、电视转播权以及场地内24块位置突出的广告牌乃至相应的看台横幅广告发布权按照规定自然也就与赛事的承办者没有任何的关系了。

换言之，本次比赛被冠名为“西门子手机杯”便是福特宝公司的杰作，与广州方面

没有任何的关系。能够留给广州方面开发的，其实也就是40块场地广告牌中的16块而已。本来，16块场地广告牌的发售说起来也是没有任何问题的，但由于福特宝公司在与相关客户签约时都有限制同类产品的规定，因此16块广告牌中依然有3块没有卖出。与此同时，考虑到具体的市场情况，原定30万元一块的广告牌现在也已经“降价”至10万元一块，令承办方设想中的赢利空间大大缩小。

从价值链管理模式来看，目前的竞赛表演业的这种环境，供方具有较高的侃价实力，但是当今商务模式的特点是协同商务，因此福特宝公司作为原材料供应商同时也要持一种理念——双赢。要与承办方形成协同商务，共同培育体育市场，如果承办中国队比赛的人只能亏损，那么今后谁还敢接中国队的比赛？

（三）赛事精彩的问题

哈维·莱宾斯坦的X效率理论早就指出个人的双重性、个人努力的不确定性。个人努力的构成要素至少包括：构成工作的活动（A）、完成工作的进度（P）、产品的质量（Q）、工作的时间模式（T），即所谓APQT束。

2月12日中国国家足球队对巴西队的比赛，许多人认为是一个学习的过程，是一个提高的过程，但作为老师的巴西队似乎并没有认真做一回老师，没把真本事和全部的实力拿出来，所以许多人认为125万美元的出场费花得不值，但这个风险是在赛事举办前就应该估计到的，巴西队回去马上要参加欧洲冠军赛，他的举动是正常的，这是职业队的行为，按照复杂适应系统理论，复杂适应系统理论则把构成系统的元素自身的主动性，当作系统发展变化的最根本的动力来源，从而为认识和控制一大类复杂系统提供了思路。所以要么完善体育赛事质量的监控机制，要么承担失控的风险。

三、竞赛表演业价值链管理的具体思路与原则

我国体育产业组织应不断思考如何才能为顾客创造更多的价值，并不断地重新设计其价值创造过程，所有的体育企业都面临着更严峻的挑战。它们必须在提高服务水平的同时降低成本；必须在提高市场反应速度的同时给客户以更多的选择。总之，客户拥有了越来越大的权利。价值链始于客户，终于客户。对客户实际需求的绝对重视，是价值链发展的原则和目标。

总之，所以有的体育企业价值链管理的具体思路是：重新审视自己的经营机制、管理模式、业务流程和组织结构等构成公司战略优势的核心要素，塑造生命型企业（价值创造企业）。所谓生命型企业就是以顾客满意度为价值趋向，以价值链理论为依据，通过价值创造机制、价值评价机制和价值分配机制的共同作用，谋求企业可持续发展，实现企业长期价值最大化。要认真分析已完成项目的价值增值情况，审视哪些环节增值，哪些环节不增值，哪些环节还没有充分挖掘出最大价值，重塑项目的价值链，进行完整的系统分析。

基本原则：（1）分析价值链的形成与分解（找问题）；（2）从价值链角度，提出一种企业业务战略选择模式；（3）强调做精做强，而非做大做全，重新审视自己所参与的价值链过程，从功能与成本的比较中，研究在哪些环节上自己具有比较优势，或有可能建立起竞争优势，集中力量培育并发展竞争优势。从维护体育产业组织品牌角度研究哪些是

重要的、核心环节，保留并增强这些环节上的能力，把不具有优势的或非核心的一些环节分离出去，利用市场寻求合作伙伴，共同完成整个价值链的全过程；（4）整合、设计新的价值链，广泛利用社会资源。要让这些分散的环节创造出新的价值，必须要设计一个价值链把它们有机地串联起来。这就要求我们的企业家要掌握丰富的信息，具有创新的观念和敏锐的眼光，并具备相关的知识和经营智能。

第四节 赛事各阶段的价值工程理念

从项目管理的生命周期看，赛事管理分为：概念阶段、开发阶段、实施阶段、收尾阶段。

一、在赛事概念阶段的价值工程应用

赛事概念阶段的主要任务包括：明确需求、策划项目；调查研究、收集数据；进行可行性研究；明确合作关系；确定风险等级；拟订战略方案；进行资源测算；提出组建工作组方案；提出项目建议书；获准进入下一阶段。

（一）赛事项目的发起

对赛事的全面分析，首先用系统分析方法来设计和明确赛事范围，分析其价值点，搞清利益相关者。用SWOT分析法，项目目标的建立，寻找核心经营理念——赛事价值创新的基础，核心价值观，核心目的，创造一个愿景。某个赛事提出：将尽可能提供最好的条件，包括舒适、安全和针对运动员和观众的支持性服务。在计划和实施阶段，它可以把项目团队和主要利益相关者的注意力集中到项目的目标上去。

（二）赛事的可行性研究

1. 可行性研究的目的

（1）确定来自于赛事的成本和收益；（2）确定是否有组织拥有足够的资源举办赛事；（3）对比举办赛事的不同模式和收益、成本；（4）对比外包和本组织举办赛事的机会成本。

2. 赛事可行性研究的内容

（1）赛事如何与举办地所有的目的和战略相联系？

（2）是否能够得到当地的支持？

（3）赛事的财务资源是否充足？

（4）当地在举办这类赛事方面具有的专业技能水平是怎样的？

（5）赛事对基础设施有哪些要求，这些是否已包含在新设施的建设之中？

（6）需要政府提供何种程度的财政支持？

（7）赛事可以吸引到赞助资金吗？

3. 赛事的发起过程

赛事的发起过程包括两种情况：创建一个新的赛事；申办一个现有赛事。

4. 举办赛事的原因

(1) 吸引创造资金来源投入某个地区，并且带来工作、投资机会。

(2) 通过建设和由赛事带来的其他机会刺激商业活动的开展。

(3) 加强本地区和其他地区的商业联系。

(4) 为引进新技术、思想交流、建立有价值的商业贸易和业务往来提供机会。

(5) 有助于在旅游和娱乐设施方面增加投资，增加对当地居民和游客的吸引力。

(6) 将在各自领域领先的国内外专家和从业人员聚集在一起，以此来加强在某个领域的地区技能水平。

(7) 有助于加强对于地区的宣传。

(8) 为提升国家利益和促进国际合作提供机会。

二、赛事开发阶段的价值工程应用

赛事开发阶段的主要任务包括：确定项目组主要成员；项目最终产品的范围界定；实施方案研究；项目质量标准的确定；项目的资源保证；项目的环境保证；主计划的制订；项目经费及现金流量的预算；项目的工作结构分解；项目政策与程序的制订；风险评估；确认项目有效性；提出项目概要报告；获准进入下一阶段。

(一) 赛事工作任务分解

所有赛事都可以看作是一系列任务的组合（或者是相关的“工作包”）。组织赛事时最重要的一种方法被称为工作结构分解（WBS）。

工作结构分解是指把与一项赛事相关的工作分成合理的任务。在预算、人力资源选择和日程安排等方面，完整的工作结构分解构成了决策的基础。

WBS 首先要把一项赛事分解成主要的任务。然后对这些任务进行进一步分解，这个过程一直这样进行下去，直到出现符合赛事组织者需要的细目。

工作结构分析完成以后，就可以对你曾从时间、成本和所需资源等角度进行确认的任务进行再审视。你也可以在一些问题上做出决策，例如哪些任务需要外包，哪些工作由自己来完成。

你还需要再次确认你已经确定的各项任务之间的关系，这样你才能对它们进行合理排序。

1. 项目的工作分解（WBS）

项目的工作分解（Work Breakdown Structure）主要是将一个项目分解成易于管理的几个部分或几个细目，以便确保找出完成项目全范围内分解和定义各层次工作包的方法，项目的工作分解按照项目发展的规律，依据一定的原则和规定，进行系统化的、相互关联和协调的层次分解。结构层次越往下层则项目组成部分的定义越详细，项目的工作分解最后构成一份层次清晰，可以具体作为组织项目实施的工作依据。

项目的工作分解通常是一种面向“成果”的“树”，最底层是细化后的“可交付成果”，该树组织确定了项目的整个范围。但项目的工作分解的形式并不限于“树”状，还有多种形式。

2. 工作分解的主要内容

(1) 工作分解结构的确定;

(2) 工作范围陈述;

(3) 历史数据;

(4) 责任分配;

(5) 限制条件;

(6) 必要的假设及识别。

3. 工作分解的结果

使用分解和类化的方法和技术,将项目的各项工作及其内容确定下来,最后以表格形式列出,即编制一个项目工作列表或图,这也是工作分解或工作定义的最终结果与目的。

项目的工作分解是面向可交付成果的对项目元素的分组。它组织并定义了整个项目范围。不在项目的工作分解中包括的工作就不是该项目的工作。制订项目的工作分解的过程非常重要,因为项目的分解过程与项目经理、职能经理和所有参与项目的成员有关。

4. 制订项目工作分解的过程

(1) 得到项目章程 (Project charter) 或合同 (contract)。

(2) 约见有关方面的人员,集体讨论所有主要领域阶段。

(3) 分解项目工作。如果有现有的样板,尽量使用。

(4) 画出类似组织结构的树状图。

(5) 定义子项目或生命周期阶段。

(6) 将主要项目可交付成果细分为更小的、易于管理的分组或工作包。

(7) 工作包必须详细到这样的程度,即可以对该工作包进行估算 (成本和日历)、安排进度、做出预算、分配负责人员或组织单位,以便顺利完成项目。

(8) 验证上述分解的正确性。

(9) 在验证分解完全正确后,建立一个编号系统。

(10) 随着其他计划编制活动的进行,对项目的工作分解更新或修正。

5. 项目的工作分解类型

(1) 基于可交付成果的划分:上层一般为可交付成果为导向;下层一般为可交付成果的工作内容。

(2) 基于工作过程的划分:上层按照工作的流程分解;下层按照工作的内容划分。

6. 项目的工作分解一般步骤

(1) 总项目;

(2) 子项目或主体工作任务;

(3) 主要工作任务;

(4) 次要工作任务;

(5) 小工作任务或工作元素。

7. 项目的工作分解原则

(1) 功能或技术的原则:考虑到每一阶段到底需要什么样的技术或专家。

(2) 组织结构:考虑项目的分解应适应组织管理的需要。

(3) 地理位置:主要是考虑处于不同地区的子项目。

（4）系统或子系统原则：根据项目在某些方面的特点或差异将项目分为几个不同的子项目。

8. 项目的工作分解注意事项

（1）分解后的任务应该是：可管理的、可定量检查的、可分配任务的、独立的。

（2）复杂工作至少应分解成 2 项任务。

（3）表示出任务间的联系。

（4）不表示顺序关系。

（5）最底层的工作应具有可比性。

（6）与任务描述表一起进行。

（7）包括管理活动。

（8）包括次承包商的活动。

（二）赛事所需资源分析

任务确定后，就需要分析所需资源。制作一个工作表，列出每项任务所需要的资源。要决定赛事可以产生哪些资源，哪些资源需要外购。

（三）赛事手册

赛事手册是赛事启动、举办和结束阶段参与人员的关键参照。尽管赛事手册的内容根据具体的赛事会有所不同，但是有一些需要涵盖的共性因素，赛事手册的内容包括以下几方面。

1. 赛事一般性描述和组织结构图。
2. 关键利益相关者清单和联系方式。
3. 职位描述和职责。
4. 运营程序——日程、场地沟通步骤、竞赛规则。
5. 场地设计和布局规划。
6. 紧急情况、安保、健康和安全计划——包括风险管理规划、酒精饮品管理策略等。
7. 废弃物管理规划。
8. 交通规划。
9. 评估程序。
10. 文档资料：成绩表、事故报告、志愿者申请表、参与者问卷调查等。

（四）赛事预算

1. 准备预算的步骤

对赛事进行调研；决定适当的预算水平；建立预算并审批通过；监督预算开支；赛事结束后进行预算回顾。

2. 预算的作用

预算的作用是对赛事的财务前景进行预测。它明确了开支项目和收入来源，并据此预测盈余或者亏损。

3. 调　研

调研用来确定成本和收入项目并确定数值。可以参考：去年的预算、类似赛事的预算。

调研还应该包括可能的汇率/通货膨胀等可能会显著影响到最终利润/损失的因素（如合同以美元还是本地货币单位签订）。

4. 对某个赛事的讨论

首先对某赛事进行分析，主要的成本领域有哪些？主要的收入来源有哪些？

（1）固定成本和可变成本

能否从你的成本列表中指出哪些项目不会随着赛事中的人数而发生变化？通常赛事的大部分成本是固定的，因为成本的大部分都在赛事举办前就发生了。

能否指出哪些成本是随着人数发生变化的？这些成本是可变成本吗？

固定成本 + 可变成本 = 总成本（对于特定的参与人数）

（2）盈亏平衡分析

了解在观众和运动员/队人数不同时的成本是非常重要的，但是决定在哪一个点上你的赛事会达到盈亏平衡，你还必须估计收入。

收入可能会随着观众和运动队/员的数量很少发生变化（赛事可能对观众或者代表队免费）或者变化很大（例如对外售票的赛事）。

你的收入等于成本的那一个点被称为“盈亏平衡点”。

为了最大可能地达到你所期望的利润水平，在确定票价和运动队的注册费以及特许权经营费前，测验不同情况下的成本和收入是非常有用的做法。

5. 预算回顾

赛事结束后对预算进行回顾，可以使得赛事经理/主办方看到。

（1）花费过低/过高的方面；

（2）收入过高/过低的方面；

（3）整体预测过程的准确性；

（4）回顾过程信息可以用来：使得未来的预算预测更加“现实”；重新分配财务资源；加强对开支的控制。

三、赛事实施阶段的价值工程应用

赛事实施阶段的工作任务包括：建立项目组织；建立与完善项目联络渠道；实施项目激励机制；建立项目工作包，细化各项项目要求；建立项目信息控制系统；执行项目的工作分解的各项工作；获得订购物品和服务；指导/监督/预测/控制：范围、成本、质量、进度；解决实施中的问题；制订赶工计划。该阶段最重要的任务就是项目组织的建立。

（一）建立项目组织

1. 项目经理的素质和能力

（1）项目经理的主要职责

项目经理应确保项目全部工作在预算范围内按时优质地完成，并使利益相关者满意。因而项目经理须对项目的上级组织负责、对项目本身负责及对项目团队成员负责。项目经理的职责通常是领导项目的计划、组织和控制工作，以实现项目目标。

（2）合格项目经理的基本要求

①良好的职业道德

②知识和经验

③系统的思维能力

④综合的管理及决策能力

⑤创新能力

⑥身体健康

（3）项目经理应具备的素质

①较强的技术背景

②成熟的人格

③讲求实际

④和高层主管有良好的关系

⑤使项目成员保持振奋

⑥在几个不同的部门工作过

⑦临危不惧

⑧具有创造性思维

⑨把完成任务放在第一位

2. 项目团队建设

（1）项目团队内的主要角色及互动

主要角色有：发起人、项目经理、项目团队成员、用户、项目协调人、项目支持官员、质量经理、资源经理等。

（2）项目相关者——参加或可能影响项目工作所有个人或组织

①顾客：项目产品的接受者

②消费者：项目产品的使用者

③业主：发起项目的人

④合伙人：项目的合作者

⑤提供资金者：金融机构

⑥承包商：为项目组织提供产品的组织

⑦社会、司法、执法机构、社会大众

⑧内部人员：项目组织的成员

（3）项目团队特征

①共同认可的明确的目标

②合理的分工与协作

③积极的参与

④互相信任

⑤良好的信息沟通

⑥高度的凝聚力与民主气氛

⑦学习是一种经常化的活动

(4) 新团队的建立
①利用 WBS 等工具决定需要做什么
②通过前段的结果决定需要什么样的团队成员
③招聘团队成员
④通过团队成员的参与制订项目计划
(5) 体育赛事管理对人员素质的要求
①能轻松地准备及运作一系列的活动
②保持积极的工作态度
③能独立工作，也能与其他成员协同作战
④准确、快捷地处理细节问题
⑤电话交谈、口头交流和书面交流时清晰而有条理
⑥具有创造性和灵活性
⑦强大压力下长时间工作的能力
⑧擅长与各层次的人一起共事，包括志愿者
⑨能同时平衡地处理多个项目的工作
⑩时间观念强
⑪具有高效率的谈判能力
⑫具有筹资和预算能力
⑬拥有好的文字录入、文字处理及其他办公技能
⑭具有领导能力
⑮具有快速解决问题的能力
⑯具有激发别人工作动机的能力
⑰具有不断学习和成熟的欲望

(二) 志愿者管理

经常听到一些志愿者抱怨赛会组织者让他们坐在那里无所事事，浪费了他们的时间。因此，志愿者的组织管理在赛事管理中是至关重要的。

1. 志愿者所需服务的领域

①机场运作
②计算机操作
③礼仪
④体育与媒体
⑤医生
⑥按摩师
⑦理疗师
⑧翻译
⑨司机
⑩媒体
⑪服务人员

⑫安全保卫
⑬仓储人员
⑭环保人员
⑮引导员/检票员
⑯奥运村支持人员

2. 对志愿者的要求

①积极
②友好
③英语水平良好
④良好的表达能力
⑤乐于助人

3. 培　训

①部分一：定向培训
②部分二：工作场馆的具体方面

4. 需要解决的关键问题

①需要多少人，做什么，何时开始，持续多久？
②谁来制订对志愿者的要求？
③志愿者需要服从哪些机构？

5. 评估所需要的人数及种类

①分散的任务
②所需人员
③理想的工作人员

6. 工作描述

①名称
②责任与任务
③所需时间、频率与日期
④所需资格与技巧
⑤培训/就职时期

7. 志愿者协调人的任务

①制订招募战略
②发布详细计划
③面试、人员与工作正确匹配

8. 志愿者的权利

①有权尽可能多地了解组织信息
②有权接受与工作有关的培训
③有权接受正确的指引和指导
④有权组织各个层面的活动
⑤有权被倾听和咨询
⑥有权在安全和得到支持的环境中工作

⑦他们的贡献有权获得认可与尊重

另外，讨论志愿者事宜时应该考虑财政预算问题。尽管使用“志愿者”这个词，志愿者的招募、服装、餐饮、交通等也要开销 10～250 美元。

要确保志愿者明白，顾客永远都是对的并尊重顾客。应委派调节纷争专家监督赛事进展、人流变化，应对临时出现的问题。

制服：工作人员和志愿者，甚至签约方和销售商的服装都应反映赛事的“形象”。制服不仅能够辨别身份，明确职责，还能使赛事上档次。确保工作人员特别是志愿者能穿上大小合适、正确无误的服装十分重要，否则有损赛事形象。试想如果一个志愿者分发到的短裤大了三号，他是否还能尽力为赛事工作就令人怀疑。以下几点十分重要：大小合身、及时订制、制服的实物赞助、简洁的分发方式、调换/退换办法、高级官员的制服改做。

四、收尾阶段的价值工程应用

赛事收尾阶段的主要任务包括：最终产品的完成；评价与验收；清算最后帐务；项目评估；文档总结；资源清理；转换产品责任者；解散项目组。

（一）在结束一项赛事的时候，哪些方面可能会产生需要赛事组织者处理的潜在问题？组成部分包括。

1. 人员流动
2. 物流（及相应安全问题）
3. 设备——收取、销售、拍卖、归还
4. 临时建筑——拆卸、仓储/收集、归还
5. 垃圾——收集、分类/回收、场地/场馆清洁
6. 管理行为
7. 终期媒体沟通
8. 支付供应商款项、员工薪资
9. 听取场馆、员工、志愿者、紧急服务、供应商等报告
10. 员工遣散管理——例如职业介绍服务
11. 向部分利益相关方汇报（例如赞助商、体育管理机构、许可机构、赛事所有者）
12. 感谢信/庆祝活动——供应商、员工、志愿者、赞助商等
13. 档案保管——赛事项目/成绩、合同、帐目、风险管理计划、场地/场馆计划、营销材料、会议期间、事故报告等

（二）评　估

1. 评估的目的

（1）根据目标确定赛事的成功程度

（2）使反馈和改进成为可能

（3）向主办单位、政府、赞助商、媒体等利益相关方报告

（4）保障赛事的未来和声誉

（5）积累赛事整体数据

2. 评估内容

（1）时间表

（2）赛事之前——可行性研究

（3）赛事期间（过程评估）——控制（例如根据基准评估绩效——票务销售/支出与预算；赛事举办状况评估）

（4）赛事之后——成果/影响研究（例如市场研究；经济影响研究；利益相关方研究）

3. 评估的若干角度

（1）社区——成本和收益

（2）主办单位——相对于目标赛事绩效如何

（3）赞助商——认知/知识水平变化；销售；媒体覆盖率

（4）投资机构——旅游/经济影响；社区效果

（5）旅游组织——外地游客数量；旅游业、其他服务和产品需求的增长

（6）经济角度

①收益/成本分析、投入——产出模型等

②关键因素

③观众/运动员费用、票务销售/报名费、住宿、食品/饮料等

④赛事举办相关开支，例如建设、场地开发成本

⑤赞助商的赞助资格和支出

⑥人们由于赛事的举办而选择在家“度假”带来的本地区资金流出的减少

4. 评估数据来源

（1）运动员注册表

（2）票务代理机构报告

（3）停车和公共交通统计数据

（4）警察和安保人群估计

（5）员工观察

（6）简报会议

（7）问卷和调查

5. 员工观察可以得到的数据

（1）拥挤程度

（2）天气状况

（3）售票和入场

（4）指示牌

（5）工作质量

（6）饮食

（7）举办和演出质量

（8）商品销售

（9）人群反应

（10）垃圾管理

(11) 人群管理
(12) 设施充足程度
(13) 赛事外观
(14) 通信
(15) 事件，例如打架
(16) 停车和进入

6. 参加数据收集会议的参与人

(1) 主办地区，例如当地政府、社区团体
(2) 赞助商
(3) 媒体
(4) 职员/志愿者
(5) 供应商
(6) 急救、紧急服务人员、警察
(7) 运动员
(8) 观众

7. 评估调查方法

(1) 直接访问
(2) 自完成问卷
(3) 电话调查

8. 赛事报告要素

(1) 包括最初项目计划修订版本在内的项目概览
(2) 主要成就总结
(3) 根据项目初始目标对成就的分析（该分析可以得到汇报会议/调查结果的支持）
(4) 终期决算和对预算偏差的解释
(5) 行政和管理绩效评估
(6) 需要进一步调查的问题和任务
(7) 对未来此类项目的建议
(8) 团队成员致谢

【案例分析】太阳马戏团

让我们来看看太阳马戏团的个案。在其所创造的娱乐新模式中，该马戏团实现了差异化和低成本的兼得。在它初次登场的时期，其他马戏团都忙着在已经逐步萎缩的市场中互相竞争，仍然是传统马戏表演的形式，却想尽量战胜竞争对手。它们的做法没有跳出传统马戏的圈子，只是在保留尽可能多的名丑角和驯兽师下功夫，属于提高马戏团成本的市场战略。其结果是成本的提高并没有带来收益的提高，对马戏表演的总需求仍处在螺旋式的下降通道。

当太阳马戏团出现的时候，传统战略手段开始失效。无论在传统马戏表演上，还是在古典剧院产品上，太阳马戏团都没有将注意力集中到竞争上。与传统赶超式竞争战略逻辑不同，它并没有针对现存问题给出更好的解决方案，比如创造更多的滑稽或扣人心弦的效

果，而是同时向观众提供两种产品：把马戏的滑稽与惊险，以及舞台剧的技术合成及富于艺术感染力结合起来。因此，它重新定义了问题本身。通过打破马戏表演和舞台剧之间的界限，太阳马戏团不仅赢得了马戏观众，也赢得了非马戏观众——那些光顾剧院的成年观众。

这就创造了一个全新的马戏概念，打破了价值——成本不可兼得的关系，开辟了作为新市场空间的蓝海领域。现在我们思考一下其中的差别。当其他马戏团仍专注于提供动物表演、雇佣明星演员、采用复合式舞台、场内特许销售的时候，太阳马戏团对这些做法完全弃之不用。长期以来，上述做法在传统马戏行业得到了充分肯定，从来没有受过质疑。然而，公众对动物表演的不满日益提高，动物本身的价格，及其训练、医疗、专用住处、保险和交通等费用，使得动物表演成为马戏表演中最昂贵的项目之一。

同样，如果马戏行业注重用明星演员，那么在公众心目中，所谓的“马戏团明星”根本无法与电影明星相提并论，而且他们也是几乎不能影响观众数量变化的高成本因素。至于复合式舞台，因为表演舞台的频频转换，不仅令观众心烦意乱，而且也必然增加演员的数量，引起成本的显著提高。虽然场内特许销售增加了总收入，但是特许商品的高价让一般观众认为自己挨了宰。

传统马戏表演的吸引力最后缩小到 3 个要素上：帐篷、小丑和杂技表演，诸如骑独轮车或侏儒。因此太阳马戏团保留了小丑，但把小丑的幽默从闹剧转变为以更迷人、更精致的形式呈现。由于太阳马戏团认为帐篷是马戏团魔力的象征，因此它不仅继续使用帐篷作为表演场地，而且还对帐篷进行了古典式的内部豪华设计，使人们不禁联想到马戏团昔日的辉煌。而讽刺的是，其他不少马戏团倒放弃了帐篷，转而租用场地。太阳马戏团也保留了杂技和其他惊险节目，但表演时间缩短了，并且还通过艺术表现和技术包装使其更加高雅。

通过对剧场表演的借鉴，太阳马戏团添加了非马戏因素，例如加入了故事主线，有着更加有趣的情节、富于艺术性的歌舞表演，以及其他多元化的艺术成分。这些来自替代性的剧院演出行业的因素，对于马戏团行业来说是全新的创造。

传统马戏往往提供一系列互不相干的表演内容。与此不同，太阳马戏团的每一场表演都有一个主题或故事主线，实际上是对舞台表演的某种重组。尽管主题有意是模糊的，但这使得各种艺术成份不受限制，并能够和谐统一。太阳马戏团还从百老汇的表演中获得灵感，将音乐、视觉效果、灯光和表演融于一炉，改变了原来单一的演出形式。在表演中还借鉴剧场和芭蕾的做法，使得舞蹈更富表现力，更加传神。通过引入上述新要素，太阳马戏团创造了一种精致的表演形式。

更重要的是，通过注入了这些新元素，太阳马戏团给了人们更多看马戏的理由，市场的需求迅速扩大了。

简言之，太阳马戏团将马戏表演和剧场演出取其精华，舍其繁冗，形成了一种有别于传统马戏和剧场演出的全新娱乐方式，从而创造出一片蓝海领域。与此同时，通过削减大量高成本的马戏表演项目，太阳马戏团的成本大大降低，实现了差异化和低成本的兼得。太阳马戏团根据剧场演出的票价，战略性地确定了自己的门票价格，虽然相比原来马戏表演的票价要提高了数倍，但依然吸引到大批成年观众，因为他们相比剧场演出，这一价格并不算高。

问题讨论

1. 传统马戏团的竞争要素有哪些?

2. 太阳马戏团如何实现了差异化和低成本的兼得?

3. 该案例对竞赛表演业、娱乐健身业或体育活动有什么启示? 你能依据这个价值创新逻辑为竞赛表演业提出一个创新战略吗?

本章小结

1. 关于赛事分类，按不同标准有不同分类，按不同的方法有不同的分类，即使同一标准也有不同说法，总之，存在多种分类情况。

2. 审视赛事的视角有3种：政府视角、旅游视角、企业视角。

3. 所有赛事都会造成一系列短期、中期和长期影响。赛事经理的任务是将正面影响最大化并减少负面影响。赛事的影响包括以下几方面：社会和文化方面、物质和环境方面、政治方面、旅游和经济方面。

4. 具体到一个赛事来看，它是由许多非常琐碎的业务环节组成的，而且每一个环节都至关重要，构成了一个供应链。每个环节都可以采用一些科学的管理方法和技术如SWOT分析法用于赛事策划，在赛事进度控制、费用控制、时间控制、风险管理上采用项目管理方法，对每一环节充分开发，使赛事的运作出现更加完美的结果。赛事的供应链包括多种角色，如运动员、裁判员、自愿者、合作伙伴、供应商等，组委会内部环节上有总经理、运作经理、市场经理、人事经理、行政人员、媒体协调人员等，这将形成一个合作竞争的局面，体现协同商务的特征。各类人员要熟悉他们自己的工作内容和程序，最好受过培训和正规教育或参考一些规范手册，少走弯路。

5. 体育赛事的价值链从表现形式上看具有媒体的特征，直接收入是门票、企业赞助、各种形式的广告、转播权及其他收入。赛事的直接产品和服务有：标志产品、冠名权（比赛冠名权、冠杯权、主会场新闻中心冠名权）、门票、场地广告、转播权、专有权（名称、会徽、吉祥物）等。大型赛事还包括组织各类活动，如文体活动、火炬传递活动、礼仪使者选拔大赛、体育用品博览会、资源交易会等，这些都是价值创造的宝贵资源，分别通过拍卖、竟标、市场营销、委托代理推向市场，实现价值。

6. 我们可以从时间维度和内容维度将赛事分为3种类型：大型综合赛事，如奥运会；常规单项赛事，如CBA、足球甲A联赛等；一次性赛事，如中巴大战、大师杯网球赛等。这些赛事，从价值链管理角度讲，他们的战略、产品线及价值曲线都不一样。

7. 每一场比赛就是一个项目活动，体育赛事成功的公式：细致+沟通+专家意见-压力=成功，细致便来自项目管理技术。价值链的实现技术——项目管理，赛事管理价值链有待项目管理技术的实施。通过实施项目管理技术，进行价值链管理可以优化核心业务流程，降低体育企业组织的经营管理成本，提升其市场竞争力。科学合理地对体育企业的组织结构、业务流程和信息化管理等方面进行设计，有助于企业建立一套与市场竞争相适应的、数字化管理模式，从而提高业务管理水平和经营效率，实现增值。

8. 从项目管理的生命周期看，赛事管理分为：概念阶段、开发阶段、实施阶段、收尾阶段。

思考与练习

1. 在中国的赛事中属于下列赛事的有哪些？大型赛事、标志型赛事、超大型赛事、旅游赛事、企业赛事？

2. 选择一个你熟悉的赛事，对其中的一个负面影响描述，并阐明作为一名赛事经理你如何避免或减少该影响。

3. 假设你是一个赛事开发项目经理，你希望你的项目组成员能形成一个真正意义上的团队，那么你在招聘项目组成员时有什么要求？

4. 对于赛事管理中私有化管理的日趋增加，对其产生的政治因素和社会因素分别是什么？

5. 讨论：假设一个体育赛事属于政府所有，您的公司只是受雇来管理赛事，职责分为设计、规划和监督。您的任务：选择一个赛事，描述这个赛事及其市场，哪些运作由政府负责，哪些由你的公司负责？并判定每项决策的正确性。

6. 从与赛事相关的各个方面讨论各方对于赛事的观点、例如政府的观点、旅游的观点和企业的观点，并提供实例证明这些观点可能会怎样应用到你所在的城市或地区。

7. 任意选择一个定期举办的重大赛事，并以该赛事为背景：概述该项赛事的起源和当前的形式；描述该项赛事当前管理和运作的实际状况；运用你在本课程中所学到的概念、方法和技术严格地评价该项赛事当前管理和运作的实际。识别并批判地评价当前对该赛事的管理和运作进行评估的方法。

主要参考文献

肖淑红．中国体育产业价值链管理模式研究［M］．北京：中国教育文化出版社，2005

第十章　案　例

案例1：某健身俱乐部的价值工程分析案例

一、俱乐部介绍

某健身俱乐部成立于2005年，采用连锁化经营，在全国共有5家分店，总面积约为8000平方米，都地处商业闹市区。开展的健身以有氧健身操为主，辅以瑜伽等项目。俱乐部还拥有一支富有朝气的专业化、知识化、年轻化员工队伍。该俱乐部实行会员制，现共有会员2000余名。最近，俱乐部制订了打造高素质的教练队伍的目标，并引进了国外先进的健身设施。但缺乏资深教练，并未推出私人健身服务。

二、操作总概况

（一）运用价值工程作用

运用价值工程的技术来改善俱乐部运营流程，提高其功能并节约运营成本，此外还能促进标准和政策更新，激发员工参与组织决策的热情，积累更多团队协作的技巧。

（二）该俱乐部价值工程项目的核心因素

1. 所有管理层对价值工程的理解和支持。

2. 执行管理层对资源供给的有效承诺和支持确保价值工程项目的成功实施。

3. 为了达到最优效果，价值工程的应用应该注意以下几点。

（1）为了达到最优的改善效果和成本节约的最大化，应该在早期的计划设计阶段就运用价值工程。

（2）高成本和复杂项目应该应用价值工程。

（3）价值工程团队应该是一个由多学科团队的专家组成的。

（4）鼓励俱乐部运营者参与设计、改善，并充分应用自身的经验和能力来克服障碍并优化价值工程项目。

4. 还为此项目设立了一名价值工程协调员，他的职责是。

（1）审核价值工程项目。

（2）准备和提交给客户的价值工程报告。

（3）收集并把所有价值工程研究、包括最后通过的建议归档。价值工程协调员应该建立和维护更新所有研究的档案。

（4）作为与客户在俱乐部运营管理上的主要联络人。

（5）提供给价值工程团队所需资源。

三、选择阶段

选择阶段的任务就是要为价值工程研究确定候选方案，并选择特定方案来达到在金钱、资源方面的最大节省，或者例如提高会员满意度等其他益处。另外，选择价值工程团队成员也是此阶段的一个重要部分。

恰当的选择对于整个价值工程项目的成功是至关重要的。因为价值工程的资源是有限的，方案选择的主要准则应该是让投资的资源得到潜在的益处。

（一）价值工程研究考虑一个方案通常有两个主要的原因

1. 这个项目或方案要求接受价值工程研究。

2. 这个项目或方案在价值研究期间必须要有足够的潜力可挖。

（二）以下主要问题降低或无法实现俱乐部的功能，导致了俱乐部的低价值

1. 俱乐部课程设置不合理，服务项目单一，针对女性的课程过多，师资浪费，而男性课程较少，满足不了需求。

2. 俱乐部管理制度不完善，员工培训不到位、健身教练员报酬制度有缺陷。

3. 没有定期开展会员活动，缺乏与会员之间的有效沟通。

4. 缺乏国内外资深健身教练。

5. 俱乐部室内布局不合理，装饰设计不佳，健身消费者易产生疲劳感。

（三）以下是造成高成本的原因或领域，它们也可以导致低价值

1. 市场目标定位不清，导致俱乐部选址不当或营业面积过大。

2. 宣传手段不合理，只是一味地增加传统广告，非但效果不佳，还失去了众多潜在客户。

3. 会员素质不高，经常造成设施损毁。

4. 同地段同行业竞争对手涌现造成的客户流失、员工流失。

5. 收费制度不合理，入不敷出。

四、信息阶段

这个阶段通过深入地回顾所有相关事实数据，帮助透彻地理解整个项目系统、运作和条目。完整的信息是进行整个价值工程研究的关键所在。价值工程项目的复杂性、可得的信息量以及研究计划都会影响研究阶段的努力程度。

该阶段的第二个目的是确定各条目或系统体现出的功能或必须实现的功能。价值工程中的使用功能和品位功能（美学功能）在服务性行业例如俱乐部的组织中很重要。某部分的使用功能是满足使用者执行某项动作的需要，而美学功能则满足了更多的需求。这两

项功能不会互相排斥，并经常在设计中有所体现。当顾客得到了所需的功能，并在合理的成本下满足了美学要求时，这就是好的价值。

（一）待收集的详细的信息和数据

1. 俱乐部硬件设施
2. 健身器械
3. 物资成本
4. 选址及周边环境
5. 装修设计方案
6. 俱乐部运营情况
7. 组织结构
8. 周边环境
9. 员工和教练
10. 消费者情况
11. 会员情况
12. 人力成本
13. 风险管理
14. 市场推广
15. 宣传推广方案
16. 政策法规
17. 国家和政府对于健身俱乐部的相关政策法规
18. 其他同类俱乐部的数据和资料
19. 信息来源
20. 俱乐部运营者
21. 俱乐部员工和教练
22. 俱乐部会员
23. 器械生产商
24. 室内设计公司
25. 政府部门
26. 相关专家学者
27. 其他

（二）注意事项

在研究过程中，要记录下所有相关人员的姓名、地址和电话以及他们所提供的信息，这是十分重要的。

五、功能阶段

（一）该俱乐部的技术型 FAST 图（图 10－1）

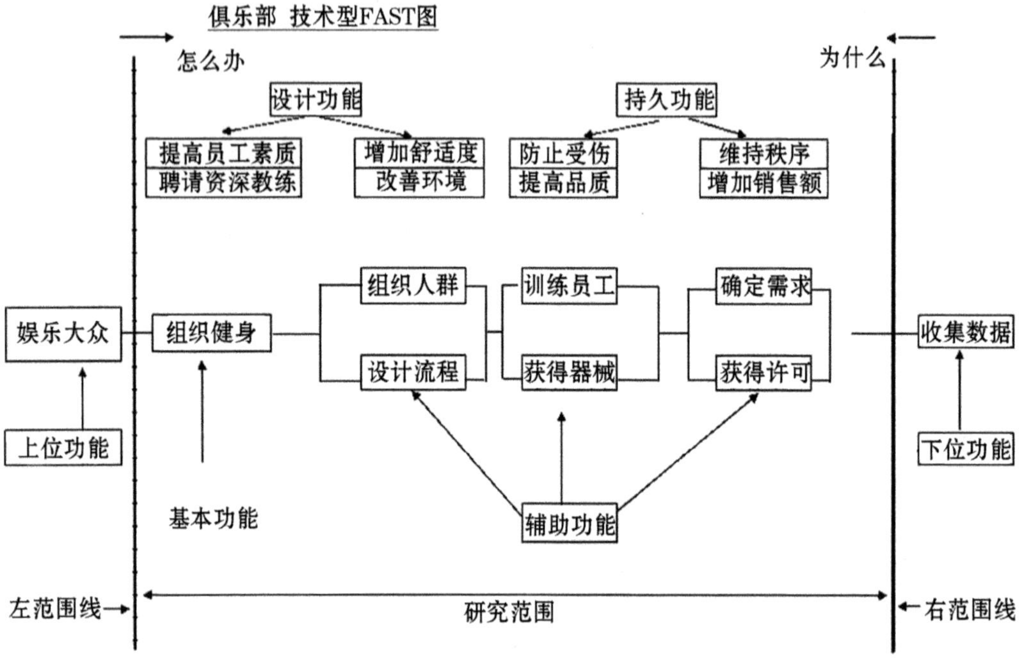

图 10－1 俱乐部技术型 FAST 图

（二）确定功能的值

值是实现功能的最低成本。在所有功能进行识别、分类以及所有不必要功能都排除后，确立功能的值，不考虑功能在何处实现和怎样实现。功能的值的确定可能是价值工程中最困难的一步，但是是必不可少的。确定功能的值必须有很好的创造性，因为值是一个主观的测量值，而不是绝对的或者客观的。技能、知识和个人判断在决定值的大小中扮演了一个主要的角色。

功能的值的确定通常是比较所有实现功能的方法的相对成本。试图用最小的成本去实现功能。

值与主观意愿中的功能有关，而不是目前设计的功能。比如说俱乐部中所需的饮用水。饮用水的值就是用来使会员、工作人员和志愿者的最小必须成本，而与水的用途无关。

（三）确定功能成本

功能成本就是被选作实现功能的方法的成本。如果一个项目只有一个功能，那这个项目的成本就是功能成本。但是，如果一个项目有多个功能，那每个功能的成本就要按比例计算。

（四）确定功能价值

价值指数是功能成本与值的比。比值越高，表明价值越低。反之亦然。计算价值指数可以测量项目真正的价值，并表明这些功能是否值得做价值研究。

六、创新阶段

对某俱乐部进行价值工程分析的方法是头脑风暴法，会议由 8 人组成，针对存在问题本能地提出解决方法，针对不同功能的创新措施如下。

（一）如何改善和维护硬件设施

1. 改变店面设计吸引消费者，符合健身理念。
2. 改善俱乐部内部环境，包括音乐的选择、室温、空气流通情况等需要更人性化的设置。
3. 合理配置健身器材，精简配套设施和健身项目。
4. 定期检修维护设备，加强会员辅导和监管。

（二）如何更好地提供健身服务

1. 根据不同的消费者的需求提供合理的健身课程。
2. 聘请国内外资深教练。
3. 举办健身讲座，普及科学的健身方法。
4. 定期做消费者的回访，及时了解消费需求，满足健身需求。

（三）如何更好地提供会员服务

1. 细分会员种类，区分服务标准。
2. 消费者提建议赢取健身卡。
3. 赠送健身小礼品。
4. 不间断地宣传科学健身知识。
5. 节假日组织会员聚会活动，不局限于室内健身项目。

（四）如何宣传推广

1. 利用闹市区优势，进行路演宣传。
2. 体育营销，赞助高校健美操比赛。
3. 进社区，免费进行身体素质测试，吸引健身人群，宣传自己。
4. 参与公益表演。

七、评估阶段

建立合适的评价标准，回顾所有的替代方案，然后用专业且有效的衡量方法从创新部分中筛选出最合理的、操作性最强的几种方案，使得提升价值的效果最为显著。比如：合理配置健身器材，精简配套设施和健身项目；聘请国内外资深教练；消费者提建议赢取健身卡；赞助高校健美操比赛；在闹市区进行路演宣传等。

八、开发阶段

最佳方案要在相关专家的帮助下按照要求进一步开发。所有有关俱乐部的变化、所有的成本以及实施要求都要记录成文。通过收集数据和专家及供应商咨询，针对上一阶段中的几项备选方案彻底地进行分析，选出最佳替代方案，并准备成本估算和最初设计以保证其被接受和最终项目的可实施性。

九、展示阶段

本阶段是价值工程负责人向俱乐部组织者展示研究报告。展示形式是口头报告、书面建议加上视觉辅助。在展示过程中价值工程负责人做到了简洁、实事求是并力求准确，然后向客户提交了建议和支持性文件供决策者做出决定。最终俱乐部组织者欣然接受了价值工程小组推荐的改进方案。

十、执行阶段

在执行过程中，价值工程工作团队与项目执行者不断地根据环境变化修订手册、计划书、合同要求等相关文件，确保了方案恰当地转化为行动，并作为监督进程的一个基点。

十一、审查阶段

审查后完成最终的项目报告，建立相关档案，保存所有资料以便于下一次研究的开展。

案例2：某马拉松赛事的价值工程分析案例

一、项目介绍

由某协会主办的该马拉松赛，是经政府和相关部门批准认可的中国高水平的马拉松赛之一。该赛事自开办以来，每年一届，如今已发展成为中国影响力最大之一的传统国际马拉松赛事。

鉴于该马拉松赛比赛路线宽阔平坦、气候适宜（气温、湿度）、组织水平及比赛水平高，加之举办城市市民的热情友好、城市风光迷人，因此该比赛每年吸引了越来越多来自世界各地的优秀选手参赛。

为进一步扩大该马拉松赛的影响力，使更多的马拉松业余爱好者参与这一赛事，组织者从1998年开始，将比赛时间定为5个小时，比赛设男女马拉松、半程马拉松、10公里和迷你马拉松，比赛规模在万人以上。

随着举办城市的城市道路设施和体育设施的建设正在加速进行中，这必然为每年在此举办的国际马拉松赛事创造了更好的场地条件和环境氛围，为比赛增添了更多挑战性、竞争性、参与性和趣味性。

二、项目存在问题分析

（一）以下问题可能降低或无法实现赛事的功能，也可以导致低价值

1. 赛事组委会机构设置不合理，造成各部分之间沟通不畅，效率不高。
2. 参赛条件制订不完善，比如没有要求参赛选手提供身体检查合格证明等。
3. 对赞助商的回报不尽如人意，比如广告位的摆放不合理或者颁奖仪式的嘉宾安排让赞助商不满意。
4. 安保工作组织不当，部分赛道出现混乱场面。
5. 对天气变化预计不当，没有预备志愿者的雨衣或者没有预备防中暑的药。
6. 饮水点的设置不合理，导致有些选手口渴难耐。
7. 现场的清洁工作较差，给选手和观众视觉造成不良影响。
8. 没有国内外著名运动员参赛，赛事知名度不高。

（二）以下是造成高成本的原因或领域，它们也可以导致低价值

1. 志愿者雇佣数量不合理。
2. 大瓶的矿泉水导致浪费现象严重。

综上所述，该项目需要且值得进行价值工程研究。

三、信息阶段

（一）待收集的详细信息和数据

1. 赛事组织

（1）组织结构

（2）财务报告

（3）受众

（4）后勤保障

（5）志愿者

（6）物资成本

（7）人力成本

（8）风险管理

2. 市场推广

（1）赞助商

（2）宣传推广方案

3. 政策法规

（1）国家和政府举办此类赛事的相关政策法规

（2）参赛选手的法律免责协议书
4. 媒体
（1）媒体的数量和种类
（2）媒体成本
5. 其他同类赛事的数据和资料
6. 赛事组织者
7. 参赛选手
8. 赞助商
9. 物流
10. 政府部门
11. 气象台
12. 志愿者
13. 观众
14. 媒体
15. 赛事策划公司
16. 相关专家学者
17. 其他

（二）注意事项

在研究过程中，要记录下所有相关人员的姓名、地址和电话以及他们所提供的信息，这是十分重要的。

四、功能阶段

该马拉松比赛的顾客型 FAST 图如图 10－2。

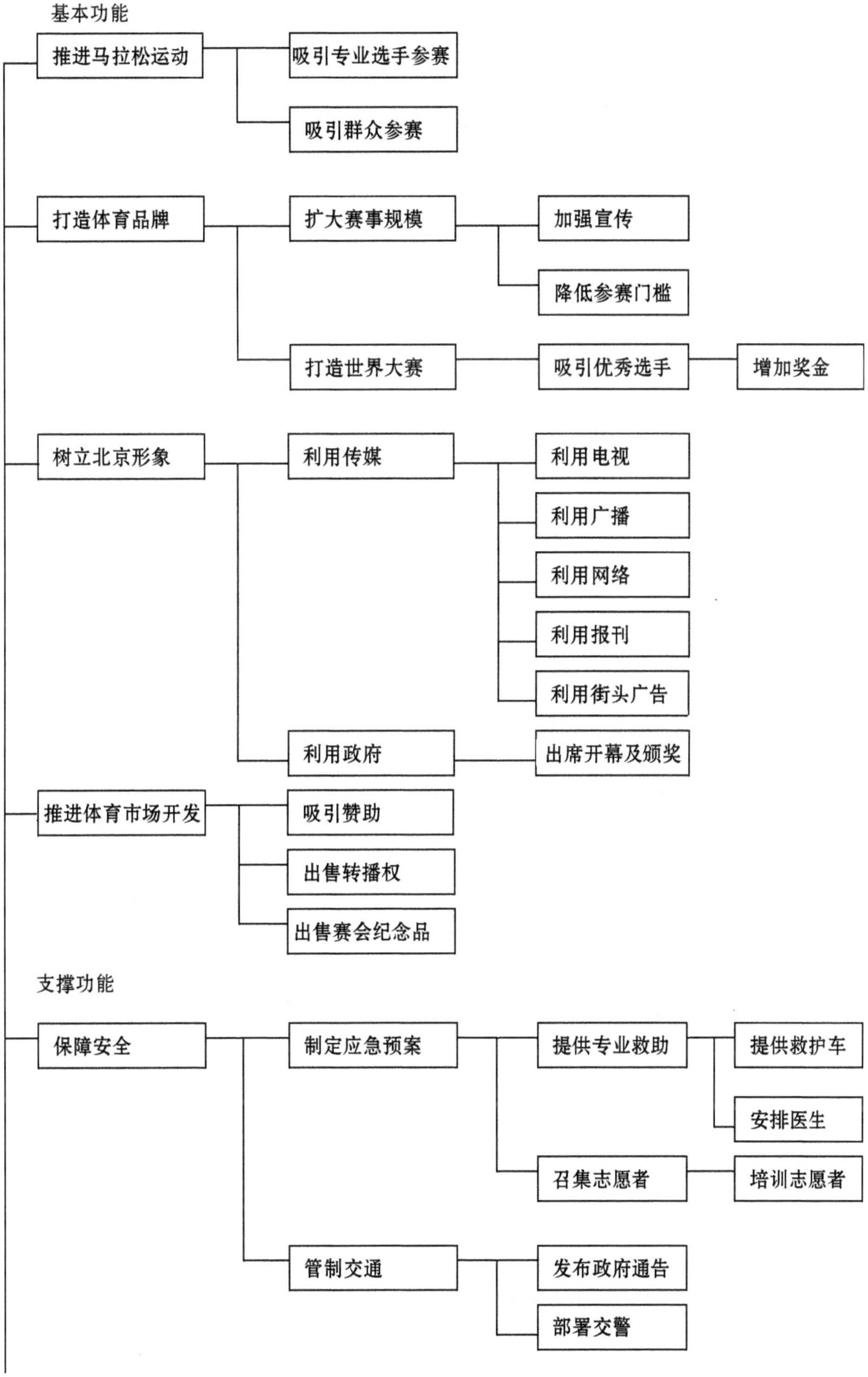
基本功能
推进马拉松运动
吸引专业选手参赛
吸引群众参赛
打造体育品牌
扩大赛事规模
加强宣传
降低参赛门槛
打造世界大赛
吸引优秀选手
增加奖金
树立北京形象
利用传媒
利用电视
利用广播
利用网络
利用报刊
利用街头广告
利用政府
出席开幕及颁奖
推进体育市场开发
吸引赞助
出售转播权
出售赛会纪念品
支撑功能
保障安全
制定应急预案
提供专业救助
提供救护车
安排医生
召集志愿者
培训志愿者
管制交通
发布政府通告
部署交警

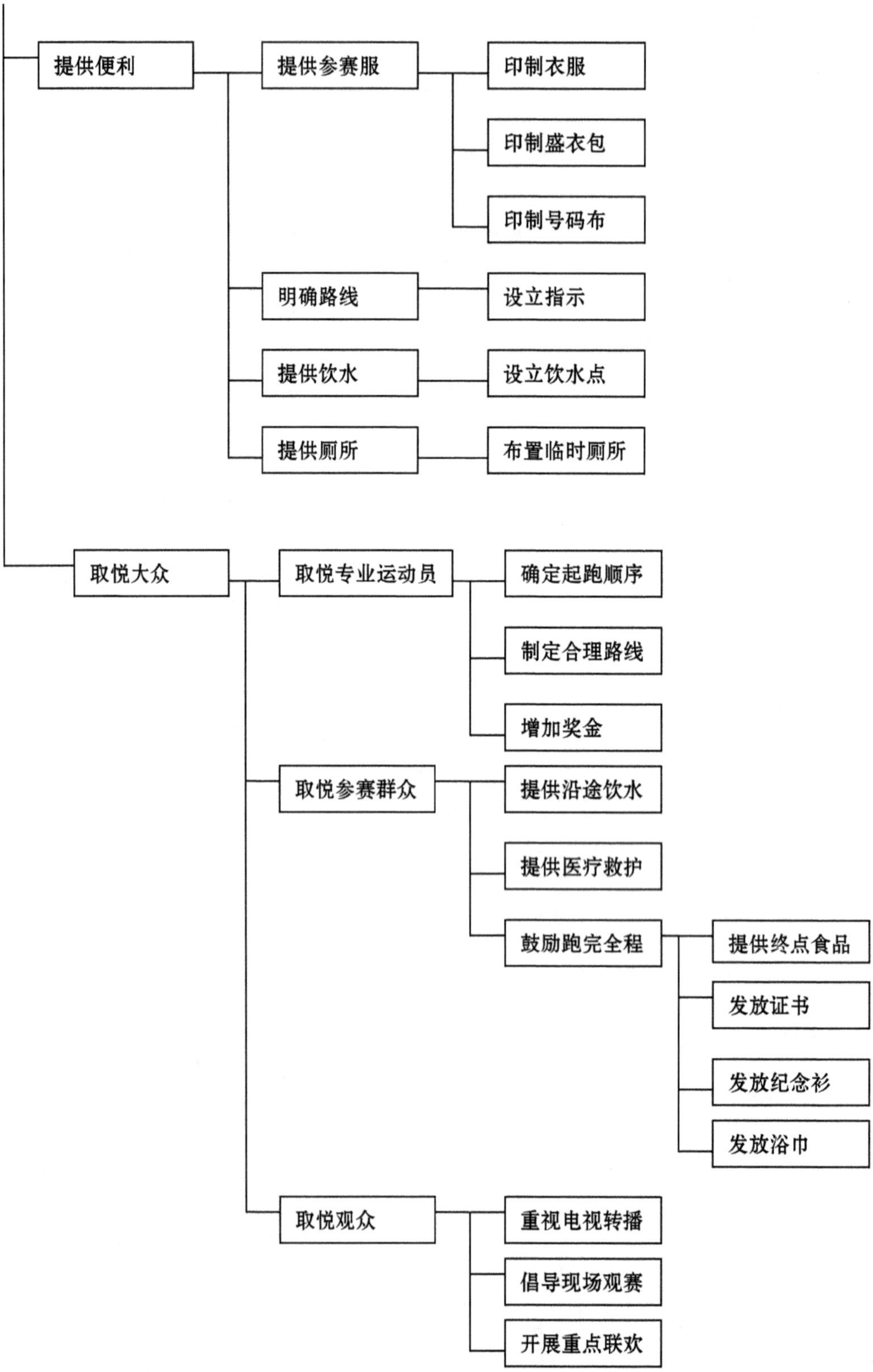

10－2　该马拉松比赛顾客型 FAST 图

五、创新阶段

对该马拉松赛事进行价值工程分析的方法是头脑风暴法，会议由 6 人组成，针对不同功能的创新措施如下。

（一）如何提高知名度

1. 每届设立吸引人的主题。
2. 邀请国内外知名运动员参赛。
3. 改善路线，能够展示城市风貌。

（二）如何降低成本

1. 将提供给运动员的水换成小瓶装。
2. 控制志愿者数量。

（三）如何更好地对赞助商实现回报

1. 多发掘瞩目的广告位。
2. 参赛服装设计。
3. 设置啦啦队，在服装、队名等方面更多地体现赞助商的利益。

（四）如何更好地宣传推广赛事

1. 加大网络宣传力度。
2. 开发手机电视项目。
3. 营造故事。
4. 设计吉祥物及相关纪念品的开发。
5. 赛事中增设“娱乐组”，与动物或环保等主题相关的奇装异服。

案例 3：某体育健身中心的功能再造及投资价值评价

奥运会、残奥会任务圆满完成后，某体育健身休闲公园的赛后利用备受各级政府及社会各界的广泛关注。依据该体育健身休闲公园的资源条件，以充分发挥该体育健身休闲公园在推动全民健身、体育赛事及体育产业发展方面的基础性作用，以及在带动城市就业、优化产业结构、促进国民经济增长方面的重要作用为核心，以最终提升该体育健身休闲公园的资源价值为目的。面向大众的需求、市场的需要，初步确定了该体育健身休闲公园的市场开发定位、主要功能及公园改造的价值评价。

一、公园改造的功能定位

（一）项目开发定位

1. 近期目标：通过改建场地设施，面向大众需求，完善公园应具备的健身、娱乐、服务功能；使公园和场馆吸引消费者，做好“人气”，从而带动其他机构或公司的加盟。

2. 中期目标：深度开发全面功能，使公园在发展了全民健身服务业的同时还能带动其他产业比如培训业、餐饮业和其他与体育相关的新兴产业等的发展。启动体育培训业、赛事表演业；寻找合适的合作伙伴打造品牌赛事，提升公园的知名度和影响力。

3. 远期目标：对公园产业进行整体运营，全面整合公园资源，强化现代营销管理理念，深度开发其无形资产价值，为其赞助商、媒体等合作伙伴与大众之间建立起良好的沟通平台，整体提升公园各个利益主体的资源价值。

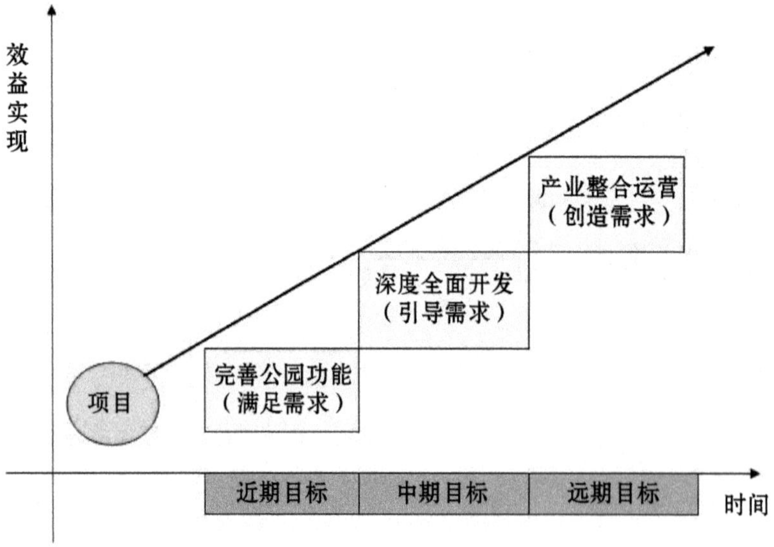

图 10－3 项目开发定位图

（二）功能定位

经过对项目的 SWOT 分析，以及利益相关者需求的分析，最终确定了该公园改造的功能定位（图 10－3）。

二、项目投资的价值评价

（一）投资估算与资金筹措方案

1. 投资估算

（1）总投资。本项目总投资 4509.49 万元，其中建设投资 4407.22 万元，流动资金

102.22 万元。

（2）设备、房屋投资。根据本项目建设预算，该项目预计新增投资 4407.27 万元，其中房屋建筑物投资 1200 万元，设备投资 3207.27 万元。

（3）流动资金。投入运营后，年需要流动资金 102.22 万元。

2. 资金筹措

项目总投资 4509.49 万元，其中建设投资 4407.22 万元，流动资金 102.22 万元。其中流动资金 102.22 万元由公司自筹，建设投资中 907.27 万元由公司自筹，前期需要进行土地平整、场地的清腾等建设铺垫工作，建设投资中的自筹资金主要用于前期的建设储备。拟向市体育局申请体育产业发展引导资金 3500 万元，用于 8 个主项目的配套设备、设施的购建与安装（图 10－4）。

3. 资金运用计划

工程建设期拟定为 1 年，建设投资 4407.22 万元在建设期内全部投入，流动资金在项目建成试运营期间一次性投入。

（二）投资项目的经济效益分析

1. 基础数据

（1）财务评价计算期按 10 年计算，其中建设期 0.5 年，经营期 9.5 年。

（2）项目在计划期内的收入情况。

（3）体育休闲业营业税税率是 3%，城市维护建设税是营业税的 7%，教育费附加为营业税的 3%。

（4）基准收益率按 8% 计。

2. 成本估算

（1）外购燃料动力费。以经营所需动力价格为基础，在计算期内按不变价格计算，正常年份年燃料动力费为 222 万元。

（2）工资及福利费。本项目所需管理及服务人员 60 人，其中管理人员 20 人，服务人员 40 人。人均年工资 37000 元，年工资总额 222 万元。

（3）折旧及摊销。固定资产折旧采用平均年限法。房屋建筑按 20 年进行折旧，年折旧额为 60 万元，第 1 年由于有半年的建设期，投入使用半年，只计提半年折旧；设备按 10 年进行折旧，第 1 年计提半年折旧，以后每年计提 320.72 万元。

（4）修理费。按年折旧额的 38.87% 计提，年修理费为 148 万元。

（5）其他费用。其他费用为扣除折旧、修理、人员工资及福利费后的其他经营财务费用、管理费用及销售费用，年计提 148 万元。

（6）年总成本费用为 1120.73 万元，年经营成本为 740 万元。

3. 营业收入、营业税金及附加、利润及分配

（1）营业收入。考虑到奥运会后体育行业的逐渐发展与成熟及该场馆经营管理水平上升，在计算期内，初始年营业收入为 1500 万元，以后每年按 5% 的水平递增。

（2）营业税金及附加。初始年营业税为 45 万元，城市维护建设税 3.15 万元，教育费附加 1.35 万元，合计 49.50 万元，以后年度随销售收入递增。由于增值税纳税对象主要涉及到销售商品和加工修理修配劳务，与本单位关联不大，在此不予以考虑。

（3）利润及分配。建设年度利润总额为－446.86万元，以后年度随营业收入的增长，利润逐年增长，所得税暂时按25%常规水平考虑。

4. 财务盈利能力分析

（1）投资利润率、销售利润率

投资利润率：正常经营的第1年为7.31%，以后随利润的增长逐渐增长。

销售利润率：正常经营的第1年为21.98%，以后逐年增长。

（2）财务内部收益率、财务净现值、投资回收期

经测算，项目投资现金流量净现值为605.14万元，内部收益率为7.74%，投资回收期为6.9年。

5. 清偿能力分析

从资金运用表上可以看出，除了第一年因初始投资较大盈余资金为负数之外，以后年度均有盈余资金，展现出项目具有较强的偿债能力。

6. 盈亏平衡分析

“平均经营能力利用率”表示的盈亏平衡点为67.92%，即当销售等因素不变时，本项目只要达到正常的经营水平即可盈亏平衡。

7. 敏感性分析

在计算期内可能发生的变化因素有建设资产投资、价格、经营成本等因素，当各单因素发生变化时，对项目的财务内部收益率、净现值、投资回收期的影响见表10－1。

表10－1 敏感性分析

序号	不确定因素	不确定因素变化率（%）	内部收益率（%）	敏感度系数
1	基本方案		7.74	
2	建设投资变化	10.00	6.77	1.25
		－10.00	8.79	1.36
3	价格变化	10.00	5.40	3.02
		－10.00	10.11	3.06
4	经营成本变化	10.00	6.28	1.88
		－10.00	9.18	1.86

计算结果表明：各因素的变化都不同程度地影响内部收益率。单因素分别变化时，最敏感的两个因素是价格和成本，当价格单因素下降10%时，内部收益率下降至5.4%，敏感系数为3.02，当经营成本单因素增加10%时，内部收益率下降至6.28%，敏感系数为1.88。

以上结果表明，本项目有强抗风险能力。

8. 经济结果分析

综上分析，本项目（正常水平）平均年营业收入为1705万元，平均年成本费用为1101万元，年利润总额为547万元。投资利润率为12.13%，内部收益率为7.74%，财务净现值为605.14万元，投资回收期为6.9年。

附 录

附录一：国际价值工程学会认证、培训相关事宜

为了对希望取得国际价值工程学会认证的人们有所帮助，根据国际价值工程学会2008年6月最新修订的《国际价值工程学会认证及在认证手册》及《国际价值工程学会认证考试工作指南》，通过表格形式概括性地对该认证的程序、要求和考试情况作一介绍。这些信息和数字都是当前最新的。建议任何人在提出认证申请之前，先从国际价值工程学会认证委员会那里得到确认，详细内容见国际价值工程学会网站。

1. 认证程序的目的

通过对成功达到教育和实践要求的个人做出鉴定，来建立和维护职业的标准并改进价值方法论的实践。

（1）建立和维护一种职业认证程序，以激励价值方法论领域里的价值专家和价值项目经理提升专业技能和竞争能力，使之与设定的标准相符。

（2）明确价值方法论的应用方式和程序；使人们更好地理解价值职业；使价值工程得到更广泛的接受，在全世界推广价值工程的应用。

（3）为经过该程序认证的个人建立和维持职业道德标准。

（4）促进价值方法论的应用与发展；促进工业、建筑业和政府项目的成功。

（5）认证委员会经国际价值工程学会授权，来制订专门的要求和程序来对认证工作进行指导。

2. 国际价值工程学会认证程序

提供了3个层次的认证，申请人需要决定参加何种层次的认证。

（1）第一级：助理价值管理专家（AVS）

这是为那些刚刚接触价值方法论的人设计的。鼓励获得AVS的人发展成为VMP或CVS。

（2）第二级：价值方法执业者（VMP）

对经过基本的价值方法论的培训，并且在价值工程应用方面具备一定经验的个人进行认证。VMP要参与或指导价值工程研究。

（3）第三级：注册价值管理专家（CVS）

这是国际价值工程学会认证的最高级。该称号授予那些在价值方法论的实践中展现出专业水平的经验和知识的价值专家和价值项目经理。

下图为各类认证费用及考核内容要求，见附表1。

附表 1　认证类型

认证类型	AVS	VMP	CVS
国际价值工程学会会员认证申请和考试费用	$ 60	$ 240	$ 240
非会员认证申请和考试费用	$ 160	$ 500	$ 500
第一级认证课程培训	要求参加	要求参加	要求参加
第二级认证课程培训	不要求	不要求	要求参加
认证点数（参加价值工程活动可以获得一定的点数）	不要求	44 个分数点	88 个分数点为价值专家 72 个分数点为项目经理
提交论文	不要求	不要求	要求
考试	AVS 考试	VMP 考试	CVS 考试
年费	$ 20（会员）/ $ 60（非会员）	不需（会员）/ $ 75（非会员）	不需（会员）/ $ 75（非会员）
有效期	不会失效	4 年	4 年
重新认证	不要求	每隔 4 年一次	每隔 4 年一次

附表 2 提供了一个考试内容介绍，并清楚地表示了不同认证级别所要求的知识之间的联系。

附表 2　考试参照表

考试内容	AVS	VMP	CVS
第一部分：基础知识，50 道对错题	100 分 30 分钟	100 分 30 分钟	100 分 30 分钟
第二部分：功能分析，40 道多项选择题	100 分 60 分钟	100 分 60 分钟	100 分 60 分钟
第三部分：识别并进行功能分类，绘制 FAST 图	不要求	100 分 60 分钟	100 分 60 分钟
第四部分：团队建设，20 道对错题	不要求	100 分 30 分钟	100 分 30 分钟
第五部分：认证，25 道对错题	不要求	不要求	100 分 15 分钟
第六部分：财务分析，价值工程机会，初始费用，年度费用，盈亏平衡点分析，生命周期费用计算	不要求	不要求	100 分 30 分钟
第七部分：提交价值工程论文。选择一个题目，准备一篇论文，表达价值方法的原理。	不要求	不要求	100 分 45 分钟
考试时间	1.5 小时	3 小时	4.5 小时

及格分数：70 %（注意：要求每个部分得分都要达到 70%，不对分数进行平均计算）。

附表3列出了进行认证和重新认证所需要的分数的种类和数目（截至2008年6月）。

附表3　国际价值工程学会认证矩阵

类型	说明	分数	AVS（入门级）	VMP（执业人员）			CVS（项目经理）			CVS（专家）			CVS（学术研究类）		
			首次认证	首次认证	重新认证	终身认证	首次认证	重新认证	终身认证	首次认证	重新认证	终身认证	首次认证	重新认证	终身认证
I. 价值方法论实践		所需要的分数	0	24	24		32	32		48	48		32	32	
Ia. 实施			0	24	24		8	0		48	48		8	8	
	团队成员	参与研究的小时数	0	240	240		80	0		480	480		80	80	
	团队成员	研究的次数	0	6	6		2	0		12	12		2	2	
	团队负责人/激励者	参与研究的小时数及百分比	0	0	0		0	0			50%				
Ib. 管理	管理用户的价值工程项目	8分/年（注1）					24	32							
Ic. 教育	高校的价值管理课程	每学期课程4分											16	16	
	负责人	研究时间（80分钟）											8	8	
II. 价值方法论学习		所需要的分数	0	15	10		30	12							
	参加国际价值工程学会的会议，与价值方法相关的培训或讨论会	参与的小时数（每10小时为1分）													
	取得大学学位（学士或硕士）	20分													
	获得专业资质或认证	5分													

类型	说明	分数	AVS（入门级）	VMP（执业人员）			CVS（项目经理）			CVS（专家）			CVS（学术研究类）		
III. 价值方法论共享		所需要的分数	0	5	10		10	20							
	讲授价值方法论	讲课的小时数x2（每5小时为1分）													
	出书	被公开引用1次得3分											3	3	
	发表文章	每篇文章得1分													
进行演示	每次得1分														
	学术会议的演讲	在SAVE的论文每篇1分											1	1	
	参加价值工程学会取得会员资格	每年得1分（注1）													
	在价值工程学会办公室工作	每年得4分													
	担任价值工程学会专业分会负责人	每年得8分													
	经选举担任价值工程学会委员	每年得10分													
	担任认证导师	每指导1位VMP或CVS得2分													
	价值方法团队活动	40小时工作坊得1分													
前提条件	参加价值方法基本培训	经过认可的第一级认证培训课程	要求	要求			要求			要求			要求		
	参加价值方法高级培训	经过认可的第二级认证培训课程					要求		要求	要求		要求	要求		
	提交学术论文	必须是原作者					要求			要求			要求		

类型	说明	分数	AVS（入门级）	VMP（执业人员）			CVS（项目经理）			CVS（专家）			CVS（学术研究类）		
	参加考试	参加第1至第7部分，依程度而定	要求	要求			要求			要求			要求		
	专业性的会谈	保留会谈日志											要求	要求	
获得终生认证	至少经过三次重新认证					要求			要求			要求			要求
认证所需要的总分	0	44	37		72	50		88	66		77	55			

附录二：中国拥有价值管理专家情况一览表

附表4　中国体育界和各行业价值管理专家一览表

行业	认证类型 AVS	认证类型 VMP	认证类型 CVS
全国各行业	40人左右	0	10人
体育界	3人	0	1人

（截止到2009年5月）

中国首席国际注册价值管理专家（CVS）

邱菀华：北京价值工程学会会长，北京航空航天大学教授，博士生导师

沈明：北京信息科技大学教授

雷长群：国家煤矿安全监察局行业安全基础管理指导司司长

沈歧平：香港价值管理学会会长，香港理工大学教授

张铁山：北京价值工程学会副会长，北方工业大学教授

沈国璋：上海电器集团有限公司总裁助理，高级经济师

王乃静：山东经济学院副院长，教授

刘建一：中国建筑材料工业规划研究院总工程师

程志超：北京航空航天大学教授

肖淑红：北京价值工程学会副会长，北京体育大学教授，博士生导师

中国体育界助理价值管理专家（AVS）

傅宇：北京体育大学体育经济与产业方向2006级硕士研究生

王璐：北京体育大学体育经济与产业方向 2006 级硕士研究生
徐祖冀：北京体育大学体育经济与产业方向 2006 级硕士研究生

附录三：麦尔斯价值分析 13 条原则

一、收集一些有用的成本资料
二、从最佳最可靠的情报来源处获取情报
三、充分利用各个领域的专家，扩大专业知识
四、将重要的公差换算成费用，认真进行评价
五、尽量利用专业化工厂生产的产品
六、利用和购买专业化生产的熟练技术
七、尽量采用专门生产工艺
八、尽量采用标准
九、克服一般化、概念化
十、打破框框，不断创新和提高
十一、发挥彻底的独创精神
十二、找出障碍，克服障碍
十三、以“我是否这样花自己的钱”作为判断标准

附录四：价值工程相关网站介绍

附表 5　价值工程相关网站

名称	网站链接
国际价值工程学会 中国认证委员会	http：//www. hxve. org. cn
北京价值工程学会	http：//www. vesb. org
国际价值工程学会	http：//www. value – eng. org/
加拿大价值管理协会	http：//www. scav – csva. org/v2
英国价值管理学会	http：//www. ivm. org. uk/
法国价值管理学会	http：//www. afav. asso. fr
澳大利亚价值工程中心	http：//www. acvm. com. au/
日本价值工程学会	http：//www. sjve. org/
印度价值工程学会	http：//www. invest – in. org/
香港价值管理学会	http：//www. hkivm. com. hk
价值管理学术论坛	http：//www. brookes. ac. uk/other/veamac

附录五：价值工程工作用表

附表6 信息阶段——功能分析

项目： 团队序号：

项目总体功能： 日期：

条目序号	内容说明	基本功能		费用	价值	备注
		动词	名词			

附表7　构思阶段——头脑风暴

项目：　　　　　　　　　　　　　　　　　　　　　　　　　　　团队序号：

日期：

条目： 功能：	条目： 功能：

附表 8　评估阶段

项目：　　　　　　　　　　　　　　　　　　　　　团队序号：

日期：

条目序号	创意清单	创意评估		创意评级
		优势	劣势	

附表9 评估阶段——矩阵分析

项目：　　　　　　　　　　　　　　　　　　　　　　　　团队序号：

创意：　　　　　　　　　　　　　　　　　　　　　　　　日期：

评估标准

替代方案权重： 5 非常好 4 好 3 一般 2 相当一般 1 差											
替代方案/权重											总分

附表 10 发展阶段——建议

创意序号： 团队序号：

建议： 日期：

最初设计（简要概述是否赞同）

修改建议（简要概述是否赞同）

理由（描述优劣势，原因以及与标准、要求的符合程度）

寿命周期成本概要（当前价值方法）			
	初始成本	未来成本	总成本
初始设计			
修改建议			
节约成本			

附表 11　发展阶段——节约成本概要

项目：　　　　　　　　　　　　　　　　　　　　　　　　团队序号：

地点：　　　　　　　　　　　　　　　　　　　　　　　　日期：

创意序号	内容说明	初始设计成本	修改建议成本	初始成本节约	未来成本节约	总成本节约